TEMPÊTE AUTOUR DU MONDE
Le Vendée Globe 97

Préface de Thierry Dubois
Postface de Christophe Auguin

ÉDITIONS DB WAGRAM
ÉDITIONS DU ROCHER
Jean-Paul Bertrand

Illustrations du cahier photos : page 1 : © Presse Sports, photo : François Mousis ; page 2 : © Presse Sports, photo : François Mousis ; page 3 : © Presse Sports, photo : François Mousis ; page 4 : © Presse Sports, photo : François Mousis ; page 5 : © Presse Sports, photo : François Mousis ; page 6 : © Associated Press ; page 7 : © Associated Press ; page 8 : © Associated Press ; page 9 : © Associated Press ; page 10 : © Presse Sports, photo : François Mousis ; page 11 : © Presse Sports, photo : François Mousis ; page 12 : © Presse Sports, photo : François Mousis.

Tous droits de traduction, de reproduction et d'adaptation réservés pour tous pays.
© Éditions DB Wagram, Éditions du Rocher, 1997.
ISBN 2268-025500

À Emmanuelle et Manuëla qui nous ont portés et supportés.

Préface

À LA POURSUITE DE...

À première vue, quitter les Sables pour y revenir quelque cent jours plus tard, sans même s'arrêter dans un port ou un autre, peut paraître curieux. Pourtant, ce n'est pas le fait d'hommes et de femmes dépourvus de raison, mais plutôt le fruit d'un long cheminement, qui les conduit, un jour, à participer à cette course désormais légendaire qu'est le Vendée Globe.

Le dimanche 3 novembre 1996, les uns et les autres se sont lancés à la poursuite de leurs rêves, et même s'ils ne se ressemblent pas, la route est la même pour tous. *La Longue Route*. À partir de ce livre initiatique de Bernard Moitessier, plein de circumnavigations, d'icebergs, de tempêtes, d'albatros, chacun a tracé sa route, dessiné des bateaux de rêve sur des cahiers d'écolier, traîné sur des pontons en quête d'embarquement,... jusqu'à se retrouver au départ d'une régate, d'une course puis d'un tour du monde.

Le matin du grand jour, nous bourrons nos sacs de livres d'enfance, d'objets fétiches aux histoires singulières, de musiques adaptées à toutes les conditions de navigation et, cachés en dessous, nos rêves. Mais impossible de partir sans les soutiens, les encouragements, l'émotion de ceux qui nous suivent, de près ou de loin.

Le coup de canon est une libération, un soulagement, parfois une angoisse, selon l'état d'esprit du skipper ou la forme du bateau. La mer impose son rythme et tout le monde enfile sa peau de marin; pour quelques semaines, voire quelques mois.

Alors sur ces bateaux à voiles, les galères commencent, plus ou moins graves. Et de ce côté-là, j'ai été servi : j'ai ouvert la chasse aux épaves dans le golfe de Gascogne, j'ai poursuivi en laissant un safran dans l'Atlantique sud, pour finir par abandonner mon bateau, démâté et retourné dans l'océan Indien. Après de trop longues minutes de baignade dans l'eau glacée, face à la proximité de la mort, je me suis repassé le film de mes vingt-neuf ans, et l'essentiel est ressorti : « Je pouvais crever là, j'avais donné un sens à mon existence. » Trois jours durant sur un radeau de survie, face à moi-même, et petit à petit mon avenir s'est dessiné : poursuivre, coûte que coûte, avec la même philosophie.

Mes sauveteurs australiens ont fini par me ramener à la vie. Et c'est bon! Impossible d'oublier ces gens et ces moments-là. Ils ont donné à mon existence une saveur particulière, celle de l'espoir et du respect de l'humanité. Je me prends à rêver d'un monde qui fonctionnerait avec les règles de la mer, dans l'entraide et sans tricherie. Quoi de mieux que naviguer et raconter pour transmettre? Dans ce livre, et dans d'autres.

Alors même si j'ai failli perdre la vie sur l'océan, cette vie au goût subtil, mélange de leçons et de résolutions, elle sera toujours maritime. Voilà pourquoi je vous donne rendez-vous au départ du prochain Globe, comme beaucoup de mes compagnons d'aventure.

Boucler le tour, pour rejoindre nos rêves d'enfants et porter ceux d'une planète.

Thierry Dubois
Skipper de *Pour Amnesty International*

1

LE TRIOMPHE DE CHRISTOPHE AUGUIN

Lundi 17 février

Il est 8h30 et un rayon de soleil, doux comme une plume de mouette, vient caresser la coque immaculée de *Geodis*. Christophe Auguin est sur le pont, barbu comme le capitaine Haddock, en fourrure polaire et bottes bleues. Soudain, à l'horizon, il aperçoit un petit point, qui grandit à vue d'œil. Un catamaran à moteur. Le premier. Ses copains. Déjà, il lève un bras au ciel. Pour les saluer et les accueillir. L'émotion le gagne et la grande houle l'accompagne vers les Sables-d'Olonne où l'attendent des milliers de spectateurs. Le voilier blanc semble sortir tout juste du chantier. Pas la moindre trace de rouille ou de souffrance. L'intérieur paraît plus « tourmenté ». Le génois inter vient rejoindre la grand-voile et le monocoque file à une dizaine de nœuds. Un coup de vent est annoncé pour l'après-midi, mais la brise du sud-ouest est encore légère. Force 2. Ciel dégagé. Des conditions idéales.

Les vedettes rejoignent le voilier, toujours plus nombreuses. Une cinquantaine maintenant. Les gestes d'amitié, de retrouvailles se multiplient. Ses copains agitent, déjà, des bouteilles. Le drapeau de Granville est fièrement hissé. Rayonnant, Auguin sourit et répond à toutes les sollicitations. Il boit une gorgée d'eau minérale et enfile un haut de ciré rouge.

À l'arrière de *Geodis*, il tient la barre de la main gauche puis droite. Il scrute ses voiles et les bateaux-mouches qui s'approchent trop près. Il évite de peu *Le petit moulu* monté par des marins pêcheurs qui ont pris un jour de congé. Il attend maintenant la délivrance, la ligne. L'océan écume de joie. Des pneumatiques, des bateaux de promenade, des vieux gréements. Partout de l'émotion. Lui, semble si décontracté, si serein. La bouée cardinale Nouch Sud approche. Le pavillon bleu du comité de course qui matérialise la fin de l'aventure également. Une dernière vague, un dernier souffle et *Geodis* coupe enfin la ligne d'arrivée du 3e Vendée Globe. Il est 9h33.

Christophe se précipite sur sa dernière bouteille de champagne. Il l'ouvre, l'agite, la boit et se la verse sur la tête. La douche du bonheur. Puis il affale sa grand-voile, enroule son inter. Il lève les deux poings puis les agite. Si fort, si beau, si vainqueur. Son *Geodis* irradie dans la lumière vendéenne.

Un bateau pneumatique s'approche et lui tend un micro. Les premiers mots sont forts, comme le gaillard : « Je suis abasourdi par toute cette foule. On ne peut pas dire que la transition soit lente. C'est un choc violent. Cela fait drôle. Mais incroyable, j'ai vraiment l'impression d'être parti hier. Ce Globe, c'est une grande parenthèse dans ma vie. C'est une seule journée qui a duré une éternité. » Déjà les premières questions sur la course, la victoire : « le succès s'est joué il y a un an dans le chantier. Sinon sur l'eau, j'ai commencé à y croire au large de l'Australie. » Le moment le plus dur ? « À partir du cap de Bonne-Espérance, ce ne fut qu'un moment difficile, perpétuel, sans rupture, ni jamais de repos. Bien évidemment, j'ai eu peur pour mes copains et pour moi-même. » Les atouts de son triomphe ? « Le Globe est d'abord une course d'équipe. »

Le chenal du port lui ouvre ses passes. Les clameurs l'accueillent. Des cris, des ovations, des applaudissements, des pétards, des fusées. Il ouvre les bras et les lève. Divin. « De quoi rêves-tu ? » lui demande Alain Gautier, son prédécesseur. « De ce que je suis en train de vivre. » Titouan Lamazou est lui aussi relégué dans les cartons à souvenirs. Son record autour du globe, 109 jours 8h et 48mn, est battu. Auguin a bouclé la boucle en 105 jours 20h et 31mn 23".

Le ponton enfin approche. Le vrai retour sur terre. *Geodis* accoste. Christophe serre trois mains et récupère son fils Erwan. Il le regarde comme un père sevré. L'embrasse, lui caresse les cheveux. Il tend la main à Véro, lunettes de soleil et blouson rouge. L'accolade est merveilleusement tendre et le premier baiser bien à l'abri derrière la capuche rouge. Ils s'aiment, ils se sont manqués, ils se retrouvent. Pour toujours. « Un Vendée Globe, cela me suffit... »

Arrivée retardée

Les derniers jours précédant l'arrivée de Christophe Auguin, les vacanciers (parisiens principalement) avaient envahi le port vendéen. Passage obligé : le village de tentes dressé devant le ponton. Tous les matins, à 10h, une foule compacte et passionnée tient à assister à la grand-messe de la vacation radio avec les concurrents, célébrée dans un petit réduit incapable de contenir tous les journalistes, et visible à travers de vastes baies vitrées. C'est d'ailleurs par le biais de la sonorisation que tous entendent le leader du Vendée Globe expliquer en détail la lourde décision qu'il est amené à prendre le samedi 14 février. « Je me trouve encore à 330 milles des Sables. Compte tenu des horaires de marée, j'ai décidé d'arriver lundi matin et non plus dimanche après-midi. Pour arriver avant 16h, il faudrait que je pousse mon bateau. Et je n'ai aucune envie de prendre des risques. »

Sous la coque, la longue et fine quille s'enfonce de 4,12 m dans l'océan et interdit toute entrée dans le port à marée basse. Et puis le marin ne veut pas non plus arriver de nuit afin de ne pas gâcher la fête. Dès lors, il choisit finalement de retarder son atterrissage au lundi matin. Il doit alors patienter, remettre à plus tard les retrouvailles si ardemment souhaitées. « Je pense même que je vais aller dire un petit bonjour à l'île d'Yeu. J'aime bien les îles, explique-t-il la veille de son retour. Ce sont les endroits les plus sensibles et les plus maritimes du littoral. Leurs habitants vivent plus la mer que les autres. »

Magnifique coïncidence : au moment même où le marin s'adresse à la terre par le biais de son téléphone par satellite, un chalutier de l'île d'Yeu s'approche de *Geodis*. « Il s'agit du premier bateau qui vient me voir avant l'arrivée. Je suis bien content que ce soit des marins pêcheurs et des îlais. » Par VHF, Christophe Auguin s'adresse alors au patron de *l'Île du Vent*. « On est en pêche. Bravo et bonne route vers les Sables », lâche laconique mais chaleureux le pêcheur dans le micro. « Merci les gars et bon retour », répond le skipper tout heureux. Il apprécie et respecte ces marins durs au mal. Il fut d'ailleurs à deux reprises le seul non pêcheur autorisé à bord du voilier granvillais engagé dans le Défi des Ports de Pêche, régate corporative entre marins de toute la France.

Peu à peu, alors que le monocoque taille sa route vers Les Sables, sous voilure réduite, sa solitude est de plus en plus troublée. Un premier avion de l'Aéronavale le survole, imité peu après par un appareil des Douanes. Puis, dimanche matin, quelques hélicoptères bardés de caméras, de reporters et d'appareils photos, s'en vont successivement à la rencontre du blanc voilier. À terre, sur les quais des Sables, les badauds du week-end un peu déçus de ne pas assister à l'arrivée promise n'en tiennent pas rigueur au futur vainqueur. Une Granvillaise enfonce avec bon sens les portes ouvertes : « C'est la mer qui commande. » Cela Christophe Auguin ne l'oublie jamais, lui qui sait mieux que personne ce qu'il lui doit, à l'instant d'entrer dans la grande légende du tour du monde.

La naissance du Globe

« Pourquoi faire des escales alors que le monde peut être gobé d'une seule traite ? » Voilà où conduisent, à la de fin 1986, les réflexions de trois marins en escale à Sydney, réunis devant une bonne bière fraîche, trois compétiteurs lancés dans le BOC Challenge [1] et qui ne détestent pas les bars. Une nouvelle fois, la victoire reviendra à Philippe Jeantot à l'issue d'une course où le skipper de *Crédit agricole* dut contenir les efforts d'adversaires talentueux, tel Titouan Lamazou, véritable révélation de cette édition. Toutefois, c'est en compagnie de Guy Bernardin et du Sud-Africain Bertie Reed que Jeantot lance l'idée d'un défi à trois, mais sans la moindre escale. Une folie, et les trois hommes le savent bien. Comme tout marin, ils connaissent aussi bien l'histoire de la course au large que les moindres cales de leur voilier. Ils savent surtout que cette même idée avait déjà été à l'origine d'une course, moins de vingt ans plus tôt, et que celle-ci avait tourné à une débâcle dramatique.

1968 : jamais aucun navigateur n'a couvert seul et sans arrêt le tour du monde en passant par les trois caps les plus mythiques, Bonne-Espérance en Afrique du Sud, Leeuwin en Australie et Horn au Chili. Une folie douce ; un rêve d'halluciné à une époque où pourtant même la Lune ne semble plus inaccessible. Dans le sillage des grands précurseurs, tels l'Américain Joshua Slocum, premier homme à effectuer en 1898 un tour du monde en solitaire, et l'Argentin Vito Dumas (en 1943) qui osa emprunter en solo la route des trois caps, l'Anglais Francis Chichester en 1966 (et à 65 ans !) avait effectué sa circumnavigation en ne relâchant qu'une seule fois en Australie et revint dans son pays au bout de 226 jours de mer.

---

1. BOC Challenge : tour du monde en solitaire et quatre étapes. Philippe Jeantot remporta les deux premières éditions (1982-83 et 1986-87), Christophe Auguin les deux suivantes (1990-91 et 1994-95).

Les sixties sont peut-être les années des Beatles et des vastes mouvements revendicatifs, elles sont aussi celles de l'éclosion de la navigation en solo. La Transat anglaise voit le jour en 1960, Chichester la remporte avant qu'Éric Tabarly lui succède au palmarès quatre ans plus tard. Et tout ce joli monde se prend alors à espérer en cette fameuse révolution maritime ininterrompue. En 1968, quatre marins se préparent à appareiller pour tenter de réaliser cette grande première. En démarchant le quotidien anglais *Sunday Times* afin qu'il lui soit accordé un soutien pécuniaire, un jeune Britannique au nom alambiqué de Robin Knox-Johnston, débarquant à peine des Indes à bord de son yacht personnel, met la puce à l'oreille des responsables du journal. Plutôt que de parrainer un seul et unique skipper, ils décident de lancer une course. Ils la baptisent Golden Globe. Mais les impétrants à cette historique première n'entendent pas attendre un départ groupé et en flotte pour avoir l'honneur d'en terminer le premier face à l'Histoire. Alors chaque navigateur est libre de s'élancer quand bon lui semble entre le 1er juin et le 31 octobre 1968.

Un Golden Globe fou

Au total neuf marins appareilleront de Grande-Bretagne à bord de voiliers totalement différents, du monocoque au trimaran, long de 9,10 m pour le plus petit et de 20,10 m pour le plus grand. Seuls trois d'entre eux navigueront dans les latitudes sud et un seul reviendra à son port de départ : Knox-Johnston justement. Incroyable paradoxe : les organisateurs, ne lui accordant guère de chances, n'avaient pas pris la peine de lui fournir un poste radio BLU à très longue portée pour équiper son *Suhaili*, comme ils le firent avec les autres. Entre son départ, le 14 juin 1968, et son retour le 21 avril 1969, trois cent treize jours s'écoulèrent, à la désespérante moyenne nautique de

3,6 nœuds. Une éternité aventureuse marquée par de formidables tempêtes, un échouement en Nouvelle-Zélande mais sans gravité grâce à la marée haute qui remit le ketch à flot, des nouvelles parcimonieusement communiquées, un pilote automatique hors service... Le seul homme qui aurait pu menacer le vainqueur se nommait Bernard Moitessier. Excellent marin, il avait déjà, avant ce Golden Globe, viré le Horn à bord de *Joshua,* son ketch rouge. Mais, alors qu'il faisait voile vers le terme de l'épreuve et que la victoire semblait à portée de bout-dehors, le Français rebroussa chemin pour rallier la Polynésie. La renommée, les sollicitations, la publicité et, plus que tout, l'envie de ne pas gâcher une belle histoire d'amour avec la mer, de ne pas rompre ce sentiment d'unité avec les éléments, poussèrent Moitessier à cet étrange et magnifique renoncement.

Tous les autres abandonnèrent. L'un d'eux, Nigel Tetley, le fit dans d'étranges conditions. Alors que, deux mois après Knox-Johnston, il allait enfin en terminer, une communication radio lui apprenait qu'un autre homme, Donald Crowhurst, le rattrapait peu à peu. Forçant son navire, déjà bien fatigué, au-delà du raisonnable, Tetley vit celui-ci se désintégrer sous ses pieds puis sombrer. Un drame survenu pour rien. Crowhurst en effet avait triché. En 1968, le suivi des courses au large par balises et satellites interposés n'était ni envisageable ni envisagé. Crowhurst, parti dans la précipitation, coincé par ses créanciers et impressionné par ce qui l'attendait, avait en effet décidé de mentir. Il fit discrètement escale en Amérique du Sud, ne suivit pas le parcours imposé et annonça subitement son arrivée de ce qui deviendrait un voyage record. Peu à peu, l'incroyable mensonge le fit basculer dans la folie. Il se glissa alors dans l'eau pour, sans doute, regarder son trimaran s'éloigner inéluctablement. *Teignmouth Electron* fut retrouvé vide avec les deux livres de bord bien en évidence, le vrai accablant et le faux délirant. Conséquence directe, Tetley ne supporta pas sa mésaventure et, un an plus tard, il mit lui aussi fin à ses jours. Neuf partants, un seul à l'arrivée, la folie et deux morts : le prix à payer pour cette circumnavigation avait été très lourd. On comprend mieux pourquoi il fallut près de vingt ans pour y songer à nouveau. Entre-temps avait été créé le BOC Challenge, les bateaux avaient fait des bonds technologiques formidables, les marins savaient peu ou prou où ils allaient... et l'homme avait marché sur la Lune.

Relever le défi en course

Bernardin, Jeantot et Reed sont, somme toute, trois marins assez semblables. Des bourlingueurs d'océans, qui n'aiment rien tant que courir le monde ; qu'embrasser la terre du panache blanc d'un sillage de voilier. Ils sont bouffeurs de milles, pas régatiers à tourner entre trois bouées si elles ne sont pas caps de la planète. Lors de cette conversation à bâtons rompues tenue dans un bar australien, il n'y a pas encore d'envie de course. Qu'importe le formalisme. Juste un *mano a mano* à trois depuis un port de l'hémisphère Nord. Jeantot a sa petite idée : celui des Sables-d'Olonne n'est-il pas celui où il relâche entre deux courses ? Très vite toutefois, l'idée séduit. D'autant que d'autres, comme Lamazou, en rêvent. Annoncée par Jeantot lors de la conférence de presse d'après BOC Challenge, elle intéresse immédiatement nombre de skippers. Eux aussi veulent en être. La presse s'en fait l'écho. Le catch à trois devient match en flotte. Très vite toutefois, le ministère de la Marine choqué par la récente disparition dans la Route du rhum 86 de Loïc Caradec, met le holà. Les autorités n'agréeront cette course que si un certain nombre de garanties réglementaires et surtout de sécurité sont réunies. « La course océanique ne doit pas devenir les Jeux du Cirque » : le message délivré à Jeantot par le cabinet du ministre est clair. Alors, malgré les difficultés, les budgets à trouver, l'organisation à créer, les retards dans les financements, les projets aboutis et les ambitions à la baisse, le premier Vendée Globe Challenge voit bien le jour. Il est réservé aux seuls monocoques dont la taille maximale est de 60 pieds (18,28 m), et minimale de 50 (15,24 m).

L'émotion d'une grande première

Le 26 novembre 1989, treize navigateurs s'élancent des Sables-d'Olonne. L'émotion est très forte en ce dimanche glacial. Depuis Knox-Johnston, un tel exploit n'a été réédité qu'épisodiquement, à cinq reprises, mais jamais plus en course. Et pour ce premier Vendée Globe, les favoris n'ont pas hésité à faire concevoir, construire et lancer de véritables machines de guerre, extrêmes pour l'époque. Où vont-ils ? L'un d'entre eux au moins réussira-t-il à ne pas faire escale ? Tous en reviendront-ils ? L'angoisse est palpable. Alors que nombre d'observateurs avisés avaient réduit cette course à une « philippique » entre Jeantot et Poupon, Titouan Lamazou avait magistralement préparé son coup, dans son coin. Peintre, sculpteur, écrivain, infatigable voyageur, le Béarnais est aussi un marin hors norme. Le 30 novembre, alors que la flotte croise au large du Portugal, il place son *Écureuil d'Aquitaine* en tête. Jamais par la suite il n'en sera délogé. Moins d'un mois plus tard, totalement absorbé par sa course, dont il ne parvient à s'évader ne serait-ce qu'une minute pour les poétiques vagabondages dont il est coutumier, Lamazou pénètre enfin dans le Grand Sud. Dans son sillage, Poupon le menace sans relâcher la pression. Coup de tonnerre, le 28 décembre, la balise de détresse de *Fleury-Michon X* est activée. « Philou » demande assistance pour la première fois de son immense carrière. Lamazou pris dans la tempête, occupé à panser son bateau lui aussi salement touché, est alors positionné en avant du ketch de Poupon. Il ne peut se dérouter. Le lendemain, Loïck Peyron découvre le grand voilier couché sur l'eau et incapable de se redresser. Après une manœuvre toute d'audace superbement maîtrisée, Peyron ne peut tirer son adversaire de ce fâcheux mauvais pas. Finalement, Poupon se résout à abandonner le plus petit des deux mâts du voilier qui se redresse aussitôt. Ayant reçu assistance, le skipper de *Fleury-Michon* abandonne. Ensuite, la mer se charge d'éliminer un à un les adversaires de Lamazou. Depuis des semaines, le *TBS* de Pierre Follenfant navigue avec un safran réduit de moitié. Jean-Yves Terlain démâte. Le Sud-Africain Bertie Reed, en proie à un safran rétif, rentre chez lui. Mike Plant, l'Américain au physique ravageur, mouille à l'île Campbell et doit accepter l'aide des météorologues présents pour sauver son voilier. Patrice Carpentier, privé de pilote automatique, souffre le martyre dans le Pacifique et relâche, totalement épuisé, aux Malouines... En revanche, dans le Grand Sud, Jean-Luc Van Den Heede se déchaîne. Il abat les milles à la hache, comme le lui autorise son physique de bûcheron. Sans peur, il descend très bas, au-delà du 61e parallèle, et se retrouve un sale matin totalement entouré d'icebergs. Finalement, Lamazou rejoint Les Sables le 15 mars en milieu de nuit. Il a gagné, brillamment, s'adjugeant au passage le record de vitesse autour de la planète en 109 jours, 8 heures et 48 minutes. Trente et une heures plus tard, Loïck Peyron s'empare de la deuxième place devant Van Den Heede. Devenu un véritable héros aux Sables, ses initiales « VDH » claquent désormais comme un surnom ravageur, Seuls sept navigateurs se classent à l'issue de cette première. Mais tous les marins partis reviennent.

En mémoire des absents

Il n'en sera pas de même trois ans plus tard. Le deuxième Vendée Globe débute le 22 novembre. Mais au lieu d'être quinze concurrents, comme prévu, ils ne sont que quatorze. Il manque à l'appel Mike Plant, disparu alors qu'il rejoignait Les Sables-d'Olonne. Puis, quatre jours après le coup de canon libérateur, autre drame : le corps sans vie du Britannique Nigel Burgess, manifestement assommé puis éjecté, est retrouvé non loin de son 60 pieds. Le terrible golfe de Gascogne, qui sépare Les Sables de la pointe de la péninsule Ibérique, vient d'écumer de colère. Outre ces disparitions, nombre de favoris reviennent au port de départ, seul havre où ils peuvent réglementairement trouver assistance. Jean-Luc Van Den Heede, Philippe Poupon, Yves Parlier... y relâchent pour réparer. Loïck Peyron lui ne peut repartir : *Fujicolor III* est trop endommagé.

Alain Gautier et surtout Bertrand de Broc passent dans le coup de vent sans trop de dommages. À la barre du voilier vainqueur quatre ans auparavant, de Broc réalise un magnifique début de course face à un adversaire qui dispose d'une arme aussi neuve que redoutable. Le 28 novembre, le skipper de *Groupe LG* prend la tête. Il ne la lâchera à son adversaire de *Bagages Superior*, ketch nettement supérieur, que le 13 décembre. Comme Lamazou trois ans auparavant, Gautier ne sera plus jamais inquiété ensuite. Poupon, VDH, Parlier ont beau réaliser des prouesses pour combler leur retard initial, celui-ci se révèle trop important. De Broc souffre. Physiquement d'abord. Pris dans la tempête, son visage est fouetté par l'écoute de grand-voile. Sous le choc, le skipper se mord profondément la langue. Il lui faut la recoudre lui-même, ce qu'il réalise grâce aux conseils du docteur Chauve, prodigués par télex depuis la France. Quelques jours plus tard, les architectes du voilier annoncent au valeureux navigateur que les boulons qui tiennent la quille de *Groupe LG* peuvent céder. Les calculs de structure refaits en tous sens par les ordinateurs ne sont sûrs que d'une chose : il y a doute. Privé de son appendice, le 60 pieds pourrait alors se retourner irrémédiablement, comme le fit le *Coyote* du malheureux Plant. C'en est trop pour un seul homme et de Broc s'arrête en Nouvelle-Zélande. Pied à terre définitif.

Alain Gautier peut alors temporiser à sa guise. Il caracole en tête, vire le Horn avec 36 heures d'avance sur Philippe Poupon et s'impose logiquement et magnifiquement au terme de 110 jours de course. Il n'a pu battre le record de Lamazou. Handicapé par un démâtage non loin de l'arrivée, Poupon doit laisser la deuxième place à VDH. Comme à l'issue de la première édition, seuls sept navigateurs parviennent à effectuer le parcours sans abandonner. Alain Gautier, handicapé par des problèmes de gréement lors du premier Globe puis perdant sur le fil le BOC Challenge 1990-91, parvient enfin à l'emporter. Il lui aura fallu trois circumnavigations en solitaire dont la dernière, menée fort de cette belle et généreuse motivation, pour y parvenir : « C'est pour ceux qui ne sont pas là que nous avons accompli ce tour du monde. »

2

SEIZE SOLITAIRES AUTOUR DU MONDE

Cela pourrait être un dimanche comme les autres. Brise légère, ciel gris, un temps de week-end. Il est 8 h 15, et sur la jetée de Port Olona, la haie de camping-cars se réveille et guette l'arrivée du premier skipper.

Patrick de Radiguès n'a pas choisi particulièrement d'être celui-là. Simplement, il doit encore vérifier certains éléments techniques à bord. Son labrador noir, bandana rouge autour du cou, le suit à la trace et lève sa truffe lorsque le Belge embarque. Puce rêve lui aussi de grand large. Mais le patron doit partir seul. Règlement oblige.

Un peu plus loin, Nandor Fa rejoint le bord de *Budapest*. Veste de fourrure polaire verte sur le dos, il ne tarde pas à redescendre. Pour recevoir un joli cadeau : la mallette-pharmacie du docteur de la course, Jean-Yves Chauve. « J'espère ne pas avoir à m'en servir mais un grand merci pour ton aide, c'est fantastique », remercie le Hongrois, ému.

Sur le *Geodis* de Christophe Auguin, l'heure est au dernier ménage. Marco, l'assistant en chef, s'occupe du pont, tuyau d'arrosage et balai en main. Mais manifestement, le désordre qui règne encore à l'intérieur du grand bateau blanc l'exaspère. Le deuxième aide de camp l'entend. « Tu n'es qu'un inconscient, tu as vu le bordel ? »

Bertrand de Broc arrive à son tour. Au pas de charge, Isabelle la douce compagne, dans son sillage. Tendue, la chérie. Plus que son marin préféré, qui se tourne vers les caméras. « Tout est prêt, il n'y a plus qu'à dérouler. Les derniers jours ont été un peu pénibles », avoue-t-il. À l'avant de son monocoque jaune, des petites mains amies finissent d'embarquer les cinquante derniers « noms autour du monde ». Jusqu'à 19 h, la veille au soir, les chèques ont circulé. La coque, surchargée, témoigne de la réussite de l'opération. Une grande majorité d'inconnus, de nombreux « voileux », quelques amis et un président de la République, racolé lors d'une visite à Quimper.

Il fait gris mais Gerry Roufs se pointe, les lunettes de soleil sur le nez et la petite Emma à la main. La fillette est intimidée. Sa maman la pousse. « Vas-y, fais comme si il n'y avait personne. » Elle n'a pas le choix, si elle veut déposer son capitaine Haddock-porte-bonheur. Là-bas, au loin, papa en aura besoin.

L'accolade des filles

Marc Thiercelin, accroupi sur le pont de son *Crédit immobilier de France*, embrasse la Terre entière, lui qui part pour la première fois découvrir le monde. Le regard est vague, l'émotion y navigue, forte, belle. « C'est dingue ce départ. C'est la première fois que je ressens cela. D'habitude, j'aime bien partir. » Un supporter de Nandor Fa passe avec un drapeau hongrois. « C'est incroyable, on se croirait au foot. Bientôt, il y aura des tribunes », rigole Marc.

Au pied du bateau voisin, ce sont des larmes qui coulent. Déjà salées. Celles d'une mère de famille. Celles de Catherine Chabaud, qui sert Isabelle Autissier à l'étouffer. « Ne vous inquiétez pas, vous avez une bonne petite. » Isabelle rassure et étreint cinq minutes plus tard ladite petite, 1,78 m sous la toise. Les caméras surchauffent. L'accolade est si brève mais si belle, entre ces deux femmes, ces deux courageuses, les premières à tenter de dompter dans une course en solitaire les hommes et la planète.

« On s'envoie des messages de filles, réclame Catherine.
– On va parler chiffons, répond Isabelle.
– Ne va pas draguer les albatros ou préviens que j'arrive », conclut la grande blonde.

Sur ces pontons de l'adieu, les mains se serrent comme les cœurs. Les âmes avant les lames. Les larmes avant les drames. Et ces marins, qui ne tiennent pas en place. Ils montent, descendent, remontent, redescendent. Un baiser à gauche, un salut à droite, et un sponsor au milieu.

Déjà la veille au soir, l'émotion a frappé à la porte de l'office du tourisme. Le dernier briefing. Avec les ultimes discussions sur la météo, la sécurité. Et des cadeaux, encore et toujours. L'évêque de Luçon fête Noël avant l'heure et offre à chacun un disque laser de chants. Puis une femme blonde, représentant la jeune chambre de commerce, distribue des bouteilles. D'habitude, les marins les boivent et les jettent vides à la mer. Mais celle-là, il faut la garder pleine et la glisser dans l'eau le 20 novembre, précisément, journée mondiale pour les droits de l'enfance. Raphaël Dinelli, qui voulait embarquer l'association « Deux mains pour l'enfance », aura le droit à la sienne. Privé de briefing, mais pas d'action humanitaire...

Dimanche, 10 h, l'heure de la messe. Un premier bateau largue les amarres. Tony Bullimore, le doyen en provenance d'Angleterre, se retourne. Il agite sa main gauche, serre le poing. La foule lui répond et pleure.

Isabelle Autissier suit de près. C'est la deuxième à quitter le monde dit civilisé. Elle porte une fourrure polaire bleu roi, un bas de ciré jaune vif et des boucles d'oreilles en métal argenté. Cinquante paires trônent dans sa petite maison de La Rochelle. Mais celle-là lui a été offerte, un soir d'hiver. Dans le métro parisien, une inconnue s'était approchée : « Vous êtes bien le marin qui aime les boucles d'oreilles ? Tenez, portez les miennes. »

Isabelle n'oublie pas sa féminité. Mais elle ne la revendique pas plus que cela. Un bouquet de roses à droite du balcon, des dahlias à gauche, elle s'en va affronter l'énorme foule amassée tout le long du chenal qui mène à la mer et à la solitude. 370 000 personnes selon les organisateurs et la police, qui seront pour une fois d'accord. Une marée humaine. Un déluge d'encouragements. Un monde fou avant un monde de fou...

Auguin juste à l'heure

10 h 30, l'heure des ultimes présents, pour l'avenir. Jean-François Coste a eu tout le temps pour lire dans le premier Vendée Globe. Alors, il joue au libraire des pontons, au distributeur de bonnes lignes, à déguster en solo. *Roman avec cocaïne* pour Marc Thiercelin, *La Comédie humaine* pour Thierry Dubois, *La Peste* pour Didier Munduteguy et *L'Étranger* pour de Broc. Bertrand veut le glisser dans sa poche de ciré, cela ne rentre pas. Une poche, monsieur, c'est conçu pour une main, pas pour un livre, même de poche...

À l'autre bout du ponton, qui ne cesse de se vider, Thierry Dubois attend son tour. Bonnet sur les oreilles, appuyé au mât, il découvre la dédicace d'Alain Gautier. « Il a fait un tour du monde, il faut qu'il en fasse un deuxième. Fais gaffe aux barres de flèche et à toi aussi. À tchao, Alain. » Nigel Burgess, le dernier propriétaire de l'ex-*TBS*, avait péri dans le golfe de Gascogne lors du Vendée Globe 92-93.

Bientôt l'heure de l'apéritif dominical et Christophe Auguin daigne enfin faire son apparition. Bon nombre de ses collègues sont déjà loin, happés par la gloire. Lui, l'expérimenté, débarque au tout dernier moment. Marco est habitué. « Sur une course, il est même arrivé en Zodiac, juste avant la ligne de départ. » Catherine Chabaud s'étonne. « Tu feras pareil quand tu partiras pour ton quatrième tour du monde. » L'homme à tout faire rigole.

Patrick Poivre d'Arvor, un habitué des pontons, tire

dans son sillage Philippe de Villiers, un habitant de Vendée. « C'est Auguin, il est très sympa », confie PPDA, casquette sur la tête, au président du conseil général.

Le « sympa » est à l'avant de son monocoque. Dans les bras, son petit garçon, Erwan, un an. Tendre instant d'intimité, le dos tourné aux caméras. Papa embrasse, à tour de lèvres, et confie le bébé à sa maman Véronique.

Pascal Conq, le co-architecte, finit là sa tournée d'adieux. Six bateaux signés de sa main et de celle de Jean-Marie Finot prennent le départ. À chacun des marins, il offre un disque laser. Auguin apprécie le dernier album des Rolling Stones. « Ce CD fait aller vite. »

Le long des quais de la Chaume, tirés par des bateaux de pêche, les seize aventuriers prennent encore tout leur temps. Secoués par ces adieux, surpris par ce soutien populaire, inquiets par ce qui les attend devant. Au bout de la jetée, déjà, l'océan les bouscule. Houle croisée et « gasoilisée ». Des vedettes partout, petites, rapides, immenses, lentes. Des voiliers aussi, qui cherchent à surnager dans ce bouillonnement d'écume et de rouleaux. Il est 13 h 02, comme prévu, à la demande des télévisions, le coup de canon retentit dans le ciel vendéen qui distille un vent de 15 nœuds, secteur sud-ouest. Départ paisible, au milieu de la meute motorisée et héliportée. Bertrand de Broc, le premier, a coupé la ligne. Mais Yves Parlier ne tarde pas à le doubler et vire en tête la bouée installée devant Bourgenay, porte de sortie du parcours côtier. Debout, à la barre, l'Aquitain voit les vedettes qui l'accompagnent le quitter les unes après les autres. Un petit geste, parfois un mot à la radio, et l'engin à moteur fait demi-tour. Définitivement. Enfin seul, avec lui-même et ses voiles.

La rumeur

Au PC de la course, de retour sur terre, Philippe Jeantot, l'organisateur en chef de ce Vendée Globe, voit surgir la première difficulté. « Parlier est à sec de toile, il revient ! » La rumeur court depuis 15 h 45, soit près d'une heure. Les plus alarmistes parlent même de démâtage. Comme dans la dernière Transat anglaise. Son gréement révolutionnaire, un mât-aile avec deux barres de flèche géantes partant du pont, inspire plus généralement le scepticisme que l'admiration. Et dans la dernière nuit, avant le grand départ, ses assistants ont été vus en plein bricolage sur l'enrouleur de génois. Jusqu'à trois heures du matin.

Jeantot doit tuer la rumeur très vite. Car déjà des radios diffusent « l'information ». Une seule solution : joindre par téléphone le dernier pilote hélicoptère qui a survolé la zone. « Je l'ai quitté, il y a tout juste dix minutes, rien à signaler à bord. » Fin d'une incroyable errance médiatique. Et Parlier, qui le surlendemain, lors de sa première liaison radio, avouera son étonnement. « Je n'ai eu aucun problème sur le mât. J'ai juste repris un tour dans l'enrouleur après le départ... » Parlier, comme les quinze autres concurrents, a tourné le dos à la terre. De terriens ils deviennent marins du Vendée Globe, une race à part.

Auguin le favori

Il n'a cessé de courir, téléphone portable à l'oreille. Lui le favori, lui le revenant triomphateur du BOC Challenge, lui n'a pas quitté son cellulaire pendant le dernier mois. « Dans le Globe, couper la ligne de départ, c'est déjà une victoire. Franchir celle de l'arrivée, c'est un grand succès. Et gagner, c'est un miracle. Mais moi, je crois au miracle. » Christophe Auguin, c'est le lutin des océans. Souvent insaisissable. Toujours le bon mot et la juste analyse. Un physique raisonnable et une santé de fer, du soir au matin. Avec Gerry Roufs, le Granvillais a plus qu'à son tour animé l'avant-course sur les quais des Sables-d'Olonne. La preuve certaine d'une joie de vivre et de naviguer. Confiance et sérénité, malgré quelques soucis avec son sponsor, à la suite du retrait d'un important partenaire média moins d'un mois avant le départ.

Car si le marin ne connaît pas encore tous les dauphins de l'Atlantique par leur surnom, il ne s'égare plus sur la route qui mène au bonheur. Deux tours du monde en solitaire et avec escale disputés, deux BOC Challenge remportés en 1991 et 1995. Ajoutez-y une Solitaire du Figaro en 1986 et les records du monde de la distance parcourue en vingt quatre heures en solo (350 milles, 15 nœuds de moyenne) et en équipage (447,5 milles, 18,64 nœuds), et vous voilà devant l'une des plus solides expériences françaises de la voile au large.

Et pourtant, Auguin n'est pas une star médiatique, largement battu par les Peyron, Bourgnon, Arthaud, Poupon. « Le Globe, c'est un point de passage obligé dans une carrière. Il faut en faire un dans sa vie. » Pour les autres mais aussi pour soi. « C'est une aventure humaine extraordinaire. » Se défier mais aussi se méfier : « Sur l'eau, j'ai tendance à être agressif avec moi-même. Mon problème, c'est de me retenir. »

Car sous la chevelure moutonnée, coule la braise. Celle de la passion, de l'intelligence et de la détermination. « J'ai 37 ans, c'est mon troisième tour du monde et la fin de ma carrière autour de la planète, alors j'aimerais que cela se termine bien. » Par une victoire évidemment. Mais pas seulement. « J'y vais d'abord pour faire le tour. » Sans escale, une nouveauté pour lui. Et avec cette solitude qu'il ne déteste pas. Heureusement d'ailleurs. « Je dois en être à un an en solo sur les six dernières années, c'est colossal. » Surtout depuis l'arrivée de son fils Erwan.

Seul, Christophe ne le sera jamais durant ce Vendée Globe. Car le Normand embarque un compagnon d'aventure qu'il apprécie plus que tout. Son nom? *Geodis*. « Je me sens bien avec mon bateau. Il est en adéquation avec mes choix. » L'amitié remonte au mois de juin 1994 et à leurs premiers bords en commun sous les couleurs de Sceta-Calberson. 40 000 milles plus loin, le couple marinmachine apparaît le plus homogène de la flotte. Car le navigateur n'a pas hésité à offrir une quille pivotante à son partenaire à voiles. « C'est un bon compromis fiabilité-innovation », glisse Christophe, entre deux coups de téléphone. Heureusement, là-bas, les appels ne le dérangeront plus.

Autissier la star

C'est une belle histoire que Walt Disney pourrait animer avec talent, celle d'Isabelle Autissier, quatrième fille d'une famille de cinq, éducation catholique, père architecte, bac à 16 ans, études supérieures d'ingénieur, tout pour finir dans un bureau, *Fig-Eco* à la main. Isabelle a choisi une autre voie, faite d'eau et d'embruns. La mer comme passion, sur le Vaurien familial dès 6 ans ; comme profession, dix ans d'enseignement et de rapports sur la langoustine, le homard, le tourteau ; comme compétition, la Mini-transat 1987, les solitaires du Figaro 88 et 89 puis les BOC Challenge 1990 et 94.

Florence Arthaud détenait le monopole du cœur depuis sa Route du rhum héroïque. Mais un 28 décembre 1994, la France change de camp. Une femme, seule, sur un voilier brisé, en pleine tempête australe, qui attend la main de Dieu et puis celle des hommes. Sauvée par hélicoptère le soir même du réveillon de la Saint-Sylvestre. Une star est née, vedette du courage, de la simplicité et de l'authenticité. « Cela m'a changé et rapproché des gens », avoue-t-elle.

Ne cherchez pas un quelconque air de ressemblance ou de rivalité avec « Flo ». Chacune sa vie, chacune ses défis, chacune sa féminité. « Isa » ne revendique rien, et surtout pas un statut particulier. « On ne va plus me regarder comme un mouton à cinq pattes », se réjouit-elle à l'annonce de la participation de Catherine Chabaud. Le MLF, s'il existe encore, peut ranger ses drapeaux. Car la

Rochelaise abandonne même le concept de « bateau de femme », qui avait prévalu à la construction du défunt *Écureuil Poitou Charentes*. Son nouveau voilier, le *PRB*, est plus puissant mais aussi « plus dangereux ». Elle le sait et pensera « bien sûr » à son dernier naufrage. « Nous avons voulu faire un bateau bétonné, et pour cela, il fallait laisser les idées farfelues au placard. » La quille pivotante, qu'elle fut la première à tester sur un monocoque de ce type (60 pieds open), lors de son record en équipage New York-San Francisco, trône en bonne place... sous son monocoque. Isabelle aime l'aventure et l'aventure aime Isabelle. « Avec un tour du monde, tu parles aux gens. » Ça vous intéresse, Walt Disney ?

De Broc, le vendeur de rêve

Cela ressemble à une idée de génie. Partager l'aventure, l'océan et les rêves. Faire naviguer par procuration tous ceux qui l'ont aidé à partir. *Votre nom autour du monde*. Six mille candidats au voyage. Six mille chèques de 250 F (et plus, notamment pour les entreprises). Six mille compagnons, tout de noir vêtus et répartis de part et d'autre de la coque jaune. Six mille candidats au voyage et au coude à coude planétaire.

Bertrand de Broc peut être fier. Et même s'il tablait au départ sur 17 000 partenaires, son opération « à coque ouverte » est une vraie réussite. « Je suis content que cela ait marché. Surtout quand nous nous sommes retrouvés à la sortie de l'hiver avec 3 000 noms. »

Fort du soutien d'Isabelle, sa compagne brune, le marin de l'Odet a remué ciel et mer, aux quatre coins de l'Hexagone, pour boucler son budget et armer l'ex-*Fleury-Michon* de Philippe Poupon. « Ce n'est pas un bateau pour gagner mais je m'y sens bien. Il est confortable. » Le détail peut paraître superflu. Pas pour quelqu'un qui, dans le dernier Vendée Globe, fut obligé de se recoudre la langue seul au cœur de l'océan Indien, dut ensuite abandonner en Nouvelle-Zélande par la faute de boulons de quille suspects et fut enfin remercié par son sponsor à son retour en France.

Quatre ans ont passé, mais de Broc n'a rien oublié de son premier tour du monde. « C'est la première fois que j'ai ressenti une véritable haine pour un bateau. Quand j'allais me coucher, je lui disais : " Pas de connerie, tu restes bien stable. " Dans les mers du Sud, c'était devenu le bagne. »

Pas de risque avec son nouveau monocoque qui a déjà effectué un tour du monde et demi entre les mains de Philippe Poupon, malgré un chavirage spectaculaire et un démâtage dramatique à quelques centaines de milles de l'arrivée. Bertrand, qui n'a pas plus été épargné tout au long de sa carrière (trimaran disloqué juste après le départ de La Baule-Dakar et catamaran chaviré dans la Route du rhum) mais a signé aussi de belles performances (1er de la Transat anglaise en double, deuxième du Tour de France et de la transat Lorient-Saint Barthélemy, cinquième de la Solitaire du Figaro...), a soif de revanche. Il affirme pourtant le contraire. « Je pars pour revenir avec tous ces gens qui nous ont fait confiance. » C'est beau l'amitié.

Bullimore, le gentleman-navigateur

Tony Bullimore fait partie d'une race en voie de disparition, celle de ces gentilshommes navigateurs. Depuis plus de trente ans, cet homme d'affaires britannique, d'une discrétion étonnante sur son secteur d'activité, aime de temps à autre s'infuser de grandes rasades d'eau de mer en lieu et place de thé, renouant de sa tronche têtue et de son physique râblé avec le fier passé nautique de sa chère cité de Bristol. Il y a quatre ans, Bullimore arpentait comme une âme en peine les pontons des Sables-d'Olonne. En son pays d'outre-Manche était demeurée son étrange goélette.

Faute de préparation et de moyens, il n'avait pu en faire terminer à temps la construction en vue du Vendée Globe. « En 1996, je serai trop vieux pour une telle aventure », glissait-il alors peiné, de son inimitable accent mi-précieux mi-bègue. Mais le poids des ans n'a pas de prise sur cet étrange petit bonhomme. Et c'est en doyen de l'épreuve qu'il en a pris le départ, à 57 ans bien sonnés, toujours à bord de ce surprenant voilier, conçu par des architectes inspirés en matière de multicoques. Noble et Smith ont cette fois dessiné un voilier pataud, peu puissant et lourd, propulsé par deux petits mâts-aile de tailles égales. Jamais depuis son lancement, cette goélette n'a inquiété le moindre 60 pieds open. Et il semble bien qu'il en sera de même cette fois. *Exide Challenger* porte néanmoins tous les espoirs de son skipper. Il l'a voulu, l'a financé et armé. « Il est taillé pour la brise, et dès que le vent se lève, sa vitesse et sa stabilité au portant sont impressionnantes. » Bullimore tente en vain de convaincre. Il le sait mais n'aime guère s'avouer battu. Son défi, c'est de couvrir seul le tour de la planète à bord de ce voilier solide. Rien que cela constitue déjà un magnifique challenge.

Catherine la marine

Il fallait oser, et Catherine a plongé. Tout juste un mois avant le départ, elle croise Jean-Luc Van den Heede sur les pontons du Grand Pavois de La Rochelle. « Tu sais, mon bateau est toujours à louer. » La grande blonde n'hésite pas. Ce Globe, elle en rêve depuis la dernière édition. Alors, elle fonce à Paris convaincre sponsor et radio favoris (Whirlpool et Europe 2), elle décroche son téléphone, fonde l'association des copains bricoleurs et se lance dans un incroyable contre-la-montre technique et psychologique. Se préparer en trente jours, alors que ses collègues ont souvent disposé de plus de trente mois.

« C'est la navigatrice mais aussi la journaliste qui

part. » Catherine aime parler et partager, parents marseillais obligent. « Pour ceux qui connaissent le Grand Sud, comme Yves Parlier, Christophe Auguin ou Isabelle Autissier, ce Globe constitue avant tout une compétition. Pour moi, c'est réellement une aventure. » Découverte de « l'eau-delà ». Le regard vert azur s'interroge. « Vais-je tenir le coup ? » Les bouclettes blondes s'agitent. Fascinée et troublée : « Ces quatre mois de solitude, je les attends et je les crains. »

Seules certitudes dans cet océan de doute : sa passion pour cette mer qu'elle a découverte en plongée très tôt et à la voile très tard ; sa tendresse pour ce bateau qu'elle a pris en main tardivement mais solidement. « Un bon gars », dit-on sur les quais. Simple, rustique et deuxième quand même du dernier Globe. La philosophie Van den Heede poussée à l'extrême : rien de superflu, centimètres compris. 3,76 m de large contre 5,80 m aux derniers plans Finot-Conq, le cabinet d'architectes à la mode. « C'est fonctionnel et sécurisant. » Catherine n'a pourtant pas oublié cette image du dernier tour du monde avec escales, en provenance de l'autre bout de la planète. Le bateau rouge barbotait sur une plage australienne, au milieu des surfeurs locaux. Son skipper, VDH, s'était endormi profondément, à quelques milles de l'arrivée.

Pour Catherine, l'objectif de ce premier tour du monde est aussi clair que de l'eau de source : éviter la mésaventure du marin barbu et couper la ligne d'arrivée aux Sables-d'Olonne. Partir pour apprendre et finir pour convaincre tous les sceptiques qui la trouvent meilleure journaliste que marin.

Dubois le rebelle

Avec son éternel bonnet rose vissé sur sa tête de bois, Thierry Dubois est un étrange marin. Jamais là où on l'attend, il navigue à contre-courant suivant une route très personnelle qu'aucun autre n'adopterait. En 1993, il remporte la Mini-transat après une première étape homérique où la furie des éléments contraignait alors les organisateurs à demander aux concurrents de s'abriter dans le port le plus proche. Face à la mer, mû par sa simple ténacité, seul Dubois ralliait le terme de cette manche, s'imposant ensuite fort logiquement. Il naviguait déjà à bord d'un voilier aux couleurs d'Amnesty International, proposant aux entreprises qui l'aidaient de se ranger sous la bannière de l'association humanitaire pour augmenter encore sa notoriété et sa puissance. Une générosité qu'il paie au prix fort, celui de son porte-monnaie personnel et celui d'un banquier compréhensif... Délaissant les chemins trop classiques d'une progression logique dans le milieu de la compétition, Dubois fait ensuite immédiatement le grand écart, désireux de parcourir le monde en monocoque 60 pieds open. Il ne peut armer un bateau pour le BOC Challenge ? Qu'à cela ne tienne, il disputera le Vendée Globe. Il décide très vite de se porter acquéreur d'un voilier maudit, lancé pour Pierre Follenfant et qui effectuera aux mains de ce dernier un pénible Vendée Globe 89-90, safran en partie brisé. Trois ans plus tard, Nigel Burgess, nouveau skipper du même bateau, disparaît tragiquement dès les premiers jours de course. Profondément remanié par Dubois, le monocoque a retrouvé une deuxième jeunesse. À tel point que nombre de concurrents le considèrent comme un redoutable adversaire. « Je pense posséder le meilleur des anciens bateaux. Il a le potentiel pour gagner. À moi de ne pas faire de bêtises car je n'ai pas l'expérience des autres. »

Dumont le battant

Titouan Lamazou parle souvent à cœur ouvert. Et selon le vainqueur du premier Vendée Globe Challenge, un seul marin a tourné le dos à la terre vraiment « heureux » : Éric

Dumont. Le Havrais a si longtemps galéré et joué aux traîne-pieds nus sur les pontons. Vingt-sept transats et neuf démâtages dans son livre de bord. Une expérience unique. Il s'élance sans le moindre complexe. « Le plus dur, ce n'est pas le tour du monde mais d'arriver jusqu'ici. Cela ne me fait pas peur de me battre contre les éléments, en revanche contre l'argent... »

Sa vie n'est pas un long fleuve tranquille. Naissance en pleine guerre d'Algérie, d'une mère enseignante et d'un père inconnu. Éric débarque en France chez un oncle et embarque pour trois ans à bord de son *Joshua*. Une étincelle est née, pour l'éternité. Dumont a trouvé sa voie. En 1993, un parrain joueur (le casino d'Étretat) le sort de l'anonymat. Et après quelques transats d'entraînement, Éric touche le jackpot : le Globe. Fort du soutien corsé de Café Legal, il peut armer un bateau de talent, l'ex-*Bagages Superior*, vainqueur tranquille avec Alain Gautier de la dernière édition. Mais quatre ans d'âge, même pour un fier navire, cela handicape. « Dans ce Globe tout le monde peut gagner. L'essentiel, c'est le rapport skipper-bateau. »

Dumont ne se rassure pas. Il y croit, lui qui a tout le temps pour dompter son monocoque et compte bien le prouver dans un numéro qu'il espère époustouflant. « Je pars avec l'impression d'avoir beaucoup travaillé. Ce Globe, c'est le résultat de quinze ans d'acharnement. »

Comme tous les novices, Éric le blond a largué les amarres en rêvant avant tout de revenir bien vivant et comblé. Voyage initiatique : « Ce tour du monde, c'est ma Longue Route à moi. J'ai besoin d'un bateau solide et qui arrive entier. » L'homme est un battant. Il le prouvera. Mais avant de partir, il a été marqué par un drôle de cauchemar, une nuit il y a six mois de cela : « Je suis en haut du mât, dans le Grand Sud, lorsque mon bateau se retourne et fait un tour complet. Depuis, cela me revient régulièrement. » Heureusement, dans un coin du cockpit blanc, un petit chien, avec deux skis et bonnet rouge, veille au grain. Son surnom : Gogo. Comme son ancien propriétaire. « Alain me l'a donné en me disant : " J'espère qu'il te portera chance, comme à moi. " Cela m'a beaucoup touché. »

Fa le héros

Il est arrivé à la voile sur le tard ; il espère s'en retirer en beauté. Avec les honneurs même. En sa lointaine Hongrie que les aléas de l'histoire des peuples a privée d'océan, Nandor Fa est un héros. Et là-bas, dans ce pays qui renaît après une trop longue « occupation », terme officieux pour désigner le joug communiste et l'omniprésence soviétique, le culte du héros n'est pas un vain mot. Il faut préciser que se lancer seul autour de la planète à bord d'un voilier de course a de quoi effrayer des millions de Hongrois pour qui la mer est une pure abstraction. Après une circumnavigation en double et en balade puis deux autres, en course cette fois, pour apprendre tout d'abord et impressionner ses adversaires ensuite, Nandor Fa se lance dans son dernier tour du monde, fort d'une seule motivation : « Gagner. » Le monde, il en a déjà fait le tour, seule la victoire lui semble jolie. Alors lui, l'individualiste forcené capable de construire un bateau derrière le rideau de fer, a mijoté son retour avec minutie. Trois ans de travail pour convaincre des parrains, dessiner un nouveau voilier, le construire, l'armer et le présenter aux Sables-d'Olonne. Dans le port vendéen, *Budapest* a fière allure. Blanc immaculé, simple, superbement construit et mis au point, le coursier à quille pivotante respire la puissance et l'efficacité. Le marin aussi. Affûté malgré le poids des ans, l'athlète, barbe rase et muscles d'acier, est bien décidé à appliquer sa tactique : « Je laisse les autres mener d'entrée et j'attaque ensuite dans le Grand Sud. » Lorsque les autres concurrents parlent de Nandor Fa, c'est avec la sympathie que l'homme engendre et la peur que le marin inspire. Le Hongrois est l'un des favoris et cela se voit.

Goss l'Anglais trop tranquille

Discret, affable, Pete Goss ne paie pas de mine. Et pourtant, dans la famille Goss on est marin de père en fils. Normal pour un natif de Cornouailles anglaise, ce pays rugueux battu par la mer et où le ciel bas ne se distingue jamais totalement du gris de l'océan. Avec ses joues roses, sa mèche blonde qui lui tombe sur le front et son regard franc, il a le physique de ces jeunes officiers qui par leur volonté et leur courage ont fait le prestige de la Royal Navy. Le tour du monde, il connaît d'ailleurs, et dans des conditions parfois pires que celles qu'il se prépare à affronter. Goss a en effet été précédemment skipper d'un des solides ketchs en acier du British Steel Challenge qui effectuent un tour du globe en équipage. Mais comme ils roulent à gauche, les Britanniques le font dans le « mauvais sens », contre les vents dominants et face à une mer particulièrement mauvaise. Alors, le Vendée Globe même sur le plus petit voilier de la flotte, cela ne le trouble pas outre mesure. « C'est une sorte d'appel... », explique-t-il doucement en parlant de sa motivation. Un appel tellement fort que ce père d'une famille de trois enfants n'a pas hésité à vendre sa maison pour financer son rêve. C'est toutefois grâce au soutien de la marque d'eau de toilette Aqua Quorum, que son joli 50 pieds (15,24 m) jaune, dessiné par Adrian Thompson et construit en grande partie par le skipper lui-même, a pu voir le jour. Un performant petit voilier qui, s'il ne peut gagner, a les moyens de se bagarrer avec les anciens 60 pieds. N'a-t-il pas d'ailleurs joué avec un certain succès dans la cour des grands lors de la dernière Transat anglaise de juin 96 ? Simple, puissant, doté d'une quille pivotante, dommage qu'*Aqua Quorum* n'ait pas d'adversaires à affronter dans sa catégorie. Avec un tel tandem, la lutte n'aurait pas manqué de saveur.

Laurent le smicard

« J'espère que ce Globe va me permettre de passer un cap. » Hervé Laurent rêve, comme beaucoup, du cap Horn mais aussi d'un grand, un beau, un vrai bateau neuf. Lui, c'est l'Abbé Pierre de la voile, celui qui redonne vie à des épaves jugées désespérées. « Un jour, à Cherbourg, j'ai même été obligé de virer un clochard d'un catamaran. » Sur une, deux ou trois coques, il a traversé l'Atlantique vingt-cinq fois, souvent en solitaire, toujours par opportunité. « Je n'ai jamais eu de plan de carrière. »

Son premier Vendée Globe n'échappe pas à la règle. Petit budget et grand bricolage à bord de *Groupe LG-Traitmat*, un bateau expérimenté qui n'a jamais raté le moindre départ du tour du monde et en détient, sous le pavillon de Titouan Lamazou, le chrono-record. « Ce serait rigolo de battre ses 109 jours. » Le Lorientais ne croit pas à la victoire finale. Le monocoque est trop vieux (1989) et le skipper pas assez expérimenté autour de la planète. « Mon idée, c'est de faire le tour. »

Voilà qui serait déjà une belle récompense pour celui qui s'est embarqué avant tout pour déguster « une tranche de vie forte. Ces quatre mois de navigation solitaire m'attirent ». Hervé aime la mer. Et lorsque sa première femme lui a demandé de choisir entre une vraie vie de famille et l'océan, il n'a pas hésité, malgré les trois enfants. Aujourd'hui remarié et heureux, il continue de tout sacrifier financièrement pour naviguer. Un emprunt jusqu'à l'an 2007 pour disputer la Solitaire du Figaro 1995. Une fidélité à toute épreuve depuis ce jour de colonie de vacances où, par erreur, il fut inscrit en voile et non pas en judo, sa passion de l'époque.

« À part mon sac de fringues et mon ciré, je n'ai rien à moi. Mes frères, fonctionnaires à l'arsenal, ne comprennent pas que je ne sache pas ce que je fais dans quatre mois. » Jusqu'en mars, Hervé, avec son franc-parler, a un boulot et une mission : cohabiter avec un navire à voile pour boucler la boucle. Ce que n'avait pas réussi Bertrand de Broc, le précédent utilisateur. « En mer, je suis bien et tellement heureux, même si j'ai les pires galères. » Taillé pour ce Vendée Globe.

Munduteguy le Basque naviguant

Derrière la grosse moustache épaisse, le doux sourire masque à peine une sensibilité à fleur de peau. Munduteguy est un homme de cœur, marin d'honneur qui, à intervalles réguliers, se sent des fourmis dans la quille, des envies d'océan et des besoins de grand large. Depuis sa sixième place dans la Route du rhum 1990 (il occupa même un moment la tête de la Transat remportée cette année-là par Florence Arthaud), cet ancien second de Mike Birch avait mis entre parenthèses sa carrière de coureur. Seule une décevante participation à la Solitaire du Figaro 95 était venue rappeler que le gérant du port de pêche de Saint-Jean-de-Luz était aussi navigateur. Mais le rêve sait être tenace et, après avoir échoué dans une tentative pour disputer le BOC Challenge, Munduteguy réussissait enfin à s'engager dans le troisième Vendée Globe. Certes, le budget réuni par l'intermédiaire d'une association d'amis est des plus minimes. Il n'empêche pas de partir. Il lui faut un bateau : *Enif*, plan Morrison destiné à couvrir le précédent Globe aux mains du skipper britannique Richard Tolkien, patiente en bordure de la rivière Hamble. Qui plus est, ce voilier d'apparence solide et éprouvée, peut se négocier à un tarif très raisonnable. Toutefois, Munduteguy poussé avant tout par sa simple volonté d'effectuer une circumnavigation ne peut, faute de temps et de moyens, mener à bien une solide préparation. Il a des envies « d'aventure maritime forte », c'est tout ce qui compte ; voilà le principal. Alors, sous le masque de la pression du départ, ce faux ténébreux est tout heureux. Pour lui c'est déjà une victoire. D'autant qu'en basque, Munduteguy veut dire « au bord du monde ».

Parlier le précurseur

Lorsque Yves Parlier parle de son bateau, c'est avec emphase, attachement, passion. « *Aquitaine Innovations* est le plus rapide de la flotte », martèle-t-il avec force autant pour se rassurer sur ses choix que pour convaincre ses interlocuteurs ébahis. Il y a de quoi être éberlué devant cet incroyable mât-aile tenu par deux barres de flèches gigantesques qui dépassent du pont du bateau sous la forme de ces tangons aériens qui donnaient aux dundees-thoniers à voile du Pays basque, d'Yeu ou de Groix une élégance unique, une grâce magique. Mais cet espar, destiné à optimiser l'écoulement du vent sur les voiles et d'imprimer ainsi une vitesse supérieure au coursier, est tellement révolutionnaire qu'il n'a jamais vraiment été mis au point et fiabilisé. D'avarie, tel le démâtage survenu pendant la Transat anglaise de juin, en avanies, comme les retards successifs dans la livraison du nouveau mât et de ses éléments, Parlier n'a jamais vraiment pu sérieusement tester son gréement. Il sait que cela va vite, très vite, plus encore qu'une quille pendulaire, et facilement. C'est déjà bien. Ce n'est pas assez. Aussi rapide soit-il (sans doute le plus zélé de tous), *Aquitaine Innovations* est jusqu'au départ le jouet des petites mains qui fourmillent à bord et achèvent à la hâte sa préparation. Alors, favori il y a peu, le tandem Parlier-*Aquitaine Innovations* n'est plus qu'outsider. Le skipper s'y résout, lâchant du bout les lèvres : « 85 % de la réussite au Vendée Globe sont conditionnés par la préparation. » Sans trop le montrer, sous la tignasse grise, cela gamberge. Le marin, auquel colle parfois trop rapidement le surnom d'extraterrestre, est un surdoué aux dires même de ses adversaires, mais le metteur au point est moins réputé. On l'attend aux détours du monde.

De Radiguès le motard intrépide

La silhouette est un peu lourde, l'ensemble massif. Une noria de préparateurs n'ont de cesse de se relayer à bord. *Afibel* se refait une beauté. Et il en a besoin. Conçu pour Jean-Luc Van Den Heede, ce vénérable voilier a déjà effectué trois tours du monde en course. Mais comme pour tout vétéran, la reprise en main est d'autant plus compliquée que la décision de participer à ce troisième Vendée Globe est prise tardivement. Point d'orgue des modifications, une quille pendulaire fonctionnant sur le même principe que celle du Hongrois Nandor Fa, c'est-à-dire par l'intermédiaire de palans en cordage. Tout est neuf ou presque à bord du plan signé par les compères Harlé et Mortain, tenants d'une option architecturale radicalement différente à celle adoptée par Jean-Marie Finot et Pascal Conq. Une guerre d'écoles, voiliers larges contre étroits pour schématiser, qui a tourné en faveur des seconds. Patrick de Radiguès, iconoclaste prêt à s'élancer à bord d'un bateau qui a failli se nommer *Full Immersion*, n'y accorde pas vraiment une grande importance. Pour lui, le principal est d'achever la boucle, pas de se battre pour la victoire. Peu expérimenté en course au large, le Belge n'est pas pour autant un sportif inconnu. Ancien pilote de moto, spécialisé dans les courses d'endurance, il a emporté la plus prestigieuse des épreuves de la discipline : le Bol d'Or. Deux tours d'horloge qui constituent l'Everest des motards. Alors, depuis qu'il a renoué avec les plaisirs nautiques en double pendant la Transat Le Havre-Carthagène, il les veut désormais solitaires. Une décision tardive, une préparation ultra-rapide, une expérience limitée : Patrick de Radiguès n'a peur de rien.

Roufs le revanchard

Il est heureux de prendre le départ de ce Vendée Globe. Et il ne se gêne pas pour le montrer, le Québécois.

« L'hiver dernier va me motiver », avoue-t-il, attablé à l'Entre-côtes, le restaurant bien nommé sur le port des Sables-d'Olonne. Il n'en dira pas plus. Et pourtant, il aurait de quoi rédiger une thèse sur le thème « gratitude et ingratitude du sponsoring ». Car en début d'année, Gerry Roufs a bien failli voir le bateau qu'il avait construit et fiabilisé lui échapper, à la suite de résultats décevants lors des deux dernières Solitaires du Figaro.

Ils furent nombreux les skippers contactés pour le remplacer aux commandes du *Groupe LG 2*. Florence Arthaud, Dominic Vittet, Michel Desjoyeaux et bien d'autres. Certains refusèrent, d'autres acceptèrent. Et il lui fallut une victoire lors de la transat anglaise Southampton-Newport pour définitivement convaincre son partenaire. « Cet épisode ne va pas jouer sur la course. Je suis un professionnel. J'espère faire un résultat pour mon sponsor... et pour moi. »

À cet instant, Gerry respire la sérénité. Lui le fidèle de Mike Birch, le précurseur des multicoques, lui l'ancien avocat sait qu'il se sent bien à la barre de son monocoque performant. Sorti des moules du *Geodis* de Christophe Auguin mais un choix technique plus sage que les trois autres bateaux neufs. Pas plus de quille pivotante que de mât-aile. La simplicité et la sécurité avant tout. « Je vais peut-être paraître vieux jeu, mais pour gagner, il faut arriver. »

À 43 ans, le petit homme à la gouaille légendaire et à la frimousse rigolote n'a pas le droit à l'erreur. Il le sait bien, d'autant qu'un autre bateau, plus ancien, porte les mêmes couleurs que le sien. Une concurrence interne pas évidente à vivre. Car ce skipper-là aussi a bien failli lui dérober son siège. « C'est bien qu'il soit aussi en course. Imaginez le plateau si tous les sponsors engageaient deux bateaux », positive Gerry. Cela s'appelle un cœur en carbone.

Thiercelin le Captain Marck

La moindre des qualités de ce marin attachant n'est pas l'obstination. Breton d'adoption, Marc Thiercelin a remué ciel, terre et mer pour être au départ. Alors, sur les pontons des Sables, le skipper est partagé entre anxiété et satisfaction. Satisfaction de participer à ce troisième Vendée Globe, sur un bon bateau qui plus est. Sous sa robe grise métallisée, ses jolis dessins et ce petit héros qui chevauche un espadon, *Crédit immobilier de France* respire la santé. Fin voilier que ce plan Finot-Conq. Aux mains de Christophe Auguin il a remporté le BOC Challenge. Puis, armé ensuite par Yves Parlier, il termina quatrième du dernier Globe malgré un démâtage, et remporta toutes les transats disputées sous la houlette de l'Arcachonnais. Son simple palmarès devrait lui valoir un ticket d'entrée dans n'importe quel musée de la course au large. Profondément refondu à Cherbourg, il porte en ses flancs un potentiel important. Après avoir écrit des milliers de lettres, honoré des centaines de rendez-vous, envoyé des dizaines de dossiers, Marc Thiercelin, volontaire, a réussi tant bien que mal à décrocher enfin un budget nécessaire pour être dans la course. Et ce grâce à une idée simple et belle : le lancement d'un jeu de l'oie nautique (Captain Marck) qui enthousiasma ses parrains. Ce n'est pas pour rien que le voilier porte aussi le surnom d'*Ambassadeur des Enfants*. Mais si le bateau s'est refait une santé, le marin anxieux a du mal à le prendre en main. Expérimenté, cet ancien concurrent de la Mini-transat, du Figaro ou de la Transat Ag2r n'a aucune expérience du 60 pieds en solo et encore moins autour du monde. Et ce n'est pas une simple qualification qui peut vraiment y remédier. Qu'à cela ne tienne, Thiercelin part pour un « faire un beau tour » et peut-être au passage jouer un bon tour aux autres.

Dinelli le pirate

Il y a cru, longtemps. Car l'idée était aussi bonne que belle. Promouvoir une association d'entraide pour les enfants. Mais le temps a passé et l'argent a manqué. Le vieux *Crédit agricole IV* de Philippe Jeantot a attendu, longuement, sur le quai d'Arcachon. Puis un après-midi, le miracle, est arrivé. Et cette quille, dont il rêvait le jour et souvent la nuit à la lampe torche des travailleurs, lui est enfin boulonnée. Cap vers l'Irlande et ce Fastnet légendaire. Plus une seconde à perdre. Le règlement prévoit 2 000 milles de qualification. Mais la tempête souffle et le temps presse. Alors Raphaël revient. Et en cours de route apprend la nouvelle : le jury international de la course refuse sa candidature. Qualification incomplète et expérience limitée. Comme si 28 années passées au bord de l'eau et trois solitaires du Figaro (quatorzième, vingt-sixième, dixième) ne suffisaient pas.

Jeantot, qui se reconnaît dans cette chevelure blonde prête à tout pour défier la brise du large, en perd la tête. Et contre l'avis de son jury, de son comité de course, il va lui-même demander à l'architecte Marc Lombard d'inspecter le matin du départ ce bateau qu'il a dessiné. Pas loin, là-bas, un monocoque gris a déjà déposé les armes. Éric Cadro a dû renoncer, contraint et contrit. Celui de Dinelli, heureusement, est rouge. Rouge amour. « Tout cela me dépasse un peu. Ce que je veux, c'est partir. »

Alors, malgré tous les avis les plus autorisés et les plus pessimistes, Raphaël décide de faire appel auprès de la Fédération française de voile et de suivre son destin. « Tu fais une connerie, mais je t'aime bien », lui glisse Autissier. « Tu fais partie de la course », lui promet Parlier, le copain du bassin d'Arcachon. Un quart d'heure, après le coup de canon officiel, le gamin de Floirac hisse le drapeau noir. Pirate, comme dans les films. Et le comité de course se presse pour enlever les bouées du parcours côtier, avant son passage. Seul, loin du ballet des hélicoptères, à la barre d'*Algimouss*, l'Arcachonnais lève une petite main au passage d'une vedette attardée. Le cœur n'y est pas. Trop dur, les hommes. La mer, c'est sûr, va le consoler.

3

EN ROUTE VERS L'ÉQUATEUR

Lundi 4 novembre

La première nuit, c'est comme la première fois. La même angoisse, la même hésitation, la même satisfaction d'être là, tout en le regrettant. Le golfe de Gascogne a toujours aimé saluer à sa manière le passage de la flotte en partance pour le bout du monde. Un dernier souvenir, pour la longue route. Une première tempête, pour oublier la terre.

Cette première nuit-là, le coup de vent est violent. 35 à 40 nœuds de sud-ouest, avec des rafales à 50 nœuds. Une belle dépression. Une vraie tourmente. Un baptême du feu. À bord de *Groupe LG2,* Gerry Roufs ne se sent pas au mieux. L'excitation du départ est retombée, et derrière le rideau de la solitude, le tableau n'est pas brillant. Le bateau progresse difficilement face à la mer hachée et croisée. Saut de vague et chute d'embruns. Le skipper peine pour trouver le rythme, les réglages sportifs et personnels. « C'est Verdun à bord. » Cueilli comme un fruit pas mûr, le Canadien se force pour manger son premier plat lyophilisé. Mais déjà, là-haut, le boulot l'appelle. Réduire, toujours réduire la voilure, pour éviter la casse. Entre deux bouchées, trois ris [1] trinquette [2] et le décollage impromptu de quatre litres de

---

1. Prendre un ou plusieurs ris : réduire la grand-voile.
2. Petite voile d'avant.

gas-oil, il jette un coup d'œil à ses cartes météo. Et décide de tirer à l'ouest. Plus que les autres. « Quatre ou cinq heures de trop », analysera-t-il plus tard. Mais le mal est fait... Dès le premier classement : quatorzième à 51 milles, déjà, du leader Thierry Dubois.

Les dieux du golfe de Gascogne ne vont pas être plus cléments avec Didier Munduteguy. Le Basque ne dort pas de la nuit. Beaucoup trop de boulot. Ces hublots qui fuient et cette grand-voile qui coulisse mal. Le moustachu est inquiet. Avec raison. À 19 h, dans un choc violent, le mât lui tombe sur la tête, et le ciel avec. Sectionné à trois mètres au-dessus du pont. Il faut agir vite pour survivre sur cette épave devenue instable et ingouvernable. Après quelques secondes d'abattement, Didier se met au travail, sans tarder, pour dégager le pont. Il coupe et largue à la mer le mât brisé, la grand-voile encombrante et la bôme qui risque de faire bélier contre la coque. Tout disparaît dans l'océan. Sauf ce petit tourmentin, hissé sur ce qui reste du mât, un moignon qui dépasse du pont. « Il faut rentrer mais cela va être difficile », lance Didier le lendemain, à la vacation radio. L'homme est abattu.

Ce coup de chien vraiment mordant va laisser des cicatrices impressionnantes. Sur le bateau *Exide Challenger,* dont les pilotes ne répondent plus, Tony Bullimore rebrousse chemin. Sur *Algimouss,* qui perd sa trinquette et son enrouleur de génois, Raphaël Dinelli le pirate est obligé de plonger dans sa boîte à couture pour refixer des sangles à l'ancienne sur sa petite voile d'avant. Enfin, sur *Afibel,* qui se remplit d'eau par l'avant et l'arrière, Patrick de Radiguès est victime d'un dantesque bain de... genoux, inondant complètement le système électrique et le privant de toute communication vers la terre et de pilote automatique sur la mer pour trois semaines.

Mardi 5 novembre

La tête de la flotte s'est faite belle ce matin. Car c'est une femme qui sort la première du golfe de Gascogne et double le cap Finisterre. Grâce à une option sud, partagée avec Hervé Laurent, Isabelle Autissier pointe le bout de son *PRB* aux avant-postes. L'estomac et le moral ont repris des couleurs, à l'image du ciel, plus clément (15 nœuds d'ouest). Isabelle est rassurée par le comportement de son bateau dans la tempête. Aucun dégât à signaler, si ce n'est un léger souci avec une drisse de Solent. Une broutille comparée à Marc Thiercelin (table à cartes fendue), Bertrand de Broc (fuite « agaçante » au-dessus d'un panneau électrique), et Yves Parlier, qui déplore « pas mal de casse à l'intérieur du bateau », comme le système de rangement de ses jerricanes d'eau. Petite cause...

10 h du matin, au PC de la course, installé dans les locaux de Port Bénéteau, avenue de la Grande-Armée à Paris, Philippe Jeantot s'apprête à rejoindre la table qui le relie au large, *via* Saint-Lys radio. Mais devant son bureau, le fax de droite se met à crépiter. Un télex en provenance de *Budapest* : « My keel is moving back and forward, so I turned back to Les Sables. Nandor. » Traduction facile : « Ma quille bouge d'avant en arrière, alors j'ai fait demi tour vers Les Sables. » Laconique. Dramatique. Il est 11 h 45, lorsque Thierry Dubois, enfin, obtient la liaison avec Paris. Il est assis, là, devant sa table à cartes, micro en main et âme en berne. « J'ai les boules grosses comme ça », avoue-t-il. Je me suis battu toute la nuit avec une voie d'eau. Et au jour, j'ai vu une fissure horizontale sur le flanc avant bâbord à quatre mètres de l'étrave. Demi-tour droite, comme les autres. Sur les autres monocoques, c'est un calme relatif qui succède à la tempête. « Le soleil est revenu, c'est déjà un peu plus agréable », reconnaît Christophe Auguin, légèrement retardé. Le skipper de *Geodis* a préféré lever le pied pour éviter une casse précoce. Les souvenirs du dernier Globe et de ses

drames à répétition sont gravés dans sa mémoire. « La course ne fait que commencer. Moi, je savais que ma structure était solide, mais pour Isabelle, c'était une bonne occasion d'appuyer sur le champignon pour voir si son bateau tenait. »

Mercredi 6 novembre

Le long des côtes ibériques, les températures ne tardent pas à s'élever, pour panser les dernières plaies et sécher les larmes salées. À bord de *Whirlpool-Europe 2,* Catherine Chabaud a évité le mal de mer, grâce à un « produit miracle » de Jean-Yves Chauve, le médecin. Et en sortant sur le pont pour installer ses éoliennes, elle découvre d'adorables compagnons de voyage. Des dauphins, dont une maman sautant avec son petit, sont venus la saluer. « Mimi tout plein », commente Catherine, sans doute troublée à l'instant de fermer le capot avant. Résultat : deux cents litres d'eau dans la soute à voiles. Même défaillance et même punition pour Éric Dumont et Bertrand de Broc, qui récupèrent à leur tour ce qui devient la dot réglementaire des imprudents dans le compartiment avant. Mais il en faut plus pour déstabiliser le Breton. Il se délecte des premiers rayons de soleil estival et du spectacle offert par l'étoile filante de Parlier. « Je suis très surpris par sa rapidité et j'espère qu'il va continuer comme cela. Il a osé, je suis admiratif. C'est un beau challenge. » Hervé Laurent, qui navigue à cet instant dans les parages d'*Aquitaine Innovations,* peut témoigner de son potentiel de vitesse. « Nous étions côte à côte, il a largué un ris et il est passé devant. » Pour s'installer en tête du classement, devant Laurent, Autissier, Dumont et de Broc naviguent à vue et presque au toucher.

« Si on voulait, on pourrait se donner la main », détaille Éric, ravi de trouver un camarade de jeu pour le stimuler. Leur duel trouvera son dénouement à la sortie des

Canaries, cinq nuits plus tard. Dumont précède toujours de Broc, qui sent un bord plus favorable sur la droite dans ce long louvoyage entre les îles. *Votre Nom autour du Monde/Pommes Rhône Alpes* quitte le tableau arrière de *Café Legal* et revient par son côté tribord. Comme à terre, la droite est prioritaire. Éric est à l'intérieur de son carré et ne se doute pas du danger. Sur le pont, Bertrand, en panne de feu bâbord, se met à hurler, comme un chien fou : « Tribord, tribord, tribord ! » Dumont sort en vitesse et, effrayé par cette ombre qui s'approche, donne un grand coup de barre. De Broc passe et s'éloigne, devant, au terme d'une rixe digne de la Coupe America. La régate autour du monde a commencé.

Jeudi 7 novembre

En tête du peloton, à l'approche des Canaries, les premiers choix tactiques s'imposent. Car un anticyclone a planté ses calmes à la hauteur de Lisbonne. Un seul impératif : éviter le cœur, aussi dévénté que celui d'une laitue. Alors Autissier et Thiercelin choisissent de longer la côte, Parlier et Laurent dégainent au centre et Auguin passe à l'ouest. Vent portant pour tous et apparition des premiers spis, ces bulles géantes gonflées de brise à l'avant du bateau. Les fourrures polaires finissent de sécher et les tee-shirts l'emportent au concours de mode nautique. Hors catégorie : Marc Thiercelin. Le skipper de *Crédit immobilier de France* s'aperçoit d'un oubli fâcheux, son sac de caleçons et de polos. « J'ai juste ce que j'ai sur moi », avoue-t-il, dépité. Jeantot rigole et promet de drôles d'odeurs.

Marc n'est pas le seul atteint moralement. Bien qu'en tête, Yves Parlier se fait du souci. L'Arcachonnais a eu du mal à quitter la terre et apercevoir le spi rouge de Laurent dans ses jumelles titille son sens de la régate. Mais l'homme est toujours troublé. Et il tarde à révéler ses ennuis à la vacation radio. « J'ai un problème d'eau. Il ne me reste que 55 litres. Je suis carrément inquiet. »

Il y a de quoi. À bord d'*Aquitaine Innovations*, trois jerricanes seulement sont sortis indemnes de la tempête. Les quatre autres ont été cisaillés par la sangle du système de rangement. Et Yves n'a pas besoin de fouiller son monocoque de fond en comble pour trouver un désalinisateur de secours. Il n'en a pas. « J'ai choisi d'avoir le bateau le plus simple possible et je l'assume. » Choix risqué pour les uns, gain de poids idiot pour les autres et gros tourment pour Yves, obligé de se rationner à un litre et demi par jour (tout compris : boisson et nourriture lyophilisée) et de plonger dans la carte des îles Canaries à la recherche d'une rivière d'eau douce se jetant dans la mer. Le projet est audacieux : « Je pourrais peut-être arrêter le bateau et nager jusqu'au bord pour en récupérer. » Le règlement, qui interdit toute assistance et toute escale, autorise en effet de poser un pied à terre s'il ne dépasse pas le point supérieur de la marée haute. L'illusion ne dure pas. Yves s'aperçoit très vite que son salut ne dépendra que du ciel et des orages qu'il pourra rencontrer aux alentours du Pot-au-noir, célèbre distributeur gratuit d'eau douce.

À terre, la famille, attentive, tente elle aussi de trouver la solution miracle, sa mère en tête : « Tu te souviens quand tu avais pris le dessus-de-lit de ta sœur pour faire un canoë étanche. Je suis sûre que tu auras plein d'idées comme celle-là pour récupérer de l'eau », l'encourage-t-elle.

Vendredi 8 novembre

L'heure des premiers comptes a sonné. Et surprise, c'est un « vieux » bateau qui mène le bal ce matin. Au nez et à l'étrave des nouvelles coques ultra-plates signées Finot-Conq, le *Groupe LG-Traitmat* d'Hervé Laurent réussit un incroyable début de course. Mis à l'eau en avril 1989, vainqueur du première Globe en mars 90, ce plan Bouvet-Petit réédite son exploit de la dernière édition en résistant longuement aux machines de guerre modernes. Bien que surpris, le Lorientais n'en apprécie pas moins les plaisirs de cette belle position, qu'il affirme devoir à une parfaite connaissance de son bateau, à un long travail météo et à des conditions de vent idéales. Du vent de face d'abord puis de la brise arrière. Deux allures effectivement handicapantes pour ses rivaux directs. Pourtant, il ne se fait guère d'illusion. « Avec cet alizé de nord-est assez faible, j'atteins les dix nœuds, ce qui est le maximum de mon bateau. Mais dès que le vent va forcir, les autres vont partir au planning et moi je ne pourrai pas accélérer. Je ne m'attends donc pas à rester en tête bien longtemps. » Bien vu, car le soir même, Yves le double au classement.

Mais le premier propriétaire de son bateau vient ce jour là enregistrer au PC une émission télé. Et le dialogue Lamazou-Laurent frise le surréalisme.

– « C'est très bien mon vieux ce que tu fais, entame Lamazou.

– Tu vois c'est sympa, il marche encore le bazar, et je profite d'une météo perturbée. Dis donc, c'était bien tes vacances aux Antilles ?

– Oui, oui, on a regardé le départ avec Philou (Poupon) de là-bas. Mais tu n'as qu'à gagner le Globe et tu iras y bronzer... »

Autissier connaît les Antilles. Pour y avoir achevé une Mini-transat. Toujours à l'heure européenne dans l'instant, elle savoure des conditions de navigation particulièrement faciles et agréables. Cette nuit-là est si douce qu'Isabelle décide de barrer, par simple plaisir. Un petit peu plus tôt, sur le pont, elle s'est offert un dîner en terrasse. Au menu : agneau, flageolets verts et splendide coucher de soleil.

Et la course ? Toujours rien de définitif avec sept bateaux groupés en cinquante milles, à 8 nœuds de moyenne. Christophe Auguin, quatrième à 34 milles du leader, apprécie lui aussi cette nuit étoilée. « Ces écarts ne reflètent pas grand-chose et mon objectif n'est pas d'être en tête maintenant. » Gerry Roufs, neuvième à 135 milles, n'a pas cette tranquillité d'esprit. « Depuis le premier soir, je me tape un ralentissement toutes les trente heures. Je paye cher ce bord trop ouest. C'est dommage pour mon bateau qui ne mérite vraiment pas cela. » Le Canadien ne s'affole pourtant pas. Car c'est lui qui remporte le concours du « premier poisson volant pêché sur le pont », lancé par Philippe Jeantot. « On m'a dit que c'est très bon avec un filet de citron, alors je vais le faire mariner. »

Samedi 9 novembre

À Port Olona, la nuit ne l'a toujours pas emporté sur le jour lorsque deux bateaux reprennent la mer. L'un derrière l'autre, à la queue leu leu comme sur un manège. Mais Nandor Fa et Thierry Dubois ne peuvent plus rêver d'attraper la queue du Mickey. Pas de tour du monde gratuit. La casse se paye très cher : près d'une semaine de retard sur le peloton de tête. Mais il faut y aller, car au large, les cartes météo annoncent le passage d'une nouvelle dépression. Les deux hommes, unis par le même destin, doivent fuir au plus vite pour éviter la tempête magistrale.

Pas facile d'aller plus vite que la musique, surtout celle jouée par ce front dépressionnaire. Et d'entrée, une jolie brise de sud-ouest, absolument pas prévue, vient les cueillir à la tombée de la nuit. Imaginez alors la tension à bord de *Budapest*. Nandor Fa n'a absolument rien trouvé d'anormal à son bateau, si ce n'est un grand chaos dans son imagination. Et ces premiers milles-là, il doit sûrement les passer l'œil rivé sur le pont, à surveiller ce système de palans et cette quille pivotante qu'il a conçue. Imaginez aussi l'angoisse à bord de *Pour Amnesty International*. Thierry Dubois l'avait souvent répété : « Je pars dans ce

Vendée Globe pour gagner. » Perdu par la faute d'une sale épave. Alors durant cette difficile première journée, il s'inquiète. « La réparation va-t-elle tenir ? Et si je recasse et me retrouve encore avec quatre tonnes d'eau ? Et dire que j'ai failli démâter la première fois après le choc... » Le marin n'est pas trouillard, mais là, il « serre les fesses », de son propre aveu.

Repartir n'est jamais évident, pas plus que de retrouver la confiance en son bateau. Yves Parlier en sait quelque chose. Il tarde à trouver l'esprit du Globe, il navigue toujours au rythme d'une transat. Besoin de fouiller pour retrouver ses racines. Et sûrement de boire aussi. Mais la grand-voile, qui doit servir de fontaine géante, ne voit toujours venir aucun grain à l'horizon. Ciel trop bleu, désespérément bleu.

Toujours en tête et creusant même l'écart avec Autissier (25 milles), Laurent (32 milles), Auguin (41 milles) et de Broc (71 milles), l'Aquitain tente comme il peut de se remonter le moral après ce coup dur qui fait jaser dans tous les bistrots de France, où l'on boit, c'est bien connu, beaucoup d'eau... « J'abandonnerai la course pour cela, ce serait trop bête. Je fais très attention », confie-t-il. Au coup de soleil et à la déshydratation. Le spectacle sur le pont d'*Aquitaine Innovations* ne manque pas de charme. Yves porte en permanence un chapeau de paille et des manches longues. Et respire lentement par le nez, en évitant de barrer au soleil. C'est définitivement décidé, il ne s'arrêtera pas aux Canaries pour récupérer de l'eau douce. « Trop risqué », juge le marin. Il préfère compter sur sa bonne étoile et fait maintenant abstraction du « problème » pour se consacrer entièrement à la marche de son voilier.

Après quelques heures de calme, son bolide redémarre en premier. Toute la nuit sous spi, il se régale. Glissades et surf en tout genre. Il en profite pour faire une grande toilette sur le tableau arrière. « En puisant bien sûr dans mes réserves d'eau potable », rigole-t-il.

Dimanche 10 novembre

La France est gelée en ce long week-end du 11 novembre et les marins du Globe plongent en pleine canicule. Pour tous, les mêmes conditions, vent de nord-est, 15 nœuds, et obligation de tirer de bords de grand largue pour éviter de se retrouver plein vent arrière, l'allure la plus pénalisante pour leur puissant navire. But du jeu : trouver le compromis idéal entre la vitesse la plus rapide et la route la plus courte. Le *Groupe LG-Traitmat* d'Hervé Laurent a du mal à suivre le rythme imposé par ses rivaux plus modernes, plus légers et plus toilés. Le Lorientais se console en s'occupant les mains et l'esprit avec la stratification d'une cloison intérieure cassée. Entre deux couches de résine, il distingue le monocoque d'Isabelle Autissier. « Hier, j'ai aperçu celui de Parlier. C'est sympa de voir la façon dont ils glissent sur l'eau », avoue-t-il.

Éric Dumont a lui aussi failli glisser « dans » l'eau. Au petit matin, après une nuit étoilée passée à la barre, il empanne deux fois dans des petites bascules de vent. L'air est encore frais et le Havrais d'adoption, un peu fatigué, ne s'attache pas comme si souvent. Comment le lui reprocher ? Vous attacheriez-vous, seul, assurément seul, sur une route de campagne un beau matin d'été ? Sur son *Café Legal-Le Goût,* Éric a choisi. Mais en reprenant à la main l'écoute de spi sous le vent, il tombe et ne se rattrape dans la pénombre que du bout de l'ongle. Il vient de frôler la catastrophe. En solitaire, la chute à la mer est évidemment fatale. Sauf si un concurrent joue au bon Samaritain.

Gautier sauvé des eaux

Il y a tout juste quatre mois, par un bel après-midi d'août, l'ex-propriétaire du bateau, Alain Gautier, a lui aussi frôlé de très près la ligne jaune. En voulant jeter un coup d'œil sous la quille de son *Figaro Bénéteau*[1], il a glissé et n'a pu se rattraper. Plongeon au cœur de la mer d'Irlande. Seul, désespérément seul pendant trois longs quarts d'heure qui dureront une éternité dans sa tête. Alain réussit à ne pas couler uniquement grâce à une planche de bois salvatrice. Un premier skipper, Franck Cammas, passe à côté de lui, mais ne l'aperçoit pas. Le deuxième est le bon. Nicolas Bérenger accueille Gautier, transi de froid et de peur. Le Lorientais vient de vivre la plus épouvantable séance de barbotage de sa carrière. Lui, le vainqueur du Vendée Globe 1991-92, s'est fait piéger par des conditions météo tout à fait raisonnables.

Comme Dumont. D'ailleurs, l'ambiance à bord de l'ex-*Bagages Superior* ne semble pas plus détériorée que cela. « Je suis pieds nus avec un tee-shirt de surf et un short rouge et bleu. Il ne me manque que le frisbee. J'ai rendez-vous avec les hirondelles des Canaries demain, de bonne heure et de bonne humeur ! »

Son voisin de plan d'eau se porte lui aussi à merveille. Bertrand de Broc s'offre même une petite escalade dans le mât, jusqu'à la première barre de flèche, caméra en main, pour filmer le paysage. « Je pense à tous ces gens qui m'ont soutenu, cela fait chaud au cœur. S'ils pouvaient m'envoyer un peu plus de vent et m'aider à arriver jusqu'aux Sables... »

Parlier, Autissier : les deux plus solides leaders de cette semaine initiale de course virent logiquement en tête le premier point de passage obligatoire.

Canaries en vue pour Yves à 19 h 02 TU (temps universel), sous génois. Un peu plus tard qu'il ne le pensait mais déjà fort d'une solide avance sur Isabelle, qui passe à minuit. Derrière, c'est le grand trou noir. Hervé Laurent et Christophe Auguin n'y sont pas attendus avant une bonne dizaine d'heures.

---

1. Monocoque utilisé lors de la Solitaire du Figaro.

Troisième fois dans sa carrière que le leader double les Canaries et toujours le même spectacle nocturne. À la barre d'*Aquitaine Innovations,* il longe l'île de Grande Canarie, illuminée comme un sapin de Noël. Chanceux cette année, il aperçoit même un feu d'artifice. « Comme quoi, ils savent s'amuser » songe-t-il. Les odeurs en provenance de la terre fleurie affluent. Comme les souvenirs de sa victoire dans la Mini-transat 1985 et son arrivée à Tenerife, complètement épuisé. Dix ans ont passé et le bateau a bien grandi. De 6,50 m à 18,28 m. Belle progression. « Il faut relativiser mes ennuis », pense-t-il à la barre de son beau monocoque.

Une semaine tout juste de course et déjà l'heure du premier bilan. Évidemment positif malgré ses soucis d'eau. « J'étais bien placé à la sortie du Golfe et j'ai croisé au bon moment pour me recentrer à la latitude de Lisbonne », analyse-t-il. Cette route France-Canaries, il la connaît si bien que même privé d'infos météo, il a tiré juste en se fiant à son baromètre et à son « pifomètre ». Une baleine vient saluer la performance.

Pour Isabelle, qui suit cinq heures plus tard, la joie de recroiser une terre connue est similaire. Le vent a encore molli mais pas les images de son premier succès en solitaire aux Canaries, toujours dans cette Mini-transat initiatique. La Rochelaise aime les symboles, celui-là marque le véritable début de sa carrière de navigatrice au large. Et cette terre risque bien de devenir la dernière visible avant le cap Horn. Si tout va bien...

Autissier ne quitte pas le pont de la nuit. Atterrissage délicat dans un souffle d'air, qui ne cesse de changer de direction et de force. Les manœuvres se succèdent et le spi disparaît définitivement, au profit du gennaker. Un petit coucou à la vedette qui vient la saluer et récupérer deux cassettes vidéo et Isabelle replonge dans ses classeurs météo. Il y en a six à bord : Sables-d'Olonne – Pot-au-noir, Pot-au-noir – Horn, Horn-Équateur, Équateur – Sables-d'Olonne, plus deux généralistes. Le tour du monde dans les nuages. Justement, à 5 h du matin, les paupières commencent à peser une tonne et la navigatrice s'offre une petite heure de sommeil bien mérité. Le Pot-au-noir peut attendre. Et son point de passage idéal, comme pour beaucoup, trottine déjà dans sa tête.

Lundi 11 novembre

L'armistice est loin d'être signé sur le front du golfe de Gascogne. « Je suis en train d'essayer de me sauver », reconnaît Thierry Dubois bousculé, ballotté toute la nuit par une mer infâme et un force 10 de sud-ouest. Depuis le deuxième départ, il marine dans son ciré à attendre l'arrivée du ciel de traîne qui lui apportera dans ses bagages des vents plus favorables de nord-ouest.

Le patron de *Geodis* se fait lui aussi du souci. Mais pour la raison inverse. Il est 10 h du matin et son monocoque à voile se traîne à l'allure d'un escargot à coquille. Entre 4 et 8 nœuds. Aux Canaries, le vent est tombé et la porte s'est refermée après Parlier et Autissier. « À trois ou quatre heures près, je passais », se lamente le vainqueur des deux derniers BOC Challenge. Le skipper connaît par cœur le système des passages à niveau météorologiques. Et pourtant, appuyé à la barrière déventée, il souffre, comme s'il était touché pour la première fois. « C'est dur, car je ne m'y attendais pas. Je pense que demain il y aura 150 ou 200 milles d'écart », glisse-t-il pessimiste.

Auguin s'en veut de ne pas avoir senti le danger et vu approcher cette dorsale anticyclonique qui a rattrapé la flotte par derrière. « Je me suis fait baiser », balance-t-il sur les ondes. Il se reproche les séances de sommeil trop prolongées et les 40 milles de retard qu'il n'a pas vraiment cherché à combler. Il s'inquiète de l'écart qui a permis à ses deux concurrents directs de « changer de système météo ». À 11 h 30, enfin, il pénètre dans le carré magique d'un mille de côté imposé par l'organisation. Tout juste deux heures et demie après Hervé Laurent et près de trente-six heures après Parlier. Philippe Jeantot ne lui promet pas que du bonheur : « Si on se réfère aux deux premières éditions, les bateaux qui avaient fait le trou aux Canaries n'ont jamais été rattrapés. »

Derrière Auguin le malheureux, suivent Bertrand de Broc et Éric Dumont, puis Marc Thiercelin, très étonné de ne pas avoir croisé, comme d'autres, des tortues, des dauphins ou des cargos. « Je rentre en solitude dans mon couvent de polyester », glisse-t-il, amusé. Le skipper de *Crédit immobilier de France* est en pleine forme et tout content de l'exploit qu'il vient de signer sous les vivats d'un oiseau en délire. « Je descends tout juste de mon mât où j'ai réparé ma drisse de Solent. Vous savez, depuis mon coma de 1990 consécutif à un choc avec une bôme, j'ai perdu une oreille et une partie de mon sens de l'équilibre. Alors, il y a deux choses qui psychologiquement m'effraient : ce sont les piqûres et le mât. »

Nandor Fa n'a pas ce genre d'angoisse. Le Hongrois semble indestructible. Depuis son départ samedi aux aurores, aucune nouvelle de lui, et pas plus de plainte sur l'état du golfe de Gascogne. Son *Budapest* file à 8 nœuds, sous pilote automatique, en cette fin de matinée. Nandor est à l'abri dans son carré, lorsque le drame le frappe. D'abord une énorme vague d'eau qui déstabilise le bateau puis submerge le pont. Nandor sort à la hâte et tombe sur une muraille d'acier. Un cargo de 100 mètres de long le double en raclant tout son flanc tribord et finit par s'éloigner. Fa saute sur sa VHF et appelle sur le canal 16 ce navire marchand panaméen dont il peut lire si facilement le nom sur le tableau arrière. « *Pelander, Pelander,* me recevez-vous ? » Là-haut, très loin, la passerelle lui répond et le cargo s'arrête. Il explique l'accrochage et demande du secours. En vain. Car le capitaine-chauffard remet les gaz et le navire disparaît, sans la moindre réponse, vers le sud-ouest. « Je suis content d'être en vie. À cinq mètres près... »

Au garage des bateaux blessés

C'est triste un bateau qui rentre. C'est grave. En ce vendredi 15 novembre, *Budapest* pointe à nouveau son étrave devant l'entrée du port des Sables-d'Olonne. La grand-voile réduite de moitié, la trinquette à l'avant : peu de toile, le retour a été long, quatre jours. Maudit *Pelander*. Au large, là-bas, alors qu'un bout de remorquage est lancé au voilier hongrois, il y a *Club 60ᵉ Sud* qui effectue ses premiers essais avec son mât flambant neuf. Il repartira bientôt. En mer, au loin, en course il y a *Exide Challenger* et *Pour Amnesty International*. Une fois de plus, le port des Sables aura été un vaste garage pour bateaux blessés, un hôpital pour marins à tête cabossée, des bleus à l'âme. Ils sont quatre à être revenus. Maigre consolation : suite à une escale aux Sables, ils peuvent reprendre la course. En effet, tout skipper en proie à des problèmes techniques ne peut trouver d'assistance que dans ce port. Partout ailleurs sur la surface de la planète, la moindre aide signifie la disqualification immédiate. Alors autant profiter de ne pas en être trop loin pour y relâcher, réparer et repartir avec une chance d'être encore classé.

Les deux précédents Vendée Globe n'avaient pas été avares en ce genre de retour. Les tempêtes automnales du golfe de Gascogne sont fameuses et destructrices. Remontées des fonds marins, mer très grosse, qui plus est à affronter de face lors des coups de vent pour des marins qui font route au sud-ouest, soit l'allure la plus rude pour un voilier, autant d'éléments « casse-bateau » aux dires des navigateurs. En novembre 1989, seul Jean-François Coste rentre toutefois aux Sables-d'Olonne. Le pilote automatique principal de *Cacharel*, son voilier, qui n'est autre que le vénérable *Pen Duick III*, est en panne. Coste passe moins de 48 heures à réparer, lâchant au passage cette jolie réflexion : « De toute façon, je n'ai jamais su partir. Quand je me rends en Bretagne, je rate mon train à Montparnasse. »

Trois ans plus tard, le décor est totalement différent. La traditionnelle tempête de Gascogne donne force voix, bat force mer. Le malheur ne rate pas ce rendez-vous. Déjà, avant même le départ, l'Américain Mike Plant disparaissait lors du convoyage de son voilier vers la France. Son bateau, retrouvé vide et retourné après le départ, ne donnera jamais plus d'explication sur cette tragédie. Quatre jours après le coup de canon, les plongeurs de la Marine nationale retrouvent le corps sans vie de Nigel Burgess, balise Argos pendue autour du cou. Quelques heures auparavant, le Britannique avait actionné sa balise de détresse. Alors, à côté de ces drames, les arrêts au stand des Sables ne sont que de vilaines péripéties, rien de plus. Et pourtant la flotte est violemment secouée. Sont ainsi touchés : Jean-Luc Van Den Heede (casse d'un axe traversant le mât et tenant les haubans), Yves Parlier (démâtage), Philippe Poupon (voie d'eau à la liaison quille-coque), Vittorio Malingri (problèmes de ballasts[1]), Thierry Arnaud (soucis de gréement mais, lucide, il se rend surtout compte que faire le tour du monde se révèle trop difficile pour lui), et enfin Loïck Peyron (délaminage de la coque). Arnaud et Peyron renoncent définitivement. Pour les autres, les réparations s'effectuent dans des temps records, VDH passe vingt heures au port, Poupon vingt-cinq.

Le premier revenant

En ce mardi 5 novembre 1996, pour Tony Bullimore, un retour aux Sables n'est pas très pénalisant. Le doyen de la course n'est pas de ces jeunes fougueux lancés autour de la planète en quête de victoire, de gloire peut-être. Non, le

---

1. Prendre un ou plusieurs ris : réduire le grand-voile.

marin de Bristol ne cherche qu'à boucler sa boucle, fermer le sillage de son bateau. Son demi-tour s'est effectué le lendemain du départ. Le 4 novembre il touche terre et aussitôt débutent les réparations. Pour tous ces éclopés, les Sablais ont des attentions touchantes. Prévenants, ils observent et encouragent ces marins à la tristesse infinie. L'Anglais leur explique patiemment. *Exide Challenger* s'était en effet retrouvé bien vite difficile à gouverner pour les pilotes automatiques du bord, suite à la défaillance des pièces qui les relient au safran.

Plus grave, l'un des deux réservoirs de gas-oil est sorti de son logement lors du coup de vent subi pendant les premières heures de course. Aussitôt une durite se détache et le carburant se répand dans les fonds du voilier. Là encore, il faut réparer au plus vite. Un monocoque de course réclame beaucoup d'énergie électrique. Pilotes automatiques, électronique, informatique, désalinisateur... autant d'éléments gourmands et totalement indispensables. La source principale d'approvisionnement en électricité n'est autre qu'un générateur, voire le moteur du bord lorsqu'il en y a un. Et si de prime abord une fuite de gas-oil dans un voilier peut sembler incongrue, il n'en est rien une fois en mer. Pendant que le skipper répond aux sollicitations, ses préparateurs, l'indispensable Kevin son bras droit en tête, travaillent d'arrache-pied. Le souci d'appareil à gouverner est vite résolu, celui du réservoir demande un peu plus de temps. Le ponton de Port Olona prend par moment des allures de menuiserie improvisée. Sous le soleil, on y découpe des pièces, y trace des formes, corrige des angles... un petit berceau pour réservoir, rond comme un fût de bière, prend jour. Sur le pont, Bullimore philosophe : « Ce qui m'ennuie le plus c'est que tout cela est ridicule. Ce sont de petits pépins qui auraient dû être prévisibles avant le départ. » *Exide Challenger* « est pourtant un bateau très éprouvé. C'est idiot. Bah, allez, je vais perdre trois jours, quatre tout au plus ». Le businessman calculateur reprend vite le dessus. Il se rassure. Et pourtant, avec les compétences réunies pour le réparer, son voilier semble rapidement remis à flot. Le marin l'est moins. Il prend son temps, Tony. Il savoure peut-être ses derniers instants, condamné à mer qui fume ses dernières cigarettes. Après 48 heures d'escale, *Exide Challenger* se glisse hors du port, le 7 novembre en fin d'après-midi. Sans un mot ou presque, ni au revoir poignants pas plus que de saluts amicaux, tapes dans le dos ou sourires de connivence aux autres éclopés... See you Tony.

Le sort s'acharne sur Nandor

Dans son container transformé en atelier, ce même jeudi, Nandor Fa traîne une tristesse insondable. Rares sont les fois où le Hongrois se laisse aller à l'abattement. Au téléphone il tente une fois de plus de raconter sa mésaventure, d'expliquer, d'informer. Un à un les boulons de la statue de héros national se dévissent... Sa mésaventure à lui est d'autant plus douloureuse qu'elle n'est pas physique. Il a douté, il s'est trompé, il a perdu. Cher payé. Nandor Fa est bel et bien rentré aux Sables-d'Olonne pour rien. *Budapest* ne souffrait pas du moindre mal, du plus petit bobo, de la plus minime fracture. Et pourtant, il y a cru. « Je me trouvais alors pas loin de la sortie du golfe de Gascogne. La tempête commençait à se calmer. Je vais alors au pied de mât pour une vérification de routine et là, je vois la tête de la quille qui dépasse sur le pont bouger d'avant en arrière. » Quille pendulaire manœuvrée par des poulies et des cordages, cet appendice ne doit en aucun cas esquisser le moindre mouvement autre que latéral. « Je me suis assis sur le pont. J'ai bien regardé, pas longtemps mais suffisamment et aussitôt j'ai été à l'arrière pour faire demi-tour. » Fa, l'architecte constructeur plus que le marin, se met à douter immédiatement, à gamberger. Dix jours avant le départ, son beau voilier avait été gruté hors de l'eau afin d'en nettoyer la carène. Et, alors que les travaux étaient terminés, un grutier maladroit le laissait retomber de quelques centimètres. Suffisamment pour que le bulbe, accroché au bout de la quille, percute violemment le quai. Fa, le concepteur, le sait et dans sa tête s'échafaude peu à peu une théorie logique et inéluctable. Ce mouvement incongru ne peut être autre chose que la conséquence de ce choc. La mort dans l'âme, il rebrousse chemin, songeant alors sérieusement se retirer, laisser là son voilier et ses rêves de victoire. Le Vendée Globe n'a d'autre valeur pour lui que celle de la victoire. « Et avec de tels concurrents, faire demi-tour signifie perdre, même en repartant ! » Ce n'est que le lendemain de son arrivée, après de longues heures passées à attendre les grutiers « égarés », que *Budapest* est hissé hors de l'eau. Mais il fait nuit et le Hongrois ne constate rien d'anormal. Il faut encore attendre. Vendredi matin enfin, le grand sloop blanc quitte son élément. Promptement, le navigateur aidé de son équipe d'assistance tout juste revenue de Hongrie et de Marc Pinta, le constructeur rochelais, démonte la quille, défait un à un les éléments qui permettent sa rotation, se penche minutieusement sur les paliers, mesure avec précision au pied à coulisse toutes les pièces, les axes, les tiges... pour arriver à la conclusion sidérante : rien, il n'y a rien. Le magnifique ajustage des pièces mécaniques réalisé en Hongrie n'a absolument pas bougé. L'étrange mouvement constaté n'est que le résultat de la déformation normale des matériaux composites lorsque le bateau progresse face à une mer formée. Jamais Nandor Fa n'avait affronté de telles conditions au près avant la course à bord de son nouveau bateau ; jamais il n'avait imaginé cette hypothèse de la souplesse naturelle des matériaux. Étrangement, le voilà regonflé, remotivé. « Ma décision de revenir n'était peut-être pas la bonne, mais la plus sûre. Je n'aurais jamais pu affronter un tour du monde en pensant que ma quille pouvait se détacher... » Il n'a plus dès lors qu'une seule envie : repartir. Ce sera chose faite le lendemain matin, à la fin d'une nuit noire et dense, prémices d'un nouveau coup de vent... Alors qu'il appareille, trotte dans la tête d'Iren, sa douce épouse, une sale petite phrase, une sombre réflexion, prononcée par Nandor Fa lors de ses jours d'escale forcée : « Peut-être que le destin ne veut pas que je gagne cette épreuve... »

Parfois le destin aime le malheur. Nandor Fa n'en a pas terminé avec lui. Quarante-huit heures après son nouveau départ, un cargo panaméen lui ôte ses dernières illusions. Cette fois, le retour est long, pénible. Il faut quatre jours à un Nandor Fa devenu fataliste. Déçu mais pas abattu. Le mauvais sort s'acharne. Et alors? Il a toutefois des mimiques de boxeur sonné. Assis derrière la table à cartes de son voilier, la casquette blanche de sel de travers, sa petite Lili aux doux sourires sur ses genoux, le skipper tente de réunir ses dernières forces. Il se livre sans retenue, impudique. Il a besoin de parler, d'être écouté, de raconter la peur rétrospective, la déception, les rires sans pitié qui commencent à fuser dans la presse de son pays. « Je l'aime cette course... à croire qu'elle ne m'aime pas. Je me disais bien que s'il devait y avoir une victoire autour du monde dans ma carrière ce serait là ! Tout était réuni. Je ne gagnerai jamais le Vendée Globe... C'est dommage. Je dois l'accepter. Dans quatre ans? Je serais trop vieux, j'aurai perdu ma motivation... Mais je vais repartir, le temps de réparer. Je veux juste désormais faire un bon parcours, pour moi, pour mes sponsors, pour mes amis qui me soutiennent, pour mon pays... »

Arrêt définitif

À l'inverse du premier arrêt, celui-ci est beaucoup plus long, nettement plus délicat. Il faut tout remettre en état : changer le gréement cassé, re-stratifier l'étrave ouverte, fixer de nouveau les chandeliers et autres balcons arrachés... Courir après les pièces détachées, coordonner les travaux, pester contre le froid intense qui empêche la résine des matériaux composites de bien sécher. Se battre, puiser au fond de soi-même une nouvelle envie. « Je ne suis pas pressé désormais. Je veux faire les choses bien. Je vais repartir, non plus en course, mais contre le chronomètre ! » Le seul objectif assigné à *Budapest* est maintenant de courir le monde en un temps record, de battre la performance de Lamazou, datant de 1989, mais aussi celle du vainqueur de cette troisième édition. Le lundi 25 novembre, trois semaines après le premier départ et alors que les premiers naviguent plus de 5 000 milles plus loin, *Budapest* reprend la mer.

Rien ne semble pouvoir arrêter Fa. Plus il s'enfonce, plus il se bat, jusqu'au K.O. Le coup de trop arrive dès le lendemain sous la forme d'une panne générale d'électricité, conséquence sans doute des réparations incessantes. Le générateur tourne correctement mais ne recharge plus les batteries du bord. C'en est trop. Écœuré, Fa se retire. « J'ai laissé tellement de forces dans mes deux précédents retours. Aujourd'hui, je ne trouve plus celle de repartir. La sagesse veut que je reste à terre. » On lui aurait souhaité une fin de carrière différente. En Hongrie, Nandor Fa était devenu le symbole de celui qui ne renonce jamais, de celui qui se dresse contre le système, de celui qui bâtit de ses mains, construit avec sa tête. Ce que le communisme n'a pu faire, la mer y est parvenue : arrêter Nandor Fa.

Le stop éclair de Dubois

L'étrave laboure les flots. Le nez dans l'océan, la tête basse, le voilier se fraie difficilement un passage au milieu d'une mer lourde et froide. Aérien habituellement, le bateau fait grise mine. De temps à autre, d'un coup de roulis à l'autre, un safran sort de l'eau. Pas rasé, bonnet de travers, tronche en biais, Thierry Dubois fait une sale tête. Les applaudissements impromptus qui surgissent alors que son voilier est amarré au ponton le réconfortent à peine. Voilà deux jours, alors qu'il progressait dans le groupe de tête, son *Pour Amnesty International* heurtait ce qu'il est convenu d'appeler une épave en terme nautique. Un objet flottant et dérivant, une bille de bois souvent, un container perdu ou jeté à la mer par un cargo indélicat. L'avant du monocoque se découpait sous la violence du choc à bâbord sous la ligne de flottaison. Aussitôt le bateau se remplissait d'eau, 4 000 litres, 5 000 litres, plus peut-être. Une masse importante toutefois qui mettait en péril le navire. « Le plus dur fut de ramener le bateau jusqu'ici, souffle le skipper. L'avant une fois rempli, les safrans à l'arrière ne touchaient parfois plus l'eau. Ils n'avaient ainsi plus aucune prise pour le diriger. »

Petite boule de nerfs, grande gueule généreuse, Dubois peste, râle, maudit le sort. Avant son retour, il avait fait un magnifique sans-faute et, à l'image des prodiges qu'il réalisa lors de la Mini-transat 93 où il fut le seul à se sortir des tourments d'un golfe de Gascogne tempétueux, il avait damé le pion à tous les autres navigateurs. « J'ai vite envie d'y retourner ! Au moment du demi-tour, on se dit : priorité au bateau. Puis j'ai eu vraiment les boules lorsque j'ai croisé les autres comme Bertrand de Broc qui était alors loin derrière moi. » Sans perdre une minute, une nuée de techniciens s'abat sur le voilier, sorti de l'eau puis posé sur un ber [1]. Apparaît alors la longue estafilade de cinquante centimètres découpée à quatre mètres de l'étrave, sous la ligne de flottaison. Confiée aux bons soins de Thierry Fagnent, patron du chantier naval trinitain AMCO, véritable atelier d'orfèvrerie en matière de voiliers de course, la blessure est bien réparée. Il faudra tout de même plus de vingt et une heures sans repos, si ce n'est celui volé sur le temps de séchage de la résine, pour en venir à bout. Dans le même temps, les préparateurs du voilier pansent les

---

1. Berceau pour bateau hors de l'eau.

autres plaies. Il y a l'antenne radar tombée du mât où elle était fixée. Il y a le moteur qui donne de sérieux signes de faiblesse après avoir actionné la pompe de cale. Il y a l'enrouleur de génois bloqué dans le choc. « Le bateau tapait tellement dans la mer, explique le skipper, que je n'ai pas entendu le moment où j'ai heurté quelque chose. Mais je me souviens très bien d'une poulie de bastaque[1] qui s'est cassée alors qu'elle était en parfait état. Une conséquence du choc, à tous les coups. À ce moment-là, le mât a fouetté vers l'avant et écrasé le mécanisme d'enrouleur de génois. » Il y a aussi la cloison qui supporte le mât, légèrement abîmée dans l'opération. Il y a aussi... une flopée d'avaries plus ou moins mineures qui se sont déclarées. Alors, pendant que son équipe travaille, le skipper arpente Les Sables au volant d'une vieille R. 4 beige brinquebalante. Il piaffe d'impatience, de colère contenue et de déception. « Allez, j'en rattraperai bien quelques-uns ! » Il est 5 heures en ce petit matin du samedi 9 novembre. Thierry Dubois fait ses adieux. Sur le ponton se presse une foule anonyme et émue, comme toujours. Les yeux mal réveillés, les enfants nombreux n'en perdent pas une miette. La nuit n'est pas finie. Le rêve se prolonge.

Générosité basque

Dans la grande salle du yacht-club, les conférences de presse se succèdent. Le personnel de la capitainerie de Port Olona supplée avec efficacité, bonne volonté et gentillesse aux manquements d'une organisation qui n'a rien prévu pour s'occuper des éclopés qui relâchent aux Sables, comme lors de chaque édition. Après Fa et Dubois, c'est au tour de Munduteguy de tenir un rapide et convivial point presse. En ce 7 novembre, *Club 60ᵉ Sud* est arrivé en

---

1. Câble tenant le mât sur l'arrière du voilier..

milieu de journée. Sur le pont ne trône plus qu'un moignon de mât auquel le skipper a hissé un tourmentin orange fluo. De tous, c'est bien le bateau basque qui porte le plus les stigmates de la tempête. Il fait peine à voir. « De vivant, mon bateau est devenu mort d'un seul coup. » Intarissable, la larme à l'œil, le Basque revient une fois encore, une fois de plus sur ses ennuis, sur son calvaire. « Mon premier démâtage... Le plus dur a été de jeter à l'eau tout ce qui pouvait crever la coque ou tout ce que je ne pouvais pas récupérer dans la tempête. Le Globe, je l'ai dans le ventre depuis cinq ans et ça s'arrête au bout de deux jours. » En même temps qu'il tente de digérer sa propre fortune de mer, Munduteguy essaie de comprendre ce qui, à terre, s'est passé. Une formidable mobilisation a vu le jour dans le Sud-Ouest, et dans le Pays basque en particulier. Spontanément, des centaines d'anonymes ont envoyé un chèque, un rien pour que l'aventure continue. « C'est un mouvement totalement spontané. On n'a rien demandé à personne. J'arrive pas à y croire. Le coût de ce démâtage est d'environ 920 000 francs, autant que ce que j'ai réussi à avoir pour être au départ, et là, on va le réunir. Cela laisse rêveur... Je crois que les gens ont compris l'énormité du Vendée Globe le jour du départ et qu'ils ont été déçus que cela se termine prématurément pour moi. » Avant même qu'il touche terre, et sans son aval, les amis du skipper qui avaient monté ce projet en sa compagnie avaient déjà lancé la construction d'un nouveau mât. Depuis la mer, Yves Parlier avait fourni sa logistique terrienne installée à Bordeaux et Autissier demandé à sa voilerie d'adapter un ancien jeu de voiles aux dimensions du bateau de Munduteguy. Tout va vite, très vite. Enfin, le samedi 16, Didier Munduteguy appareille de nouveau. Il est temps, il a des fourmis dans les jambes, des envies de mers du Sud. « Si je n'emmène pas mon bateau là-bas, ce sera un échec. » Ce n'est pas cette année en tout cas que son monocoque ira se mesurer avec le tour de l'Antarctique. En repartant, Munduteguy affronte un nouveau et sérieux coup de vent. Le golfe de Gascogne veut son lot d'abandons, son lot de prises pour avoir trop facilement laissé passé les autres. Le démâtage a laissé des traces. *Club 60ᵉ Sud* est un bateau à bout de souffle. La cloison qui supporte le mât se décolle peu à peu. La structure est touchée. Trop pour un seul bateau, trop pour un homme seul. Le mercredi 20 novembre, Didier Munduteguy met le cap sur le Pays basque. C'est l'abandon. Il laisse dans son sillage une moustache généreuse, une belle carrure de marin. « Le Globe c'est une histoire d'homme. Tu ne peux pas tricher, encore moins qu'ailleurs. Le solitaire sur l'eau c'est un miroir. » Il s'est brisé. Irréparable.

4

LES MALHEURS DE PARLIER

Mardi 12 novembre

En finiront-ils avec la casse ? Éric Dumont est tout heureux de saluer la vedette-presse venue à sa rencontre récupérer des cassettes vidéo. Il fait beau, très beau même aux Canaries. « Dis donc Éric, tu as vu le choc sur ton flanc bâbord ? » Dumont tombe des nues et jette un coup d'œil sur le côté de son *Café Legal*. Aucun doute possible. Juste avant les lettres « L » et « e », il découvre un panneau enfoncé. Il s'agenouille, tapote du poing. Et se relève dépité. « C'est comme si vous appuyiez avec un doigt sur une bouteille en plastique », explique-t-il. Une épave encore et toujours, à moins que ce ne soit une bille de bois africaine qui ait échappé aux filets chargés de l'intercepter à la sortie d'un fleuve transporteur. Éric fonce à l'intérieur et aperçoit effectivement un morceau de sa coque boursouflé. Ce n'est pas un mais deux panneaux rectangulaires qui sont abîmés. Et à travers, il peut même voir filtrer un peu de jour.

Le Havrais n'hésite pas longtemps et se lance dans l'inventaire de l'atelier de bord : pas de mousse, mais trois litres de résine et dix mètres carrés de tissu de fibre de verre. Suffisant pour renforcer la zone sensible. Il envoie un télex à Paris pour solliciter l'avis de Pascal Conq, l'architecte, et débute la réparation. La première opération est la plus délicate : il se suspend à l'extérieur du bateau, assis dans un baudrier d'alpiniste tenu par une drisse, et colmate pendant une bonne heure les fissures au Sicaflex, le joint à tout faire des bateaux blessés. Ensuite, il s'attaque à l'intérieur. Bricolage de précision. Une dose de résine, une dose de durcisseur, il mélange le tout dans une boîte puis l'applique au pinceau sur le nouveau tissu apposé sur la fente.

À priori rien de très difficile, et pourtant Éric va mettre trois jours à panser son voilier meurtri. Car le jour – comme dans la publicité d'un jus de citron liquide – « il fait vraiment trop chaud pour travailler ». Le mercure dépasse allègrement les trente degrés et la résine prend trop vite. Alors, c'est la nuit qu'il œuvre. Six heures pour poser la première couche. Cinq autres suivront, dans la moiteur et l'odeur d'acétone. Sans gants, ni protection, le bricoleur va connaître l'enfer. Car la résine gicle partout. Sur ses chaussures, sur ses bras, sur ses poils, qu'il est obligé d'arracher pour se nettoyer. Et puis, il sort la scie pour transformer un tube de pompe de cale en barreaux de renfort. De passage au PC course, Alain Gautier, l'ancien propriétaire du bateau, l'encourage : « Tu t'en sors nickel », glisse-t-il au courageux Éric, qui résiste correctement au classement malgré un pilote automatique branché en permanence et une étude météo bâclée.

Pourtant quelques jours plus tard, une nouvelle tuile va lui tomber sur le coin du crâne. La nuit de vendredi à samedi était si belle, même sans lune. Mais au lever du jour, un bruit énorme claque en haut du mât. Éric bondit sur les cordages, lâche l'écoute de grand-voile et lève les yeux. Au sommet du mât, le haut du rail qui sert à monter ou descendre la voile principale semble arraché sur plus de cinquante centimètres. Tordu comme un vulgaire clou rouillé. Éric est obligé de monter mais la mer est trop agitée. Il doit attendre deux jours qu'elle se calme. Enfin, il peut grimper tel un singe pour découvrir un centimètre de jeu entre le rail et le mât sur plus d'un mètre. Suspendu 26 mètres au-dessus du pont, il tente de le démonter. En vain.

Ballotté par les vagues, il se cogne aux bras et aux jambes, s'énerve, sort son marteau, tape violemment. Mais toujours sans résultat, si ce n'est celui de faire tomber l'outil. Et comme un grain se profile à l'horizon, il est obligé de redescendre, juste après avoir installé un sanglage autour du mât, assurant le blocage de la drisse.

Mercredi 13 novembre

Scoop sur le Vendée Globe ! La Terre vient de prendre de l'embonpoint ! Et généreusement en plus. Plus de 1 800 kilomètres de tour de taille supplémentaires ! En un clin d'œil, en un cliquement de souris informatique au P.C. course. C'est Yves Parlier, le premier, qui lance l'alerte. « Apparemment, il y a un problème de classement. » Catherine Chabaud enfonce le clou : « J'aurais repris 28 milles à Parlier et 50 milles à Autissier. Je serais super-contente mais cela me paraît surprenant. » Effectivement, les deux leaders privés d'alizé, ce vent régulier et chaud de nord-est qui devait les propulser à bonne vitesse vers le Pot-au-noir, ne se sont pas échappés après les Canaries, comme le craignait Christophe Auguin. Mais de là à voir fondre une bonne partie de leur avance, il y a un pas que Philippe Jeantot se refuse à franchir. L'organisateur constate trop tardivement que les points de passage sélectionnés pour le calcul du classement correspondent à Dakar et au cap de Bonne-Espérance. L'erreur est grossière, car la flotte navigue beaucoup plus au large des côtes africaines. La bidouille informatique prend quelques quarts d'heure. Et en moins de temps qu'il ne faut pour l'écrire, le tour du monde « s'épaissit ». Positionné à 20 730 milles de l'arrivée la veille, Parlier s'en retrouve ainsi ce matin à 21 438 milles. Dans son sillage, Isabelle Autissier pointe à 44 milles, Christophe Auguin et Hervé Laurent à 99.

Jeudi 14 novembre

Jour de fête sur *Aquitaine Innovations*. Le leader célèbre son anniversaire. En sortant sur le pont, Parlier croit bien découvrir son premier cadeau. Le plus beau sans nul doute. Des nuages, des gros, des vrais. « Mais sans pluie », avoue-t-il. Papa et maman n'ont pas voulu rater l'anniversaire du petit et ils entonnent un vibrant « Happy Birthday to you », bien soutenus par Didier Piron, le journaliste en charge du « son ». Yves apprécie puis écoute les recommandations de sa maman. « Il y a 36 ans, tu n'avais pas ce problème d'eau. Tu buvais mon lait. Mais ne va pas trop vite. » « Ne t'inquiète pas, je respecte les limitations de vitesse », répond le fiston, qui va passer sa journée pendu au fil du standard M, le téléphone par satellite. Sa femme Isabelle, de nombreux amis et même le président du conseil régional l'appellent pour le féliciter. Entre deux coups de téléphone, il fouille son bateau pour repérer ses cadeaux étiquetés « anniversaire ». Variés et éclectiques : cassette audio préparée par sa petite fille Emmanuelle, album « Petit Nicolas » offert par son fils du même prénom, disques laser, amandes grillées au chocolat et le dernier album d'Astérix, *La Galère*. Yves le dévore et rigole : « C'est drôle, il y a beaucoup de navigation et ils vont vers les Canaries. Mais je préfère mon bateau à leur galère... » La réalité, malheureusement pour lui, ne va pas tarder à rejoindre la bande dessinée.

Pour l'heure, le leader découvre en tête l'archipel du cap Vert. Au cœur de la pénombre, il longe l'île de São Nicolo par l'ouest. Surprise : au contraire des Canaries, il n'entrevoit pas la moindre lumière. Tout est noir et éteint, y compris le phare. Bertrand de Broc, qui suivra une dizaine d'heures plus tard, ne sera pas plus gâté. Temps bouché et obligation de modifier sa route pour éviter cette terre qui le gêne et ne lui manque pas.

Vendredi 15 novembre

Christophe Auguin a plus de chance. C'est au lever du jour qu'il traverse l'archipel. Bien au milieu, dans le chenal le plus large pour éviter le maximum de dévent. Car là-haut, à près de trois mille mètres culmine un volcan. Au sommet, des neiges éternelles. Christophe n'en revient pas. « Au beau milieu des tropiques, en plein océan... Si je n'étais pas en course, cela vaudrait le détour. » Sûrement, mais le skipper de *Géodis* n'a pas une minute à perdre. Un regroupement général vient de se produire. Six bateaux classés en 78 milles et six skippers qui raffolent de cette surprenante régate planétaire imposée par des conditions météorologiques inhabituelles. Notamment un vent arrière de faible puissance qui nivelle les différences de potentiel de vitesse.

Samedi 16 novembre

C'est donc le Pot-au-noir qui va se charger du travail ingrat. Christophe Auguin connaît bien ce gigantesque marais climatologique, proche de l'Équateur, où des orages aussi soudains que violents alternent avec les calmes les plus éreintants. Coincé entre les hémisphères Nord et Sud, ce « front intertropical de convergence » multiplie les pièges par un déplacement incessant. Plus ou moins nord ou sud. Plus ou moins ouest ou est. Dans son jeu de l'oie autour du monde, intitulé « captain Marck », Thiercelin rappelle que le nom « Pot-au-noir date de l'époque où les voiliers transportant les esclaves d'Afrique vers l'Amérique tombaient dans cette zone où les vents deviennent fous, changent de direction ou s'arrêtent de souffler parfois pendant plusieurs jours »...

Auguin, retardé près de cinq jours dans le dernier BOC Challenge alors qu'Autissier s'en extirpait en sept heures, aime cet endroit unique où volent des « grains en forme d'énormes enclumes », où traversent des rayons de soleil dans un « paysage apocalyptique ». Comme tous les autres skippers, Christophe et Marc se sont payé à terre des stages chez les météorologues les plus réputés pour préparer ce passage délicat. Forts de statistiques, moyennes et croyances en tout genre, ils ont depuis quelques jours soigneusement épluché les prévisions météo qu'il reçoivent à intervalles réguliers. Pour décider d'un point de passage précis et positionner leur bateau en conséquence. Une fois le choix effectué, la pression est retombée. Et chacun s'est reconcentré sur la marche de son voilier, tout en profitant de cette navigation ensoleillée le jour et « étoilée filante » la nuit. Thiercelin n'est pas le plus à plaindre, et il en a bien conscience. Alors que son bateau glisse dans la pénombre sur une mer plate, avec 500 mètres carrés de voiles, il s'écoute un concerto de Mozart et se sent privilégié. Une seule chose lui manque : les odeurs. Alors, il plonge le nez dans son petit sac de lavande de Provence. Et les souvenirs de son enfance affluent.

Dimanche 17 novembre

Le Pot-au-noir frappe inéquitablement. Les trois bateaux de tête, les trois favoris, le traversent presque sans ralentir. Bien sûr, ils découvrent le célèbre décor, le ciel gris, la mer uniforme, l'ambiance moite. Mais le vent ne les quitte pas d'un souffle. Régulier, aux alentours de 20-25 nœuds. Quelques rafales à 45-50 nœuds, mais rien d'inquiétant ni de trop calme.

Situé très à l'est cette année, le front intertropical se laisse avaler sans résister. Isabelle Autissier le gobe en trois heures et s'en étonne. Christophe Auguin aussi, lui qui se retrouve exactement dans le sillage de sa rivale et amie. Il n'a jamais eu cette chance-là. Voir le vent doucement tourner de nord-est à est puis sud-est sans aucune rupture. « C'est une bonne chose pour le record », songe-t-il. À bord de *Géodis*, profitant de ces conditions rarissimes, le rythme de vie se règle à une cadence presque terrienne. Petit déjeuner à 10 h, au début de la liaison radio avec la terre, séance bureau à 11 h après la réception des fichiers météo, déjeuner vers 13 h, bricolage, réglages et sieste d'une heure dans l'après-midi, dîner à 20 h et premier sommeil vers minuit par tranches maximales d'une heure et demie. C'est la belle vie et Christophe se décide à inviter à déjeuner par télex Isabelle, qui se situe seulement quatorze kilomètres devant lui. Pour préparer sa (virtuelle) visite, il se fait beau. « Tiens si je coupais cette mèche-là ? » Face à la glace, la paire de ciseaux s'active. Mais le Normand est marin, pas coiffeur. Et comme une mèche en cache toujours une autre, c'est rasé qu'il sort du salon à voiles. « Cela me donne un drôle de look », rigole-t-il, torse nu, un caleçon mode 1900 sur les fesses et une paire de bottes aux pieds, pour éviter sur le pont l'agression de l'humidité et de l'antidérapant.

« Derrière nous, la porte pourrait se refermer », a prévenu Parlier la veille, engagé sur une route légèrement plus est. Le leader n'est pas seulement inquiet pour ceux de derrière. Il espérait tant se servir du Pot-au-noir pour étancher sa soif et remplir ses réserves d'eau, qui jour après jour se tarissent. Les déserts africains ne sont pas si loin. Parlier doit impérativement se rationner. Il décide de réduire sa consommation de moitié, qui chute à un seul litre par jour !

Sur le pont, il ne cesse de scruter les nuages, mais il ne voit rien venir. De plus en plus petits. De moins en moins noirs. Sa grand-voile est prête et la bôme qui doit servir d'entonnoir aussi. Soudain, le miracle. Un orage. Des gouttes qui tombent. Non, ce n'est pas un mirage. Parlier saute sur les deux seaux et transvase le précieux liquide. Il en danserait presque sous la pluie. Le butin, malheureusement, est maigre. Quatre litres, en tout et pour tout, qui viennent rejoindre les 24 litres de la réserve, la dizaine de bouteilles de vin et la soixantaine de produits nutritionnels sous forme liquide. « Je dois continuer à croire en ma bonne étoile, il faudra bien que cela s'arrange », glisse-t-il.

Réglementairement, chaque concurrent doit embarquer avec une réserve minimale de 120 litres d'eau douce, juste suffisant pour une circumnavigation. « Rien qu'en boisson, explique le docteur Jean-Yves Chauve, médecin de la course, il faut quatre litres d'eau par jour à un navigateur en climat tempéré; six en climat tropical. Deux pour cent de déshydratation entraîne chez tout être humain une baisse de vingt pour cent de ses capacités physiques et mentales. L'ingestion d'eau de mer, même coupée, ne doit en aucun cas dépasser huit jours successifs. Après, la saturation de sel dans l'organisme entraîne un effondrement complet. »

Lundi 18 novembre

Pas de Pot-au-noir pour les trois premiers. Pas de pot tout court pour les suivants. Gerry Roufs et Bertrand de Broc croyaient bien s'en être sortis. Trop beau pour être vrai. Les calmes et les grains les rattrapent. L'enfer débute à midi et s'achève à minuit. Pendant douze heures, la pluie ne va cesser de tomber. Comme le vent. Dans la houle, le gréement claque, les voiles souffrent et le marin souffle. Pour s'occuper, Bertrand se lave. Les poissons volants se massent pour assister à ce spectacle rare : un marin tout nu et bien roulé en train de s'offrir une douche à l'eau chaude naturelle sur le pont arrière de son voilier. Catherine Chabaud, qui suit quelques heures plus tard à la laverie gratuite, a moins de chance. Le shampooing est si bon, mais le rinçage est si loin d'être achevé lorsque le grain s'éloigne. Et Catherine se retrouve avec plein de mousse dans les yeux. Désagréable.

Gerry Roufs, un poil plus à l'est que de Broc, souffre

encore plus. Le soir approche mais l'obscurité n'est pas la seule à prendre d'assaut son *Groupe LG 2*. Arrive un « grain de chez grain, avec de quoi irriguer tout le Sahara et donner à boire à toute la flotte pendant au moins une semaine », selon l'expression du Canadien qui avoue : « Une pensée pour Parlier. Il n'avait qu'à se taper le Pot comme tout le monde ! »

Évidemment, l'Aquitain aurait aimé se faire rincer. Mais à cette heure-là, il est occupé à couper l'Équateur. La ligne marque la séparation entre les hémisphères Nord et Sud, au niveau du Gabon, et ne se franchit pas sans un certain rituel. Bizutages pour les néophytes, offrandes en tout genre aux dieux de la mer, Neptune, et des vents, Éole : la tradition fait force de loi, et les militaires, comme les marins de course ou de commerce, n'oublient jamais de célébrer à leur manière, parfois primaire, le passage de la ligne. Parlier, le premier, s'y soumet à 17 h. Le champagne et le liquide étant plus que rares à bord, c'est un biscuit tout simple qu'Yves largue à l'océan. Cela lui suffira-t-il pour s'approprier les grâces divines ?

Mardi 19 novembre

La réponse est claire. Les dieux ne tardent pas à tomber sur la tête d'Yves. Aux environs de 22 h, il entend un bruit anormal. Il se précipite dehors, file à l'avant et découvre son génois dans l'eau. Plus grave encore, l'étai, le câble qui tient le mât vers l'avant, est tombé aussi. Yves ne comprend pas tout de suite ce qui s'est passé. Il commence par choquer la grand-voile, puis le bateau ralenti, tente de remonter à bord sa voile d'avant et son enrouleur. Mission impossible. En affalant la trinquette, il réfléchit à la meilleure solution. Une seule s'impose : désolidariser le génois de son système d'enroulement. Finalement, il se décide à opérer dans l'eau. Il saute mais le cordage de sécurité qui le relie au bateau est trop court. Il remonte, le rallonge et replonge, mais il coule alors en même temps que l'enrouleur et boit la tasse. La troisième tentative est la bonne. Yves installe la bouée couronne au bout du tube et réussit à couper le point de drisse puis à libérer la voile.

De retour à son bord, il fait virer le bateau pour éviter que le génois se prenne sous la quille. Mais l'enrouleur force sur le balcon et se tord. Yves a toute les peines du monde à chasser l'axe qui le retient toujours à l'étrave. Il finit par récupérer sa voile, libérer son tube et remettre le voilier vers le bon cap sous trinquette. Le plus dur est fait. Le bateau reprend de la vitesse. Reste à renforcer le système de fixation du mât sur l'avant. La drisse de spinnaker prend la place de l'étai. Mais en voulant ranger sa bouée couronne, il plonge l'autre bout de l'enrouleur dans l'eau, qui instantanément se casse sous la pression de l'océan. Ses derniers espoirs de réparation s'envolent. Et son *Aquitaine Innovations* perd l'une de ses voiles les plus importantes pour le vent médium.

Yves a voulu innover et encore gagner quelques précieux kilos en embarquant le premier un étai-enrouleur en carbone d'une même pièce. Mais lorsque son système de fixation lâche, par la faute d'un axe (ou d'une goupille?) sous-dimensionné de cinq millimètres, une pièce qui ne vaut pas dix francs, il a tout perdu. L'homme est anéanti. Ses rêves de victoire viennent de sombrer. « J'ai perdu confiance en moi. »

Un choix technologique osé

Yves est un drôle de garçon. Posé, calme, discret à terre, il devient un foudre une fois en guerre, une fois en mer. Sous la tignasse grise avant l'heure, les idées germent sans aucun répit. Derrière les yeux bleus délavés, sans doute par les embruns, brille en permanence la petite flamme du combattant. Parfois, Yves semble totalement halluciné.

Hors du temps, loin des autres. Le verbe doux, la diction posée, le skipper trompe finalement bien son monde. Surnommé « l'extra-terrestre » lors de la Solitaire du Figaro qu'il emporta en 1991 grâce à ses talents d'analyste météo, Yves Parlier évolue en marge. En marge du milieu nautique, loin des chapelles trinitaine ou finistérienne ; en marge des flottes de concurrents aux tactiques frileuses, préférant suivre une autre stratégie que celles des adeptes de Panurge ; en marge des sentiers rebattus d'une technologie éprouvée auxquels il préfère toujours emprunter une nouvelle voie. Quitte à en payer le prix. Yves Parlier le marin ne vit pas sur la même planète mer que ses adversaires skippers. D'où cette volonté d'adopter sur ce Vendée Globe un voilier aussi original. « En le lançant, j'ai toujours eu comme priorité de faire construire un bateau novateur dont le but est tout simplement d'être plus performant que ceux existant déjà. » C'est en souvenir de ces incroyables libellules qu'étaient les Formule 40 que Parlier se décide à adopter un mât-aile sur son monocoque. Celui qu'il désire n'a rien à voir avec ceux déjà montés à bord de la goélette de Tony Bullimore aux espars tout petits, comme ceux équipant en guise d'artimon [1] l'ancien *Fujicolor III* de Loïck Peyron ou le maxi-monocoque *Fortuna*... qui démâta juste après le départ de la dernière édition du tour du monde en équipage. Le principal problème pour faire tenir un mât-aile concerne le gréement dormant [2]. Les câbles lui permettant de rester dressé doivent en effet être particulièrement écartés du mât, force physique oblige. Afin de résoudre la quadrature du cercle, l'architecte Jean-Marie Finot eut l'idée d'éloigner le gréement dormant grâce à d'immenses barres de flèche latérales qui, partant du pied de mât, dépassent chaque bord de plus de trois mètres. L'avantage d'un tel mât-aile rotatif est double. Il permet au vent de s'écouler avec plus de finesse

---

1. Mât arrière d'un voilier à deux mâts.
2. Ensemble des câbles qui permettent à un mât de tenir dressé.

lorsque le bateau progresse au près, et confère aussi un net surcroît de puissance au portant, la surface de ce même mât s'ajoutant de façon importante à celle de la voilure.

Une préparation trop courte

Le calendrier de construction subit d'incontrôlables retards, autant victime de la difficulté de la mise en œuvre qu'à la lenteur avec laquelle rentrent les subsides. Puis, pendant la Transat anglaise de juin 96, alors que Parlier se trouve en tête, le mât se brise. Mais c'est depuis le bord malmené de son voilier blessé qu'il convainc architectes, ingénieurs et bailleurs de fonds de l'impérieuse nécessité de poursuivre la voie tracée. La casse n'est due qu'au non-respect de l'échantillonnage. Elle était inéluctable. Le principe n'est pas remis en cause. Cela n'empêche pas que le nouvel espar commandé, et surtout les gigantesques barres de flèche en forme de canne à pêche d'être sur-dimensionnées. Mais, projet maudit, les retards de construction sont à nouveau considérables. Le tout débouchera même sur un sale imbroglio technico-financier. Indélicat, un fournisseur ira jusqu'à subtiliser les barres de flèche livrées, au moment de la pause déjeuner des préparateurs du skipper. La spirale du temps n'ayant pas de limites, la préparation générale, pâtit peu à peu. *In extremis*, le voilier rejoint Les Sables début octobre, comme le lui oblige le règlement. Mais il n'est pas terminé, loin s'en faut. Une armée de techniciens œuvrent alors sans relâche. Les sorties de mise au point se succèdent. Le stress du skipper augmente sous une apparente placidité. La pression de l'événement grimpe. « C'est dur. Je n'avais pas souhaité la préparation comme ça. Mais il faut croire en sa bonne étoile. Je dois m'attacher aux points positifs : le bateau est intrinsèquement le plus rapide. Peut-être le Vendée Globe est-il une course que j'idéalise trop. Elle me tient sans doute trop à cœur... »

5

LES FLÈCHES DE L'OCÉAN INDIEN

Lundi 25 novembre

Il est 1 h 15 du matin lorsque *Pour Amnesty International*, avant-dernier bateau du Vendée Globe, coupe l'équateur. Une semaine juste après Yves Parlier, Thierry Dubois se soumet à son tour à la traditionnelle cérémonie d'offrandes. Il n'hésite pas longtemps et lance à l'océan les pièces de monnaie qui encombrent son portefeuille. D'habitude, la ferraille reste à terre à l'attendre. Mais dans la précipitation du deuxième départ, les pièces jaunes ont embarqué. Après s'en être délesté, Thierry ne s'attarde pas sur le pont. Il retourne se recoucher. Sans avaler la moindre goutte d'alcool. « Pourquoi dépenser de l'argent pour gagner des kilos à bord et emmener des bouteilles qui pèsent une tonne ? Que je sache, en rugby, la troisième mi-temps n'a jamais lieu pendant le match. »

Tous ceux qui ont précédé Thierry à l'équateur s'étaient pourtant offert une petite fête. Bordeaux grand cru, repas de luxe et projection privée d'*un Indien dans la ville* pour Christophe Auguin. Fleurs « un peu desséchées mais le cœur y est » pour Isabelle Autissier. Champagne à 5 h du matin pour Marc Thiercelin. Médoc 87 « un peu trop chaud » pour Raphaël Dinelli. Et séance de flûte traversière pour Catherine Chabaud, qui largue à l'océan de douces notes de musique accompagnées de quelques-unes de ses mèches blondes coupées avant le départ.

En apprenant la nouvelle, le lendemain matin au début de son émission sur Europe 2, l'animateur Arthur explose de rire, de longues minutes. Sa consœur, à qui l'on rapporte plus tard ce fou rire, se montre légèrement pincée. Avec raison. Et quelques jours après, sur la même antenne, le susnommé Arthur présente publiquement ses excuses. « Ce que réalise Catherine, je serais bien incapable de le faire », reconnaît-il.

Évidemment, la terre n'oublie pas en ce 25 novembre de souhaiter une bonne fête à la Catherinette des mers, qui respecte la tradition en portant un grand chapeau de soleil. Mais à l'instant de battre son record personnel de navigation en solitaire, vingt-trois jours, le skipper de *Whirlpool-Europe 2* a d'autres préoccupations que de se trouver un mari. Le marin le plus proche s'appelle Pete Goss et s'entretient seulement par VHF avec Catherine. C'est un autre « grand homme » qui peuple la solitude de la grande blonde : André Malraux, intronisé ce week-end au Panthéon. Catherine écoute sa « Radioscopie » et ressort passionnée. « J'ai toujours beaucoup aimé entendre ce bonhomme. J'aime bien son regard sur le siècle et, en mer, je ressens le besoin de me nourrir la tête » avoue-t-elle. Catherine, à cet instant, respire la sérénité. « Je ne regarde ni le temps ni la distance, je suis bien. »

Elle n'est pas la seule. Car depuis l'équateur, bien aidée par l'alizé de sud-est, tournant est puis nord-est, la flotte avale les milles qui la sépare des mers du Sud. Et lors de cette dernière « semaine de vacances », l'expression vient de Christophe Auguin, chacun à bord profite des derniers rayons de soleil et d'une chaleur qu'ils ne seront pas près de retrouver dans le Grand sud. Gerry Roufs ne se méfie pas et ressort d'une longue sieste le bas du dos rosé comme un gigot. Yves Parlier, obligé quant à lui de ralentir ces derniers jours, a perdu sa place de leader au profit d'Isabelle Autissier, mais il peut récupérer douze litres d'eau lors du passage d'une dépression. Et mieux, il réussit l'exploit, sous trinquette et grand-voile réduite, de battre le record de distance de Christophe Auguin : 368,9 milles en vingt-quatre heures ! Son mât, pour l'heure, tient. Comme le bout en Vectran [1] qui sert d'étai sur l'avant. Seul souci : le bruit de la quille qui, à haute vitesse, résonne dans l'habitacle et fatigue les oreilles.

Mardi 26 novembre

Chanceux, décidément très chanceux les trois bateaux de tête qui, après avoir digéré le Pot-au-noir sans à peine ralentir, vont s'avaler le célèbre anticyclone de Sainte-Hélène sans peine. Car la dépression, née au Brésil et se déplaçant vers l'est, leur ouvre grandes les portes des 40e. Devant, même si le soleil a disparu précocement, même si le port de la fourrure polaire, du ciré et du masque de plongée ne tarde pas à devenir obligatoire, personne ne se plaint de cette brise généreuse. Trois jours qu'elle repousse les calmes de l'anticyclone vers l'est et permet d'afficher au compteur de belles moyennes frôlant la quinzaine de nœuds. Résultat immédiat : l'écart se creuse, inexorablement, dramatiquement entre les quatre bateaux de tête, les plus récents et ceux de derrière, qui n'ont pas que la météo à combattre. Un coup d'œil au classement le prouve : première, Autissier à 17 849 milles de l'arrivée ; deuxième, Auguin à 5 milles ; troisième, Parlier à 49 milles ; quatrième, Roufs à 393 milles ; cinquième, Laurent à 641 milles. Et Dumont ? Son *Café Legal* ne pointe qu'à la huitième place, à 864 milles d'Autissier.

---

1. Matériau servant à créer des cordages très légers et très résistants, parfois liés en transfilages qui remplacent ainsi des sangles.

Finot-Conq à la mode

En 1992, aux mains d'Alain Gautier, ce fier navire remportait le deuxième Vendée Globe. « Formule 1 des océans », « bête de course » « sommet de la technologie », les images ne manquaient pas pour illustrer sa domination. Quatre ans plus tard, le ketch blanc est rentré dans le rang. Et cela malgré tout le talent de son skipper actuel, Éric Dumont. Pas facile effectivement de lutter contre le poids des ans.

La préhistoire, en matière de monocoques 60 pieds open (18,28 m) remonte à une quinzaine d'années. Pas si loin. Et pourtant que d'évolution, entre le *Generali Concorde* d'Alain Gautier (encore lui!) qui a pris le départ du premier Globe et les quatre derniers plans signés Jean-Marie Finot et Pascal Conq, qui occupent les quatre premières places du classement.

Pour comprendre, il faut peser. *Generali Concorde* (1989) : 13,5 tonnes. *Bagages Superior* (1992) : 11,2 tonnes. *Aquitaine Innovations* (1996) : 8,5 tonnes. Tout est dit ou presque. Car le poids en mer est aussi important que sur la balance d'une salle de bains. Et pas uniquement pour des raisons psychologiques. « Ces gains ont pu être réalisés grâce à des changements de matériaux. Le carbone actuel est deux fois plus léger et trois fois plus résistant que l'aluminium de *Generali Concorde*, détaille Jean-Marie Finot. Et du carbone, il y en a partout : dans la coque, dans le mât, dans les appendices... et même dans les boucles d'oreilles d'Isabelle Autissier.

L'accastillage sur le pont aussi a beaucoup évolué. Moins d'outils pour plus de fonctionnalité. Les manilles et autres ridoirs ont disparu depuis la dernière édition, remplacés par de simples mais solides et légers transfilages en Vectran. Les imposantes quilles ont perdu leurs profils en plomb mais gagné de la liberté latérale, grâce à des systèmes pivotants (Auguin et Autissier). Et les voiles n'ont pas échappé à la modernisation. « Le Kevlar, c'était béton. Et après une longue exposition au soleil, il perdait 30 % de sa solidité », se souvient Philippe Jeantot. « On a aussi raccourci et reculé les mâts, ce qui nous a permis d'augmenter la surface de la grand-voile de 10 % à chaque nouveau bateau », précise Finot. Yves Parlier, grâce notamment à un rond de chute impressionnant, porte en ce moment une grand-voile de 190 mètres carrés...

Jeantot, l'organisateur en chef du Vendée Globe a vécu de près cette évolution. Au départ du BOC Challenge 86, il passait pour un précurseur avec son bateau tout en aluminium. « Comparé à ceux d'aujourd'hui, c'est un camion », rigole-t-il. Le temps qui passe laisse des traces indélébiles. Quoi que... « Par rapport à un ordinateur qui est démodé dès la sortie du magasin, un bateau peut être amélioré. À part la structure, tout est modifiable. » Dans une certaine limite. « On peut faire évoluer sa performance mais c'est difficile d'en faire un vainqueur. Quant aux nouveaux bateaux, autant il a été facile de gagner des centaines de kilos ces dernières années, autant cela va devenir de plus en plus difficile dans l'avenir. Sur une Formule 1, les gains se comptent en dizaines de grammes. »

Logique donc de retrouver en tête les bateaux les plus récents. Plus puissants, plus légers, plus solides, plus stables aussi en gîte et sur la route. Les nouvelles formes de carène n'y sont pas non plus étrangères. « La largeur, 5,80 m, n'a pas évolué mais la carène est plus plate. » Et le résultat ne tarde pas à se faire sentir, en ce moment au vent portant, l'allure favorite de ces planches à voiles géantes. Entre 15 et 16 nœuds de moyenne ces derniers jours pour les quatre bateaux neufs contre 10-12 nœuds à leurs confrères plus anciens et typés différemment. « Cinq nœuds de différence, cela me semble beaucoup. Je dirais plutôt deux ou trois », affine Finot qui se déclare tout de même vraiment impressionné par les performances actuelles de ses dernières luges à voiles. « J'en suis même carbonisé car j'ai l'impression que les quatre skippers se tiennent par la barbichette et qu'aucun ne veut ralentir. »

Mercredi 27 novembre

La descente sur l'autoroute de l'Antarctique se fait à belle allure. Et à bord de *PRB*, la vie suit ce nouveau rythme. Isabelle Autissier découvre avant l'heure les sensations des mers du Sud. La rafale arrive, le bateau démarre à plus de 20 nœuds en lofant [1]. Sous ses pieds, la Rochelaise sent la coque bouger et cogner. Impossible de rester debout sans aide, il faut se tenir en permanence et anticiper les mouvements brusques du bateau. En dessous, la quille craque et produit un sifflement impressionnant. À l'intérieur, Isabelle ne laisse rien traîner. Tout est rangé, attaché, protégé, pour éviter un décollage impromptu.

Dehors, l'ambiance n'est pas des plus agréables. Les vagues déferlent sur le pont, submergent le rouf et achèvent leur course dans le cockpit. Impossible là encore d'aller manœuvrer à l'avant sans s'attacher.

Christophe Auguin vient à peine d'achever un énorme poisson volant mariné au citron qu'il pêche une dizaine de petits calamars. La casserole chauffe. Et le skipper s'attelle à l'indispensable révision du matériel. Un coup de jumelles dans le gréement puis un coup d'œil dans les bas-fonds pour inspecter le moteur, les niveaux, les tuyauteries.

Christophe n'en oublie pas la tactique. Car se joue en ce moment la première partie de cartes (météo) sérieuse. Parlier ne tarde pas à fausser compagnie à ses deux compères, en empannant [2] pour plonger, le premier, plein sud. Autissier suit quelques heures plus tard et cède le commandement à Auguin. Christophe réussit plus longtemps que les deux autres à maintenir son bateau juste devant le front qui le pousse vigoureusement vers l'est. Coïncidence ? Parlier et Autissier connaissent le même pépin technique : fuite d'eau sur une bague de safran. Une broutille compa-

---

1. Le bateau remonte vers l'axe du vent.
2. Virement de bord vent arrière.

rée aux nouveaux ennuis de Nandor Fa qui, tout juste reparti, tombe en panne d'électricité. Après 36 heures passées à la barre, le Hongrois pénètre dans le chenal des Sables-d'Olonne. Troisième et dernier retour. Définitif. La nuit tombe et les averses ne sont pas loin. Sale temps.

Jeudi 28 novembre

Nouvel incident sur l'*Aquitaine Innovations* d'Yves Parlier. De nuit encore. Un bruit sourd toujours. La drisse de grand-voile vient là-haut de rendre l'âme. La G.V[1] de 190 m^2 retombe sur le pont. Privé de son moteur principal, le bateau ralentit fortement. Trois nœuds au mieux, grâce à la petite trinquette. Yves n'a pas le choix. Il doit grimper dans le mât-aile, aussi glissant qu'une patinoire, pour changer le cordage défectueux. Trois heures de combat, intense, douloureux. Ballotté par l'océan, meurtri par le mât, épuisé par la manœuvre. Il en redescend pourtant rassuré. Car il en a profité pour renforcer le système de fixation de son étai de fortune. Des visiteurs viennent surveiller l'avancement des travaux. Les albatros et les pétrels sont au rendez-vous. Le Grand Sud s'annonce. Parlier, le premier, franchit la barre mythique du quarantième parallèle sud.

Aux portes de l'enfer, Isabelle Autissier est obligée elle aussi d'escalader les 27 mètres de son espar. À 21 h, elle déguste un bol de riz cantonais. À 22 h, elle reçoit des cartes météo sur son ordinateur. À 23 h, elle s'allonge. Mais à 0 h 30, le vent forcit et elle doit sortir pour réduire la voilure. C'est à cet instant que les écoutes de grand-voile et de génois explosent. La grimpette est obligatoire. Isabelle déteste cela. La manœuvre est simple mais éprouvante. Elle sort le « Trackson », un appareil qu'elle a bri-

---

1. Diminutif de grand-voile utilisé par les marins.

colé, conçu pour la descente en spéléo. Et elle entame l'ascension, se hisse par la force des pieds, collée au mât. Vingt centimètres par vingt centimètres. Et dix minutes d'efforts plus qu'intenses. Là-haut, elle répare puis elle redescend. À 3 h, enfin, elle peut aller se reposer.

Vendredi 29 novembre

C'est autour de Catherine Chabaud de vivre à bord un anniversaire en solo. Trente-quatre ans et des parents qui ne l'oublient pas. Loin des yeux mais pas loin du micro. La radio BLU et le standard C chauffent une bonne partie de la journée. Et le soir, tous ceux qui entourent Catherine se retrouvent dans la maison familiale de Suresnes pour un dîner de gala. Sa mère lui faxe même la liste des invités et le menu des festivités. Seule, à bord, Catherine n'a pas de peine à visualiser ceux qu'elle aime autour de la grande table familiale, en train de parler, manger et boire à sa santé. « Sacrés parents. » La blonde est bien décidée à les imiter. Pour l'occasion, elle ouvre une mini-bouteille de champagne et une part de gâteau au chocolat, spécialité de maman. Les cadeaux, embarqués à son insu et protégés sous vide, sont découverts : Game Boy, bouillotte, livres, ours en peluche et surtout une cassette audio, spécialement enregistrée par ses parents avec des poèmes, des chansons, des vœux et de l'amour. Seule tristesse dans cet océan de bonheur : sa soixantaine d'œufs recouverts de moisissure. Catherine ne connaissait pas le truc de Thiercelin. Marc, pour les protéger, les a enduits de vernis. Elle doit s'en séparer mais choisit de les casser au-dessus de l'eau les uns après les autres. Les poissons apprécient. À chacun son cadeau.

Dimanche 1ᵉʳ décembre

Le jour vient de se lever mais il faut aller coucher une partie de la grand-voile pour résister au vent d'ouest-nord-ouest qui ne cesse de forcir. Vingt, trente, puis quarante nœuds. La tempête approche avec sa cohorte de tracas. À l'intérieur de son carré bousculé par les éléments, Isabelle enfile son ciré et sort courageusement pour rejoindre le pied de mât. Sur le pont balayé par les paquets de mer, elle peine pour prendre le premier ris. Soudain, son monocoque blanc part au lof. Elle se précipite sur la barre, la tire. Mais rien, aucune réponse. Le vide. Le néant. Elle ne met pas longtemps à comprendre. Le safran. Elle se jette sur la filière, se penche mais ne voit rien. Il fait encore trop sombre. Elle empanne, incline le bateau et découvre l'irréparable : gouvernail tribord cassé, disparu, envolé. Seule reste la mèche, le haut du safran qui, bloqué dans son système de fixation, limite les risques de voie d'eau.

Pour l'heure, il faut réagir. Et vite. Prendre la seule décision qui s'impose. Rejoindre la terre. Sauver l'essentiel. Privée totalement de gouvernail, sa vie serait en danger. Mais son *PRB*, a suivi la mode du double safran en carbone. Celui à bâbord va lui permettre de rejoindre l'Afrique du Sud. Cap vers... Le Cap. À allure réduite. À 5 h 45, elle prévient la terre. « J'y serai sans doute dans deux ou trois jours. Il faudra quelqu'un sur place. J'ai peu d'espoir de pouvoir faire une réparation de fortune et il paraît peu raisonnable de continuer comme cela », écrit Isabelle, l'âme en berne. Pas besoin d'image pour la voir, assise devant son ordinateur portable, en train de taper son télex. Une ou deux phrases, et elle s'arrête, submergée par la déception et les souvenirs. De cette arrivée triomphale à Cape Town, après une première étape du BOC Challenge 94 menée et remportée de main de maître. Souvenir de ce démâtage, cinq jours après le départ de la deuxième manche, un certain samedi 2 décembre... Souvenirs, toujours dans la même étape, de ce chavirage un

28 décembre et de ces trois jours passés à attendre du secours, seule, isolée, avec sa balise de détresse et sa couverture de survie. Souvenirs encore et toujours du BOC précédent, son premier, et de ce démâtage en janvier 91 au large de la Tasmanie, qui ne lui avait cependant pas empêché de devenir la première femme à boucler en course un tour du monde solitaire avec escales.

Isabelle est maudite

Les souvenirs ne font pas vivre. Surtout en ce moment. Isabelle affale la grand-voile, réduit le Solent, pour naviguer le plus plat possible et permettre au safran rescapé de rester immergé. « Il faut le ramener ce bateau, pour réparer et penser à l'avenir. Cela ne sert à rien de s'apitoyer, même si c'est vrai que la mer est un peu cruelle. Cela fait partie des choses de la vie. » Isabelle, femme de mer, femme de malheur, femme de courage. Deuxième derrière Christophe Auguin, leader plus que jamais renforcé avec ses 190 milles d'avance sur Parlier, elle vient pourtant de perdre ce Globe, sa course, son défi et ses rêves de tour du monde sans escale. Seule de nouveau face à cet océan de désespoir. Seule sur ce bateau handicapé qui file encore à 9,6 nœuds. Seule face à son destin.

À Paris, un homme connaît la détresse d'Autissier. Nandor Fa est de passage au PC. Et le premier, il se désole du coup du sort, de cette épave sans doute qui une nouvelle fois a frappé et cassé. Mais en attendant l'appel d'Isabelle, il s'absorbe dans un autre spectacle, bien terrien celui-là, et vibre comme le pays entier devant la finale de la Coupe Davis Suède-France.

Les réactions pleuvent après la victoire de la « bande à Noah ». Autissier n'est pas oubliée. « Je suis vraiment déçu pour elle, elle avait mené brillamment la course. J'espère qu'elle va pouvoir réparer et repartir », lance Yves Parlier, lui-même de nouveau affaibli à la suite d'un empannage malheureux dans lequel il a cassé trois lattes en haut de sa grand-voile et son antenne de standard C. « Je suis vraiment bouleversée et réellement peinée. J'ai l'impression que c'est ma grande sœur qui sort de la course. En plus je communiquais pratiquement tous les deux jours avec Isabelle. J'espère qu'elle va repartir, car même avec un arrêt, ce tour reste une aventure unique », écrit Catherine Chabaud.

Le télex de Christophe Auguin ne manque pas non plus d'émotion : « C'est avec grand regret que je vois Isabelle quitter la course, après tant de milles bord à bord. J'imagine à quel point elle doit être déçue après la superbe prestation qu'elle a effectuée. Cette course est vraiment sans pitié. De mon côté, j'ai eu une nuit très éprouvante avec des vents changeants et parfois violents (plus de quarante nœuds). Je suis bon à mettre au lit avec une bouillotte... En effet la nuit a été totalement blanche et si je me souviens bien, cela fait trente-six heures que je n'ai pas fermé l'œil. La mer n'est absolument pas organisée, déferlantes croisées, etc. Dans cette ambiance, les pilotes ont bien du mal à retrouver leurs petits, et moi aussi. J'ai franchi le cap de Bonne-Espérance à 7 h 45 temps universel. À plus, Christophe. »

Le skipper de *Geodis* quitte l'Atlantique et rejoint l'Indien dans son vingt-huitième jour de course. Titouan Lamazou peut s'inquiéter pour son record. Lui avait changé d'océan après trente-six jours de navigation. Auguin, solide leader, ne s'emballe pourtant pas. Il sait bien que c'est toujours lorsqu'on s'y attend le moins que la mer se montre la plus ignoble.

Lundi 2 décembre

Si la tête de la flotte file vers le sud, l'anticyclone de Sainte-Hélène va se charger de rappeler son existence aux retardataires. Éric Dumont et Raphaël Dinelli ne sont pas les moins touchés. Rattrapés par les calmes, ils ralentissent et perdent vite patience. Lors de la vacation retransmise en direct sur le stand du Vendée Globe, au cœur du Salon nautique, ils confient leur malheur à une pléiade de personnalités venues les saluer. Guy Drut, le ministre de la Jeunesse et des Sports est accompagné par Jean-François Deniau et Gérard d'Aboville, deux hommes qui à leur manière ont défié les océans. Le rameur fou, qui a passé 134 jours sur le Pacifique, est justement le parrain du bateau de Dumont. « Nous, par rapport à toi, c'est facile », relativise Éric. Dinelli s'est choisi une marraine moins connue, la petite Emma, huit ans, mais il n'hésite pas à avouer son stress de se retrouver depuis deux jours prisonnier de la bulle anticyclonique, son *Algimouss* totalement privé de vent et ballotté par la houle. Raphaël se sent impuissant et doit affaler sa grand-voile pour éviter qu'elle souffre. « Moi, je suis coincé au Salon nautique. Mais ne t'inquiète pas, je suis rentré à la maison », glisse Didier Munduteguy, de visite sur les ondes. Autre surprise de taille, les premiers mots en français de Pete Goss : « Je vais très bien, le soleil brille, tout va bien à bord... » Pas loin, à ses côtés, Catherine Chabaud donne de ses nouvelles, toujours aussi épanouie. Trois jours qu'elle l'a guettée, et enfin, en montant sur le pont, elle l'aperçoit : la Croix du Sud. Forte, émouvante. Sa première. La plus belle. Catherine se rince l'œil puis sort son appareil photo et se prend en photo, à l'entrée de la descente de son carré. Grâce à un appareil numérique, elle réussit même l'exploit de transmettre le cliché à terre.

Mardi 3 décembre

Après tout juste un mois de mer, Isabelle Autissier repose un pied sur le sol ferme. L'émotion est palpable sur le quai de la marina du Yacht Club de Cape-Town. Le temps est nuageux et Isabelle ne peut apercevoir la montagne de la Table qui domine. À l'entrée de la baie sud-africaine, un bateau vient prendre en remorquage son *PRB* affaibli. Dix à douze nœuds de vent. Et une belle délégation pour l'accueillir au ponton. De quoi réchauffer un cœur bien transi et débuter au plus vite l'examen de la mèche de safran. Pascal Conq, le jeune architecte, ne rechigne pas à la tâche et plonge sans tarder. À l'arrière de la quille, côté tribord, il découvre quelques éraflures accréditant ainsi la thèse du choc avec un OFNI, un objet flottant non identifié. Et cela bien qu'Isabelle affirme n'avoir rien entendu, ni senti. Autre révélation : la disparition du skeg bâbord [1].

Le monocoque est rapidement sorti de l'eau. Et Isabelle confirme immédiatement sa décision de poursuivre son tour du monde. Deux safrans sont déjà en construction à La Trinité-sur-Mer, chez Thierry Fagnent. À défaut de course, elle réaffirme sa détermination. « J'ai apprécié d'avoir deux jours seule pour évacuer ma tristesse. Ma volonté est d'autant plus forte et structurée que je l'ai prise seule au fond de mon bateau. Je ne serai plus classée mais il y a une histoire humaine à terminer. » Isabelle n'en veut à personne, et surtout pas ni à la mer ni à la chance. Car elle sait que tous les grands noms de la voile avant elle, et après elle, ont connu et connaîtront des galères.

Gerry Roufs, troisième à 500 milles d'Auguin, veut justement éviter les ennuis. Et à l'entrée du Grand Sud, il doit impérativement monter dans son mât vérifier une drisse usée. Au bout d'une petite demi-heure, secoué par la mer, il ne tient plus. Il décide de redescendre lorsqu'un oiseau noir s'approche, surpris de trouver pareille compagnie. Mais Gerry est tout aussi étonné. Et suspendu à son mât, il sursaute. « J'ai cru qu'il m'attaquait. On s'est fait peur tous les deux. »

3 novembre – 3 décembre. Un mois de course et de

---

1. Pièce placée devant le safran pour permettre un meilleur écoulement de l'eau et le protéger des petites collisions.

silence radio pour Patrick de Radiguès qui ne s'est jamais remis de son bain de pieds général de la première nuit. Mais aujourd'hui, miracle, après des semaines de recherche et des jours passés à la barre pour économiser la précieuse énergie, l'ex-motard belge peut s'adresser à la terre. Il signale ses problèmes de charge de batterie, souligne un mal au bras droit à force de barrer six à sept heures par jour pour économiser la précieuse énergie, mais se réjouit enfin de pouvoir communiquer. Son isolement est terminé. Provisoirement.

Marc Thiercelin est moins chanceux. Sous gennaker, son *Crédit immobilier de France* quitte la trajectoire prévue et, dans la sortie de route, les cinq lattes de la grandvoile explosent, les unes après les autres. Surpris en pleine sieste, rare chez lui, il s'est laissé surprendre et retrouve la tête de son mât presque dans l'eau. Pendant trois heures, il se bagarre pour redresser son bateau sans rien casser de plus grave. L'eau à 5° le frigorifie et la visite d'un énorme monstre, « plus long que le bateau, avec un petit aileron », ne lui réchauffe que partiellement le cœur. D'autant que le lendemain cent litres vont envahir son habitat par les tubes de jaumières [1]. Marc ne s'affole pas et actionne sa pompe toutes les deux heures.

Mercredi 4 décembre

Le leader n'est pas épargné par cet océan Indien qui l'accueille avec une dépression creusée et des vents de plus de cinquante nœuds. Auguin apprécie le spectacle, fasciné. Mais au milieu de la nuit, au plus fort du coup de tabac, *Geodis* se couche pour la première fois, bousculé par une déferlante. La quille sous le vent l'empêche de se redresser et le pont, glissant comme une patinoire, se retrouve à la

---

1. Protection des mèches de safran.

verticale. Christophe est obligé de démarrer le moteur quelques secondes pour actionner les vérins hydrauliques et remonter ainsi son lest mobile. Au bout de longues secondes d'attente, le monocoque se redresse. Sans dommage. Le jour se lève, son skipper en profite pour tourner quelques images vidéo et lire un *S.A.S.* Car le sommeil l'a fui, définitivement. Deux jours plus tôt, Christophe avait signalé sa première casse à bord : un lazy jack [1]. Semaine des grandes premières. D'autant qu'au classement, il dépasse aussi pour la première fois les 300 milles d'écart avec ses poursuivants Parlier et Roufs, qui signe la meilleure moyenne journalière (12,4 nœuds).

Jeudi 5 décembre

Raphaël Dinelli se débat depuis deux jours avec un petit front. La mer très courte hache la route et son *Algimouss* empanne deux fois violemment. Sans trop de dégâts. Le jeune Arcachonnais se console à la radio BLU. Sa petite Philippine, deux ans, prend l'appareil et pour la première fois dit « Papa » à son... papa, qui chavire légitimement de bonheur. Seuls soucis : ses mains le font souffrir, malgré une crème pour les femmes qui allaitent, conseillée par le gynécologue de sa compagne Virginie. Autre inquiétude : le sud se rapproche à chaque mille. Dinelli se sent confiant. « Mât, gréement, quille, safran, tout est costaud », se rassure-t-il. Un seul objectif : se glisser en douceur dans ces quarantièmes qu'il a visionnés si souvent en cassette à la maison, au point d'en dégoûter Virginie. Si elle se doutait de ce qui l'attendait...

---

1. Cordage entre le mât et la bôme servant à retenir la grand-voile lorsqu'elle est entièrement ou partiellement descendue.

Vendredi 6 décembre

La veille, Thierry Dubois s'est offert sa dernière douche. Un seau d'eau de mer, du shampooing, un deuxième seau pour le rinçage et un litre d'eau douce pour enlever le sel. La technique est au point. Mais aujourd'hui c'est une tout autre douche qui vient le frapper de plein fouet. Il est 2 h 30 temps universel, lorsqu'il monte sur le pont pour réduire sa grand-voile. La liaison radio avec la terre approche et Thierry n'a pas envie de se retrouver surtoilé pendant qu'il tient le micro. Soudain, le drame. Un choc, bien fort. Comme Autissier, quelques jours plus tôt, le skipper de *Pour Amnesty International* ne met pas deux minutes à comprendre. Un coup de barre, sans réponse, le bateau est ingérable, incontrôlable. Le safran tribord a bel et bien disparu. Une épave encore et toujours. À moins que ce ne soit un growler [1] ou une baleine. Sur la coque, un impressionnant trait de couteau atteste de la violence du choc. Et Dubois, déjà durement frappé, n'a plus le moral. Il n'hésite pas longtemps et décide de rentrer à la maison. « J'en ai plein le cul », avoue-t-il. Situé à 1 500 milles de l'Afrique du Sud, il fait demi-tour et met le cap vers Les Sables-d'Olonne, l'âme en berne. Il était si fier de ses safrans tout composite avec lesquels il avait partagé plus de 15 000 milles. Les souvenirs de la Route du rhum 1994 affluent. Abandon aux Açores, déjà. Un safran, déjà...

La journée n'est pas finie. Loin de là. Yves Parlier a précédé Dubois au micro. Les nouvelles étaient plutôt rassurantes. Car l'Aquitain annonce avoir pu monter en haut du mât repasser une drisse et envoyer quelques heures un spinnaker. Sa moyenne frise la dizaine de nœuds. De quoi le satisfaire après les ennuis des derniers jours. Une question tombe : « Toi qui tentes tout, malgré tes ennuis, pour

---

1. Morceau de glace dérivant détaché d'un iceberg.

poursuivre ton tour du monde sans t'arrêter, qu'aurais-tu fait à la place d'Isabelle Autissier sans safran ? » Yves n'hésite pas et confirme que, privé de cet instrument de sécurité, il se serait dérouté. Il salue la terre puis raccroche, mais reste en écoute sur la fréquence de Saint-Lys radio. Soudain, un choc, et un bruit qui résonne tragiquement dans la quille. Le Bordelais se précipite dehors et aperçoit l'objet du délit qui traîne derrière son bateau. Un bloc de glace de 1,50 mètre de diamètre, à fleur d'eau. 10° dessous, 10° dans l'air. Chaud pour un growler. Mais Yves, cela ne fait aucun doute, vient de rejoindre Isabelle Autissier et Thierry Dubois dans le camp des éclopés. Troisième safran cassé, brisé, laminé par un élément extérieur. Après le choc, la mèche de son safran bâbord est descendue de dix centimètres et provoque un grave voie d'eau. L'arrière du bateau se remplit par un trou de vingt centimètres de diamètre. Yves lance sa pompe électrique qui étale la fuite mais finit par tomber en panne. Obligé d'écoper à la main. Parlier la tête dans le seau !

Si Dubois décide finalement de continuer sa route vers l'Afrique du Sud, Yves hésite plus longuement pour réparer. Preuve de son étonnante détermination, il commence par envisager le parachutage en pleine mer d'un gouvernail de secours. Puis, redevenu raisonnable, il cherche un port d'accueil. Crozet ou les îles Kerguelen, toutes proches mais sans le moindre aéroport... Le Cap, bien équipé mais situé 1 200 milles derrière lui... C'est finalement la solution australienne et Fremantle qui sont choisis. Plus loin encore, à plus de 3 000 milles, mais dans la bonne direction par rapport aux vents portants.

Tribord amure, cap au 109, sous gennaker et trinquette, *Aquitaine Innovations* débute un long convoyage vers le pays des kangourous. Un petit verre de château lagrange 1992 pour se réconforter et Yves ne traîne pas afin d'établir, à destination de son équipe technique, la liste des fournitures nécessaires à la remise en état de son bateau : un safran avec sa mèche, un enrouleur standard, une drisse de grand-voile, une carte électronique pour son standard M, une antenne pour son standard C et des jerricanes d'eau. À bord, il ne lui reste plus que dix litres. Parlier ne fera pas la même erreur et repartira avec un désalinisateur. Autre demande : des posters de son bateau, « pour les Australiens, qui vont bien nous accueillir ». Yves pense à tout.

Samedi 7 décembre

Isabelle Autissier en termine avec ses réparations. Les deux safrans construits en France débarquent en Afrique du Sud sous le bras de Marc Pinta, le constructeur rochelais de *PRB*. Mais dans le port, la stupeur est grande. Car il s'agit de deux mèches bâbord... Il faut d'urgence les retailler. Comment faire ? Où agir ? Une solution s'impose : le bateau du commandant Cousteau, juste à côté. Un bon coup de rabotage et les deux gouvernails trouvent leur place. Mais les plongeurs du vaillant commandant doivent aussi entrer en action. Pour repêcher les lunettes de Pinta... Quelques heures plus tôt, Isabelle s'est offert un bon déjeuner. Un gros steak de bœuf. Le dernier avant longtemps. Pendant qu'elle déguste son morceau de viande, la Rochelaise voit tout à coup passer des hommes noirs devant la fenêtre du restaurant. « On dirait un défilé », songe-t-elle. Immense étonnement. Car les manifestants tiennent à la main un grand bâton. Et plus surprenant encore, en marchant, ils chantent...

À 20 h, dans la nuit sud-africaine, son ciré jaune sur le dos, Isabelle lève la main gauche et largue les amarres pour rejoindre ce tour du monde qu'elle a quitté l'espace de six jours. Plus de rêve de classement ni de victoire, mais l'ambition d'écrire les dernières pages d'une histoire personnelle et collective attachante.

Dimanche 8 décembre

L'heure des interrogations a sonné. Trois safrans brisés en une semaine, il y a de quoi effectivement marquer les esprits. Les gouvernails sont devenus le véritable talon d'Achille de ce troisième Vendée Globe. Et cela malgré l'utilisation d'un carbone ultra-résistant, le « T800H », utilisé également dans l'aviation. « Si le bateau navigue à dix nœuds, il ne faut pas que l'objet qui le frappe pèse plus de 100 kg. Et s'il fait 300 kg, le safran s'arrache carrément », détaille Jean-Marie Finot. L'architecte des bateaux de Parlier, Autissier, Auguin, Roufs, Thiercelin et Dumont cherche avant tout à dédramatiser ces casses à répétition. « On médiatise beaucoup les ennuis des uns et des autres ; combien de voitures finissent le Dakar ? Et nos bateaux, ils n'explosent pas comme Ariane. En mer, il y a une hiérarchie de priorités. La première, c'est rejoindre le port vivant, même si ce n'est pas celui des Sables-d'Olonne. » Et Finot de rappeler que Parlier, malgré son choc avec un growler et ses multiples pépins techniques, continue de naviguer à vitesse respectable et sans la moindre assistance vers le port de Fremantle, en Australie, grâce à son deuxième safran. « Yves, c'est un exemple fantastique pour les plaisanciers. Il gère parfaitement l'adversité. » Son architecte naval tient à préciser que la sécurité absolue en mer n'existe pas : « On essaye de tout prévoir avant le départ, mais on n'a jamais assez de temps, ni de moyens. Et l'esprit humain est limité. » Pourtant, au cœur de l'Île-de-France à Jouy-en-Josas où est niché son cabinet, Finot a déjà une solution de rechange : « C'est sûr que pour le prochain Globe, je vais leur proposer une ferrure comme sur un dériveur pour enclencher un gouvernail de secours. » Le *Generali Concorde* d'Alain Gautier en était équipé dans le premier tour du monde. Et vu le débarquement massif des quilles pivotantes qui, une fois décalées, jouent moins bien le rôle de la grande sœur devant ses petits frères gouvernails pour écarter les importuns, le safran de rechange va devenir une nécessité.

Bertrand de Broc arrive en direct des 40es pour apporter lui aussi sa pierre à l'édifice fissuré. « J'ai navigué un peu sur des cargos, il y a beaucoup de choses qui passent par-dessus bord. » Et lorsque ce ne sont pas les hommes inconscients qui encombrent les flots, les cieux s'en chargent. En tempête, en iceberg et en drame. L'océan Indien n'a de charmeur que son nom...

L'Indien fait peur

« C'est psychologiquement que l'Indien est le plus dur. Entre Bonne-Espérance et Leeuwin, en quinze jours, j'ai eu cinq dépressions méchantes. Les deux premières ça va à peu près. La troisième, tu la vois arriver avec appréhension. La quatrième, t'en as déjà marre. La cinquième c'est l'enfer... Tu prends des coups, le vent cogne, la mer cogne, le bateau cogne. Et toi tu cognes partout. En fait, ça ressemble à une série d'accidents de bagnole. C'est comme si tu avais un accident et qu'on te dise : " N'oublie pas que dans deux jours, tu en reprends un autre. Et puis, dans cinq jours, il y en aura encore un, un peu plus violent... " C'est vraiment dur à supporter. Et, comme les prévisions météo ont fait de gros progrès, on les voit très bien arriver. Comme en voiture, tu vois le mur arriver. Et il faut que tu y ailles... La dernière dépression, sous la Nouvelle-Zélande, j'ai décidé de ne pas réduire. J'ai abattu 350 milles en 24 heures dans une mer dégueulasse. Mais, si j'étais allé moins vite, ça aurait été pareil, alors... » Christophe Auguin ne mâche pas ses mots. Dans un entretien accordé à *Voiles & Voiliers* (n° 312, daté février 97), le skipper de *Geodis* ne cache pas son animosité envers un océan réputé casse-bateau par tous les navigateurs. Pourtant, le Granvillais à l'inverse de certains n'a jamais eu à s'en plaindre. Il y est toujours passé sans trop laisser de plumes dans le sillage de ses voiliers. L'Indien fait peur. L'Indien effraie. Lors de cette troisième édition du Vendée

Globe, il va happer plus de bateaux qu'à l'accoutumée. Pas une course, pas une expédition qui n'y ait souffert. La seule erreur émise par Christophe Auguin est purement géographique. Troisième océan de la planète Terre de par sa superficie, l'Indien ne débute pas au cap de Bonne-Espérance mais à celui des Aiguilles à quelques milles dans l'est du premier, et ne s'achève pas au cap Leeuwin mais au cap Sud-Est qui se trouve au... sud-est de la Tasmanie.

La course aux richesses

À l'inverse du Pacifique, très tardivement parcouru par les bâtiments des grands explorateurs, l'Indien a toujours été un océan particulièrement fréquenté. Dans sa partie nord, il baigne les côtes africaines, indiennes, indonésiennes et australiennes. Entre l'Afrique et le sous-continent indien, le trafic commercial y est presque aussi ancien que les hommes qui le fréquentent. Mais pour les commerçants et découvreurs qui s'élancent par-delà les mers dès le XVe siècle, l'Inde et ses richesses fascinent. Christophe Colomb finalement n'en découvre qu'un ersatz et aucun de ses navires ne taillera leur route dans l'Indien, lui qui cherchait les Indes justement. En 1496, quatre ans après que Colomb ait commis son incroyable malentendu, le jeune roi portugais Dom Manuel confie à Vasco de Gama la mission de poursuivre le contournement de l'Afrique, déjà ébauché peu avant. Neuf ans plus tôt en effet, l'escadre de Bartholomeu Dias avait doublé la pointe australe de l'Afrique, sans le percevoir, au cours d'une tempête. S'en rendant compte finalement, les bâtiments font demi-tour et contournent le cap des Tourmentes que le roi préférera nommer Bonne-Espérance... Les quatre petits navires de Gama, montés par 170 hommes un peu effrayés de partir littéralement à l'inconnu, quittent l'embouchure du Tage le 8 juillet 1497. Une fois Bonne-Espérance passé dans le gros temps et sous la menace d'une mutinerie, la flottille remonte paisiblement la côte orientale de l'Afrique, rencontre les navigateurs musulmans maîtres dans l'art de tracer des routes fines et précises puis débarque en Inde le 20 mai 1498. L'Amérique était devenue espagnole ; les Indes et leurs richesses seront portugaises. Il ne reste plus qu'à transformer la terre promise en colonie, ce qui s'effectue progressivement avec l'établissement de quelques comptoirs maritimes dont les créations sont jalonnées de sanglantes exactions. L'intérêt économique est évident : deux ducats de girofle achetés aux îles Moluques valent huit cent quarante fois ce prix à Londres. Au fur et à mesure des années, les Portugais poussent vers l'est. En 1533, leur est concédé Macao, que le Portugal va devoir d'ailleurs très prochainement rendre à la Chine... Le Japon s'entrouvre. Suivant une route d'abord proche du Brésil, puis doublant ensuite, sans le voir Bonne-Espérance, remontant le canal de Mozambique puis atterrissant en Inde, à Mélinde, les patauds navires de charge battant pavillon portugais couvrent chaque année un aller-retour sur la route des épices et de la richesse.

Cap au sud

La partie méridionale de l'Indien est beaucoup plus tardivement explorée. *À priori* rien, aucune richesse, aucune possession à faire au nom d'un roi quelconque n'y pousse les explorateurs. Au XVIIIe siècle toutefois, alors que les zones inconnues sur un globe terrestre commencent à se raréfier, les croyances ou l'imagination des géographes développent la thèse d'un continent austral. De plus, la richissime Compagnie des Indes aimerait trouver quelques îles ou établissements pour que ses navires puissent faire vivres et aiguade [1]. Début 1739, Jean-Baptiste Bouvet-

---

[1]. Lieu où les bateaux se réapprovisionnent en eau douce.

Lozier découvre l'île Bouvet au sud de l'Atlantique. Bien que déçu et conscient que ce mythique continent austral est trop éloigné pour qu'il puisse être d'aucune utilité, les projets s'entassent sur le bureau du ministère de la Marine, seul et unique « sponsor » de l'époque. Toutefois, alors qu'il s'agit de ramener en Polynésie Aoutourou, indigène de Tahiti que Bougainville présenta à la cour de Versailles, Marc-Joseph Marion-Dufresne se voit confier ce voyage, à charge pour lui d'explorer ensuite le Sud. Il appareille de l'Île de France (aujourd'hui Maurice) le 18 octobre 1771 avec Crozet comme second. Toutefois le Tahitien, « frère adoptif » de Bougainville, décède très rapidement des suites de la petite vérole. Se rendre à Tahiti n'a plus aucun sens. Au début de 1772, ils découvrent deux îles qu'ils qualifient d' « arides » et nomment Terre d'Espérance (devenue île Marion) et île de la Caverne (île du Prince Édouard), puis ils sortent de l'oubli l'île aux Pingouins, le groupe des Apôtres, l'île de l'Est, celle de la Possession... Poussés vers l'est par les tempêtes incessantes, les deux bâtiments de l'expédition atterrissent finalement en Nouvelle-Zélande en avril. Marion-Dufresne et douze autres hommes y sont massacrés par les indigènes. En 1776, Cook, informé amicalement par Crozet, prend possession des îles découvertes quatre ans plus tôt, et ce au nom de la Couronne britannique.

De Kerguelen, un officier contesté

Il ne peut en faire autant d'un vaste archipel reconnu par un Quimpérois qui se brûlera les ailes à son ambition démesurée. Yves de Kerguelen, officier très estimé de la Marine royale ne cherche qu'une chose : briller. Le 16 janvier 1772, il appareille de l'Île de France et le 13 février arrive à proximité d'une vaste terre qui porte son nom depuis : les Kerguelen. Deux enseignes de vaisseau y débarquent de façon périlleuse et effectuent la prise de possession pour le roi de France en bonne et due forme. Les deux bâtiments de l'expédition sont alors dispersés par la tempête. Kerguelen rentre à l'Île de France alors que le second bateau erre un an. La description que l'officier fait alors lui sera beaucoup reprochée. Dans son rapport dithyrambique, il décrit avec force images des terres que lui-même... n'a qu'entrevues. Il y parle de production végétale, de baleines et loups marins en grand nombre, de mines, de rubis, d'émeraudes et même d'indigènes. Ce rapport mensonger lui permet de monter une deuxième expédition, en compagnie cette fois de scientifiques... et d'une jeune femme embarquée clandestinement ! La désillusion provoquée par les conclusions de ce deuxième voyage est aussi importante que l'enthousiasme suscité par le premier fut grand. Radié de la Marine, emprisonné, Kerguelen deviendra finalement amiral sous la Convention avant de mourir subitement en 1797. L'espoir du continent austral est définitivement enterré.

Terrain de chasse pour phoquiers

Ces îles du bout du monde ne sont pas indifférentes à tous. Les baleiniers et phoquiers américains, puis anglais, y trouvent un formidable terrain de chasse. Dès la fin du XVIIIe, des quakers de Nantucket arrivent les premiers. Où travaillaient-ils exactement entre toutes ces îles, Kerguelen, Crozet, Saint-Paul ? Difficile de le savoir, leurs rapports faisant plus état des comptes et des gains que des routes suivies ou des terres abordées. John Nunn, pêcheur anglais, y vivra une aventure extraordinaire en compagnie de cinq camarades. En 1825, ces six gaillards sur leur baleinière s'éloignent du vaisseau qui les a amenés pour chasser le long de la grande île des Kerguelen, dont l'archipel est alors appelé communément îles de la Désolation. Prise dans le mauvais temps, leur chaloupe fait côte. Ils n'ont rien à espérer du grand baleinier qui les attend au large : il n'a plus de chaloupe. Découvrant une cabane qu'ils nomment « Hôtel de Jonas », les cinq naufragés tentent de survivre dans le froid et l'humidité de ces îles en véritables Robinson des Kerguelen. Les œufs de manchots, certains canards peu farouches servent de nourriture. Mais vivre sur cette côte ouest balayée par les tempêtes est insoutenable. La quitter par terre à travers les glaciers, les vallées perdues, les montagnes inaccessibles s'avère impossible. Des mois durant, ils tentent de ressusciter une vieille chaloupe abandonnée auparavant par d'autres pêcheurs. Cela leur prend quatre mois, sans outils ni cordages. Un an après leur naufrage, ils quittent cette terre inhospitalière pour s'établir ailleurs, construire un nouvel abri, chercher la nourriture, faire cuire le chou de Kerguelen, confectionner des vêtements ou des pipes en os, se chauffer à la graisse animale... Deux ans et trois mois plus tard, un nouveau baleinier anglais les récupère. John Nunn consignera toute cette aventure sur les marges d'un cahier de poèmes sauvé du naufrage. Il rentre en Angleterre, quatre ans après l'avoir quittée.

En même temps que les phoquiers et les baleiniers, les explorateurs prennent de temps à autre la route des ces îles. Au milieu du XIXe siècle, Ross rapporte d'ailleurs que quelque 700 bateaux pratiquent la chasse autour des Kerguelen. Son œuvre de géographe, malgré les tempêtes qui s'abattent durant son escale, fera date. Des missions astronomiques s'y établissent aussi un temps. Il faut attendre 1893 pour que l'aviso *Eure* confirme la possession française sur l'archipel et favorise l'établissement d'un résident de France, René Bossière, qui tentera en vain une exploitation commerciale fondée sur l'élevage de moutons. Deux des plus belles expéditions aux Kerguelen seront l'œuvre des frères Rallier du Baty. Géographes, humanistes et excellents marins à l'esprit aventureux, ils réussissent à monter une entreprise placée sous la protection du commandant Charcot et de la Société de géographie. Ils veulent compléter la cartographie de ces îles encore très

Christophe Auguin

Marc Thiercelin

Gerry Roufs

Patrick de Radiguès

Isabelle Autissier

Yves Parlier

Bertrand de Broc

Didier Munduteguy

Tony Bullimore

Hervé Laurent

Catherine Chabaud

Pete Goss

Raphaël Dinelli

Thierry Dubois

Éric Dumont

Nandor Fa

Une quille qu'il juge pivotante dans un sens inconnu, un cargo panaméen puis une panne généralisée d'électricité : c'en est trop pour Nandor Fa et *Budapest*. Bien qu'étant l'un des favoris, le Hongrois abandonne rapidement.

Le *Club 60e sud* de Didier Munduteguy ne découvrira jamais les latitudes extrêmes. Démâtage dans le Golfe de Gascogne puis retour définitif pour des problèmes structurels, après une belle solidarité basque...

Le *PRB* d'Isabelle Autissier a fière allure en début de course mais un safran arraché à l'entrée de l'Océan Indien ruine définitivement ses espoirs de victoire.

Catherine Chabaud s'est rapidement retrouvée en queue de peloton mais le bonheur de la découverte et le plaisir de naviguer l'emportent à bord de *Whirlpool-Europe 2*.

Eric Dumont s'est battu comme un lion à la barre de *Café Legal-Le Goût* pour éviter l'abandon, malgré de multiples pépins techniques.

Aquitaine Innovations est si beau ! Mais il manque tellement de mise au point qu'Yves Parlier doit poser pied à terre en Australie. L'occasion de refaire ses réserves d'eau...

Patrick de Radiguès, longtemps handicapé par de graves problèmes électriques sur *Afibel*, fait finalement escale. Deux fois même...

Un bateau qui, centimètre par centimètre, vague après vague, s'enfonce dans l'Océan Indien déchaîné ; un marin, qui heure après heure, angoisse après angoisse, se bat pour survivre, de l'eau jusqu'aux genoux. Rester debout, toujours debout... ou mourir. Raphaël Dinelli met un pied en enfer.

« Un sauveur vous est né »... Son nom : Pete Goss. Sa nationalité : anglaise. Le «Saint-Bernard» des mers brave la tempête et met en péril sa propre existence pour rejoindre le radeau de survie de Dinelli.

Epuisé, vidé, laminé, Raphaël n'a plus la force de grimper sur l'*Aqua Quorum* de Pete Goss. Tout juste réussit-il à lui passer ses balises Argos et sa bouteille de champagne...

Pour Amnesty International chavire, une fois, deux fois puis trois fois avant de rester définitivement planté dans l'eau glacée, à l'envers. Le drame se noue. Thierry Dubois se retrouve bloqué sur sa coque submergée par les déferlantes. Et son matériel de survie (au premier plan) est emporté par l'océan.

Le salut vient du ciel et des avions militaires australiens qui, à la recherche de Tony Bullimore, découvrent Dubois également en grand danger. Ils lui larguent radeau et nourriture. Thierry remercie, mais il n'est pas encore sauvé...

L'incertitude et l'inquiétude ont duré plus de quatre jours sur le sort du doyen de la course, Tony Bullimore. A-t-il été éjecté ? Est-il réfugié à l'intérieur de la coque repérée ? La frégate *Adelaide* s'approche et Tony réapparaît, dans sa combinaison jaune. Miracle !

Les deux naufragés, Thierry Dubois (à gauche) et Tony Bullimore (à droite) posent avec un plaisir non dissimulé en compagnie de leurs sauveteurs australiens sur le pont de l'*Adelaide* qui les rapatrie vers l'Australie.

Après Dinelli, Dubois et Bullimore, un nouveau drame frappe la course. En plein Pacifique, Gerry Roufs disparaît.

Pendant de longues semaines, son *Groupe LG2* est recherché par des bateaux chiliens, des avions argentins et un satellite canadien, sur la foi d'une courte liaison radio, en fait démentie.
Où es tu Gerry ?

Marc Thiercelin (*Crédit Immobilier de France*) cherche partout son copain Gerry mais il ne trouve rien d'autre que des icebergs.

Hervé Laurent se bat dans le sud pour garder *Groupe LG-Traitmat*, volage aux vents portants, sur la bonne route.

En panne de gas-oil et la structure de la coque touchée, Bertrand de Broc (*Votre Nom Autour du Monde /Pommes Rhônes Alpes*) double le cap Horn et relâche juste après au port argentin d'Ushuaïa.

Il est blanc comme la neige, il est beau comme un cumulo-nimbus et il a bouclé le tour du monde en se jouant des déferlantes, des tempêtes et des icebergs. La domination de Christophe Auguin est également celle de *Geodis*, qui n'a jamais rencontré d'avarie majeure.

mal connues. Enfin, lors de la Deuxième Guerre mondiale, les Kerguelen connaissent une étrange célébrité avec la présence de corsaires allemands, accompagnés de mines.

Le cordon ombilical

C'est un joli paquebot noir qui, de son étrave, hache menu la tempête. Le *Marion-Dufresne II*, paquebot mixte lancé en 1995, est le seul lien qui relie la France depuis l'île de la Réunion aux îles australes françaises. Un cordon ombilical indispensable vers les îles de la Possession, les Kerguelen, Saint-Paul et Amsterdam, chaque groupe étant distant l'un l'autre de 1 500 km. Il embarque ceux qui ont rêvé de ces terres du bout du monde; il débarque ceux qui ont rêvé d'en revenir avec dans les deux cas un drôle de petit pincement au cœur. Et puis recommence sa rotation... Long de 120 mètres, il est l'héritier du précédent *Marion-Dufresne* et du *Gallieni*, ces bâtiments qui transportent hommes, matériels, vivres et surtout courrier aux scientifiques, désormais les seuls occupants des lieux. Tous ceux qui vivent là-bas des mois durant œuvrent dans de multiples secteurs : géologie, océanographie, biologie végétale et animale, météorologie... Quelques fusées-sondes ont même été tirées depuis Kerguelen. Trois en 1968 par une équipe française et vingt par des soviétiques en 1974. En ces terres oubliées, on a le regard vers les terres du futur, droit dans l'espace. En 1992, une station de poursuite de satellites était installée par le CNES.

Dentelles de roches

Parfois même, la quiétude des scientifiques des TAAF (Terres Australes et Antarctiques Françaises) est troublée par le venue de bateaux de course. Le 13 décembre 1994, un étrange voilier blanc à coque ornée d'une jolie frise bleu marine, arrive en vue des Kerguelen. « C'est beau, incroyable. Ciel bas chargé de grains, falaises à pic, dentelles de roches, neiges sur les sommets... » Isabelle Autissier malgré ses avatars ne peut réprimer son admiration. Onze jours plus tôt, leader du BOC Challenge, elle avait été victime d'un démâtage. Aussitôt, une vaste chaîne de solidarité est organisée sous l'impulsion du personnel des TAAF, tous ceux qui gèrent et travaillent sur ces terre lointaines. Le *Marion Dufresne* embarque du matériel depuis la Réunion, ainsi qu'un chalutier évoluant dans la zone. Inutile de dire que ces Français reclus au bout du monde ont réservé dans leur base de Port-aux-Français un accueil chaleureux à la navigatrice. Tous, ils se sont jetés avec fougue dans la spirale des réparations, et un mât de remplacement ainsi qu'un petit espar de misaine sont mis en place. Le 16 décembre, Isabelle Autissier quitte, pavillon des TAAF dans le gréement, cette « écurie à pingouins » comme elle la surnomme affectueusement. Avec pour ces hommes, pour cette terre « sans hommes, intacte depuis le commencement » une indéfectible passion, une chaleureuse reconnaissance. Hélas, le 28 décembre suivant, *Écureuil-Poitou Charentes II* est à nouveau bousculé par la tempête, chaviré, laminé. Plus de mât, plus de rouf, Autissier s'abrite tant bien que mal dans son voilier à l'agonie, avant d'être secourue par la marine australienne le 1er janvier. Déjà quatre ans plus tôt, elle avait été victime d'un démâtage lors de son premier BOC, mais son yawl d'alors avait quitté l'Indien depuis peu. C'est dans les eaux du Pacifique que le grand mât du voilier cédait.

Tribu à l'Indien

Les naufrages en course survenus dans le sud de l'océan Indien sont nombreux. Dès la première édition de la Whitbread, course autour du monde en équipages et par escales, l'Indien décoche de sombres flèches. C'est là-bas que disparaissent deux marins : Paul Waterhouse et Dominique Guillet, balayés des bords agités de *Tauranga* et *33 Export*. Le Français portait pourtant un harnais de sécurité mais qui céda lorsque le voilier fut roulé par une déferlante. Nombre de concurrents souffrent le martyre entre Le Cap et Sydney. *Burton Cutter* menace de sombrer, un homme se casse le bras sur le *British Soldier*... jusqu'au futur vainqueur de la course, *Sayula II*, victime d'un chavirement pénible. La Whitbread ne fut jamais épargnée lors de ces traversées. Le dernier incident grave remonte à l'édition 93-94 lorsque l'Italien Brooksfield perd son safran. Une importante voie d'eau se fait jour aussitôt. Les moyens de communication ravagés par l'eau, l'équipage ne peut signaler qu'il tente tant bien que mal de colmater. Toutefois, 1,30 m d'eau envahit les fonds et le voilier menace de se briser. Détournés sur zone, *La Poste* et *Winston* assurent une présence bienfaisante pour les Italiens. Le temps se gâte alors et une tempête avec des vents de 70 nœuds s'abat sur les naufragés qui parviennent néanmoins à ramener leur voilier à bon port.

De BOC en Globe

Le BOC Challenge a dû lui aussi payer son tribut. On ne passe pas indûment dans l'Indien. Lors de la première édition, *Lady Pepperell* est roulé par une déferlante, la quille manque de s'arracher. Tony Lush demande assistance. Un autre concurrent, Francis Stoke, se détourne, repère le voilier en train de couler. Lush se jette à l'eau. Un bras se tend. Il est sauvé. Le Français Jacques de Roux chavire par deux fois et termine sans électricité. Quatre ans plus tard, alors qu'il mène sa catégorie, Jacques de Roux ne parviendra jamais au terme de cette étape. Son voilier est retrouvé vide au large de Sydney. Guy Bernardin a plus de chance. Lors des deux premiers

BOC, il est à chaque fois éjecté hors de son bateau et parvient *in extremis* à s'accrocher, à se hisser de nouveau à bord. Le dernier passage de cette épreuve dans l'Indien est marqué par les mésaventures d'Autissier. Mais en 1994, le Sud-Africain Neal Petersen y démâte lui aussi et parvient à rejoindre Le Cap sous gréement de fortune. Hélas, finalement casser un mât y est monnaie courante...

C'est là-bas aussi que Jean-Yves Terlain, lors du premier Vendée Globe, voit ses espoirs s'effondrer en même temps que son mât; c'est là-bas aussi qu'Alain Gautier, Titouan Lamazou, Philippe Jeantot... manquent tous de passer à l'eau. C'est là-bas encore que Bertrand de Broc, avec sa langue entaillée, et Alan Wynne-Thomas vivent un véritable calvaire dans le deuxième Globe. Le *Cardiff Discovery* du Gallois est chamboulé. Le skipper, alors dans sa bannette, atterrit deux mètres plus bas sur les côtes. Six se brisent dont une en plusieurs morceaux. Sa navigation devient un supplice. À terre, le docteur Chauve craint le pire : une éventuelle perforation du poumon. Finalement, le solide marin s'arrête à Hobart après dix jours de torture, à peine calmé par la morphine.

L'Indien détient sans doute le record de la difficulté. Difficile d'avancer une ou plusieurs explications. « Il faut franchir le thalweg[1] du Mozambique, ce qui est toujours délicat, explique Pierre Lasnier, routeur et météorologue. Puis ensuite la remontée des fonds au sud de l'Australie, sur le plateau continental, conjointe au fait que le passage se rétrécit à ce niveau-là avec l'Antarctique, crée un couloir où l'on constate des flux particulièrement violents. » Son homologue Jean-Yves Bernot qualifie même cette dernière zone de « plus dangereuse du monde. Entre les hautes pressions du continent Antarctique et les courants d'ouest perturbés, le conflit des masses d'air est violent ».

---

1. Creux barométrique entre deux zones de hautes pressions.

Plus souvent qu'ailleurs sur la planète, on y signale des vents de 60 à 70 nœuds. Et les vagues sont à l'avenant. Les dépressions s'y déplaçant très vite, elles accompagnent longuement la houle. « Soixante nœuds de vent pendant plus de 24 heures, reprend un troisième expert, Éric Mas, génèrent des vagues de 14 mètres! Les plus hautes dépassent les 20 mètres. Dans les creux, la vitesse du vent chute complètement. » Difficile à supporter pour un voilier car dans ces cas-là, la crête des vagues est littéralement décapitée. Pour résumer cette zone, Titouan Lamazou lors du premier Vendée Globe adopta une formule qui n'a jamais été aussi juste : « Le continent de l'ombre. »

6

TEMPÊTES DANS LES 40ᵉ

Lundi 9 décembre

Gerry Roufs avait déjà signalé le premier poisson volant de la course. Mais la tache qui encombre une bonne partie de son écran radar ne peut pas se faire mariner au citron vert. Situé le plus au sud des bateaux de tête, son *Groupe LG2* vient de découvrir le premier iceberg de cette troisième édition. Un privilège dont Gerry, pourtant québécois, se serait bien passé. Car la visibilité ne dépasse pas un mille. Le colosse de glace se situe par 47° 23′ sud et 51° 17′, et Roufs se garde bien de venir le coller de trop près. Il passe à son vent, à environ trois kilomètres. Il sort bien sûr sur le pont pour sentir l'ambiance réfrigérée qui l'entoure. Mais surtout, il vient surveiller la présence éventuelle des growlers, ces glaçons qui ont déjà frappé Yves Parlier. Heureusement, aucune trace à fleur d'eau. Alors très vite, il redescend se protéger de la tempête qui vient de se lever. La mer est énorme et les vents oscillent entre 45 et 60 nœuds. Gerry n'a plus le choix. Il doit ressortir ranger sa trinquette et dérouler un tout petit bout de son Solent. Sept à 8 mètres carrés, pas plus. Juste pour stabiliser le bateau. « C'est Beyrouth », avoue-t-il à la vacation. Angoissé, il passe la nuit à la table à cartes, l'œil sur le radar et l'anémomètre. « Quand le vent baisse à 40 nœuds, on dirait la pétole [1]. »

Christophe Auguin, qui navigue à peu près sur la même latitude mais approche de la longitude 70° est, n'est pas plus gâté. Le leader voit les dépressions se succéder au-dessus de son mât. Plus nord que d'habitude, elles le surprennent trois fois de suite avec des coups de vent violents et brutaux, dépassant allègrement les 60 nœuds. La course devient déjà de la survie. Et Auguin, malgré son expérience de deux tours du monde, cherche encore la solution idéale pour sortir indemne du piège. Un seul impératif : garder son bateau stable et équilibré. Pour cela, il remplit son ballast central, tout en maintenant une vitesse élevée. Son postulat est presque « lapalissien » : « Plus on va vite, moins on y passe de temps. »

Marc Thiercelin découvre les mers du Sud et la cruauté de l'endroit. La chute du baromètre depuis deux jours ne cesse de le surprendre. À chaque coup d'œil, la flèche est plus basse que précédemment. 1 015 hectopascals samedi midi, 972 quarante-huit heures plus tard. « Tracé très impressionnant », songe-t-il. Alors qu'il s'apprête à envoyer la trinquette dans une mer très croisée et déferlante, le vent s'affole. En tournant sud-ouest, il grimpe d'un coup à 60-65 nœuds. Dans l'instant son *Crédit immobilier de France* part comme une balle. Marc connaît bien le risque de se faire rattraper par le centre d'une dépression. Plus de 100 000 milles à son compteur personnel, et pourtant, jamais il n'a vu ou seulement imaginé une telle mer, qui se met à fumer. Une fois, deux fois, trois fois, son bateau se couche dans la nuit. En fuite, sans le moindre bout de voile, le monocoque surfe encore à plus de 13 nœuds. Son skipper n'est pas trouillard, mais là, il s'inquiète. Peur de casser. « Qu'est-ce qui m'arrive ? Comment vais-je m'en sortir ? » Il s'interroge gravement et

---

1. Calme plat en argot de coureur au large.

modifie son rythme de vie à bord pour s'adapter à la présence des icebergs. La journée est bien rythmée : de minuit à 4 heures, avec en alternance veille et tranches de sommeil de quarante minutes. De 4 h à 6 h : contrôle des réglages sur le pont et premier petit déjeuner. De 6 h à 7 h : nouvelle tranche de sommeil. De 7 h à 10 h : réception des cartes météo par fax et décodeur puis décryptage, analyse et stratégie. De 10 h à midi : deuxième petit déjeuner, réglages, check complet du pont, mise en route du moteur pour chargement des batteries et pompage de l'eau embarquée, rangement, toilette et quinze minutes de gymnastique. De 12 h à 14 h : déjeuner, manœuvres si besoin, et sieste. De 15 h à 18 h : liaison radio avec le PC parisien, contrôles avant la nuit et goûter. De 18 h à 20 h : veille optique et préparation de la nuit. De 20 h à minuit : dîner, lecture, écriture, musique et veille radar... Une journée bien remplie. La suivante débute par un splendide lever de soleil. Le ciel du pôle Sud s'embrase et se reflète dans l'océan. Marc n'en croit pas ses yeux. Il profite et photographie. Pour témoigner.

De Radiguès isolé

À mille huit cents kilomètres derrière Thiercelin, un autre marin a le temps de profiter du spectacle. L'inondation et les problèmes électriques qui ont suivi la première nuit de course plongent Patrick de Radiguès dans un isolement presque complet, avec l'obligation de barrer sept heures par jour. Une contrainte éprouvante physiquement et moralement. Mais de temps en temps, comme par miracle, ses batteries lui autorisent une courte discussion avec Catherine Chabaud, Raphaël Dinelli et Pete Goss, qui naviguent dans ses parages et s'offrent deux fois par jour des discussions privées à la radio VHF. Pourtant, en ce début de matinée, même son standard C se montre étonnamment compréhensif. Patrick n'y croit pas mais il tape quand même son premier long message pour la terre. Il lance la procédure de transmission et miracle, cela passe. « Bonjour à tous. Croyez bien que ce n'est pas par plaisir que je vous prive de nouvelles, mais il est très rare que je puisse transmettre. Je préférerais beaucoup recevoir des fichiers météo, qui m'aideraient à tracer ma route. J'aimerais bien avoir des nouvelles de vous, de ma famille, de mes amis, de ma fiancée, bref des gens que j'aime et avec qui j'aurais voulu partager cette grande aventure. De tout cela, je dois me passer, ça me manque terriblement et m'affecte profondément. À part ces problèmes de communication et mes soucis de radar, tombé du mât et que je ne parviens pas à réparer (les deux ensemble, cela va être sympa pour les icebergs), tout va bien à bord. *Afibel* se comporte à merveille et j'espère faire le tour rapidement, surtout sans stop, pour vous raconter tout en détail à mon retour. » Signé : Patrick de Radiguès.

Un troisième marin s'inquiète lors de cette journée de folie : Éric Dumont. Il est en train de se reposer sur sa bannette, les deux yeux fermés mais une oreille toujours aux aguets, lorsqu'il sent *Café Legal* partir en surf sur une vague puis se coucher en tapant violemment. Le bruit dans la soute à l'avant bâbord le fait sauter de sa couchette. Il file devant et découvre la casse. Il connaît si bien ce compartiment, il y a si longtemps galéré aux Canaries. Sa réparation vient de lâcher. Et l'eau de cet océan ignoble, balayé par un vent d'ouest de 40 nœuds, envahit à nouveau le compartiment. En une heure 100 litres sont embarqués. Il faut agir, vite. Éric ressort son bidon de résine et y trempe un tee-shirt qu'il enfile par l'extérieur dans le trou. Il fait six degrés, de la grêle tombe et Éric joint la terre pour demander de l'aide à Pascal Conq, son architecte. Abandonner ? Ou continuer ? En attendant de se décider, le Havrais fait route vers le nord pour soulager son flanc affaibli. Le lendemain, il tranche et se dirige vers Cape Town. « Désolé de couper votre rêve », lance-t-il. Le surlendemain, la bonne humeur est revenue, au sortir d'une nuit horrible passée dans le cœur d'une dépression, et il renonce... au renoncement. Éric réussit à étanchéifier la fuite, grâce à un mélange de résine, de joint Sicaflex, de tee-shirt, de plancher et de foi retrouvée. « Tant que ça tiendra, je continuerai. Le Vendée Globe, ce n'est pas une balade, c'est une course », se persuade-t-il.

Mercredi 11 décembre

C'est l'information du jour : un concurrent du Vendée Globe vient de franchir le 50e parallèle sud. Les paris allaient aussi bon train que les dépressions, depuis quelques jours. Et finalement, la surprise est venue de l'un des deux Anglais de la course. Tony l'ancien ou Pete le jeune ? C'est le blond, le cadet, qui a décidé de plonger le premier vers le sud pour raccourcir sa route. Le choix n'est pas stupide par rapport aux dépressions qui circulent en ce moment beaucoup plus nord. Et avec son petit monocoque de 50 pieds (15,24 m), Goss tient une belle moyenne horaire : 11,1 nœuds. Reste le danger des icebergs. Pete s'inquiète. À juste titre. Sans cesse, il mesure la température de l'eau. Résultat : 0°. Sur le pont, la neige tombe, réduisant encore un peu plus la visibilité. Et si la nuit s'annonce chaude, ce n'est pas par la grâce du petit chauffage de bord mais bien par la faute d'une nouvelle tempête, qui vient frapper de plein fouet le monocoque jaune de l'Anglais. Les flots déchaînés s'emparent du pont et ne le rendent que de courtes secondes, avant qu'un nouvel assaillant reparte au combat. Cette vague-là est plus vicieuse que les autres. Et, bien aidée par le vent hurlant, elle couche l'embarcation en péril. Le mât touche l'eau et refuse de se relever. Pete n'a d'autre solution que de sortir de son fragile abri. Il escalade le pont, en rampant, en s'accrochant à ce qu'il peut, en s'assurant pour éviter le drame. Au prix d'un effort dantesque, il réussit à rejoindre le pied de mât et à affaler la grand-voile. Son bateau, enfin, daigne se redresser, sans gros bobo. Juste deux lattes cassées. Au bout de trois heures de boulot intense et dangereux, *Aqua Quorum* peut reprendre sa route sous voilure réduite. Son skipper réalise alors combien le chemin est encore long et l'être humain fragile dans cet océan hostile.

Derrière, à 1 500 milles de là, son compatriote connaît lui aussi des ennuis. Sa moyenne horaire le confirme : 0,37 nœud. Philippe Jeantot s'étonne. D'autant que Bullimore ne joint quasiment plus le PC course. Silence radio total. Le doyen de la course a escaladé son mât de misaine. Et il est obligé de mettre son *Exide Challenger* totalement à sec de toile, pendant de longues heures. D'où le 0,37 nœud...

Jeudi 12 décembre

Ils sont là, ils attendent. Et n'y croient pas. Deux jours que le skipper ne les regarde pas. Tout juste s'est-il offert un repas légèrement plus amélioré qu'à l'habitude le jour J, mais depuis rien. Le désintéressement total. Et ce n'est qu'aujourd'hui que Christophe Auguin, enfin, trouve le temps d'ouvrir ses cadeaux d'anniversaire. Cartes musicales, disques laser, blagues en tout genre et champagne : rien de très original pour ce « birthday » guère folichon, le troisième en six ans à se dérouler au alentours des îles Kerguelen, si ce n'est une photo de son petit Erwan prise au départ des Sables-d'Olonne et transmise par satellite. Avec ce cadeau venu du ciel, Christophe se sent un peu moins seul et fatigué, au sortir des trois violentes dépressions qui l'ont cueilli depuis son passage sous l'Afrique et fortement ralenti sur une route beaucoup plus au nord que prévu. « 17, 27 ou 37 ans ? C'est le cadet de mes soucis en ce moment », rigole-t-il, en regardant l'écran de son ordinateur sur sa table à cartes. Trois petits pavillons y naviguent virtuellement depuis le cap de Bonne-

Espérance. Le vert, c'est Gerry Roufs, deuxième à 625 milles. Le rouge, c'est Marc Thiercelin, troisième à 1 195 milles. Et le bleu, c'est son *Geodis*, qui enfin peut pénétrer à son tour dans les 50ᵉ hurlants, avec une belle avance « mais qui ne met pas à l'abri de tout ». Christophe a 37 ans depuis deux jours mais il s'est bien gardé d'en tirer le moindre bilan philosophique. « On verra tout cela à l'arrivée », se promet-il.

À distance respectable du leader, Catherine Chabaud pénètre à son tour dans l'océan Indien. Elle y est accueillie, comme les autres, par le mauvais temps mais aussi par un albatros, qui se pose sur son pont rouge et l'accompagne quelques milles. Catherine essaye de l'apprivoiser, lui tend de la nourriture mais l'oiseau s'envole. Et revient quelques heures plus tard. Toujours aussi paisible. Alors le skipper de *Whirlpool-Europe 2* tente de le charmer autrement. En chanson. Sans succès. « Je lui ai demandé son nom mais il ne m'a pas répondu », rigole Catherine à la vacation. « Il est tellement paisible que je pense qu'il est la réincarnation de Bernard Moitessier. » La grande blonde est toujours aussi heureuse et n'oublie pas de prendre soin d'elle. Élément vital à son bord : la nourriture. Le menu d'une journée fait saliver : porridge chaud, thé, vitamines et un fruit frais au petit déjeuner ; plat chaud cuisiné d'Aucy, genre petit salé aux lentilles, chili con carne, raie aux câpres ou blanquette de veau à midi ; thé, café ou chocolat avec un gâteau au goûter ; grignotage fromage, pâté ou soupe en sachet à 18 h ; plat lyophilisé ou produit frais déshydraté, style porc niçois, puis dessert-crème ou yaourt au dîner ; soupe, barres de céréales et fruits secs dans la nuit. Catherine a de l'appétit.

Elle n'est pas la seule. Sous un joli ciel de traîne, entouré par ces centaines de pétrels, Bertrand de Broc s'approche des îles Crozet. Le décor est digne d'une carte postale. Et entre deux séances de vidéo, le Breton replonge dans son pot de Nutella. Sur les huit qu'il a embarqués en Vendée, quatre ont déjà été engloutis. Et la réserve de tablettes de chocolat noir diminue à vue d'œil. Il en ouvre une et ne peut plus résister. Comme il y a quatre ans. Et pourtant, malgré cette cure de chocolat, le marin de *Votre nom autour du monde* pense avoir maigri d'un ou deux kilos.

Vendredi 13 décembre

Jour de chance ? Jour de malheur ? La terre se réjouit ou s'inquiète à l'aube de ce vendredi 13. Au large de l'Antarctique, une vaste dépression enveloppe l'ensemble de la flotte. Si les bateaux de tête bénéficient de vent de nord-ouest de 30 à 35 nœuds, ceux de derrière reçoivent une brise d'ouest plus soutenue, le dernier peloton devant gérer un flux de sud-ouest. Et l'océan, fidèle à cet allié invisible, se met en action pour punir les imprudents qui viennent chasser dans ses eaux. La légendaire houle des mers du Sud débarque. Dix mètres de creux sous l'étrave des bateaux du Globe qui dévalent les déferlantes, le pont en permanence balayé lors de ces impressionnantes séances de toboggan. Les vitesses s'emballent et les bateaux finissent par se coucher, épuisés de lutter contre l'élément liquide. Éric Dumont plonge au cœur de la grande aventure. Le Havrais est en fuite. Depuis deux jours, il n'a pas quitté son ciré et ses bottes. Toujours prêt à intervenir et à vérifier le flanc bâbord blessé. Le voilier qui se fait rouler dans les montagnes russes, le gréement qui gémit dans la brise déchaînée, la trouille qui envahit l'esprit fatigué, la vie à bord tourne à la survie. Et Éric a du mal à trouver le sommeil, lorsqu'il s'allonge quelques instants, à même le sol, une voile humide pour oreiller.
Christophe Auguin a entamé sa descente « raisonnable » vers le sud. Il redécouvre les inconvénients du lieu : quatre degrés dehors, cinq à l'intérieur et des sorties sur le pont qui deviennent pénibles et raccourcies au strict minimum. Seul petit plaisir : barrer pour profiter de ces

longs surfs qui propulsent le bateau en bas de la déferlante à plus de vingt nœuds. L'atterrissage n'est malheureusement jamais tendre. Le leader sait qu'il faut préserver le bateau mais aussi son skipper. L'alimentation change en conséquence : quatre repas par jour dont deux petits déjeuners et de nombreuses boissons chaudes.

Gerry Roufs, bien calé derrière le leader, apprécie lui aussi cette houle généreuse. À la fois fasciné et inquiet par la magie des Cinquantièmes. Au large des Kerguelen, le Québécois sort sur le pont et pense rêver. Mais non, c'est bien un phoque qu'il aperçoit en train de nager. « Brigitte Bardot ne me croira jamais, mais c'est moi un Canadien qui vous le dit : il en reste au moins un », lance-t-il à la vacation quotidienne.

Samedi 14 décembre

C'est la blague favorite de Philippe Jeantot : « Dis donc, tu n'es pas dans la cabine téléphonique d'à côté ? » Le marin rigole et répond : « Attends, j'ouvre la porte pour voir où je suis... » Christophe Auguin a tout compris. Plutôt que de galérer sur les ondes encombrées et « friturées » de la BLU, le skipper de *Geodis* décroche le combiné de son téléphone par satellite (standard M), compose le numéro de Paris et débarque comme s'il se trouvait... dans la pièce voisine. Avantage de cette communication nouvelle génération : une confidentialité à toute épreuve.

Le leader n'est pas du genre paranoïaque. Pourtant, il aime la tranquillité, tout autant que la discrétion. Presque trop. Les médias ont eu, il est vrai, de quoi s'occuper avec les casses à répétition de ses rivaux les plus dangereux. Et Auguin, sans bruit excessif, en a profité pour tailler la route, bien à l'abri d'un bateau fiabilisé et d'une pression médiatique démesurée. Mais aujourd'hui, Christophe craque et décide de capter tous les regards dans sa grand-voile blanche immaculée. Son monocoque détenait déjà deux records de vitesse sur vingt-quatre heures : en solitaire (350,88 milles, 14,62 nœuds de moyenne) et en équipage (447,5 milles à 18,64 nœuds). À cet instant, placé idéalement juste devant un front froid, il bénéficie de conditions parfaitement stables (25-30 nœuds au portant) sur l'océan Indien légèrement ridé mais pas trop (3-4 mètres de creux).

Auguin ne fait qu'un passage éclair sur le pont : dix minutes à peine pour barrer et sentir si le bateau porte la bonne voilure. La configuration « trinquette, grand-voile à un ris » le satisfait pleinement et il rentre se protéger à l'intérieur de son carré. Car à vingt nœuds, sur une eau devenue béton, les mouvements du bateau sont assez brutaux pour rendre interdite la position debout et dangereuse la station assise.

Pourtant, depuis la veille, le Granvillais ne quitte pas d'un œil son speedomètre (indicateur de vitesse du bateau). En route vers le cap Leeuwin, la pointe sud-ouest de l'Australie, il a décidé d'appuyer sur le champignon. Sans quitter pour autant sa route idéale. Et à 12 h 16, le premier record est établi : 372,1 milles en vingt-quatre heures. Il sait qu'il peut faire encore mieux. À 14 h 41, le meilleur temps de l'histoire de la course au large en monocoque solitaire tombe : 374 milles à 15,58 nœuds de moyenne ! Soit 693 km à 28,86 km/h, un Paris-Bordeaux... L'exploit est magnifique. Et le skipper se réjouit, à 22 h 00, de doubler le deuxième cap de son tour du monde. « Il n'en reste plus qu'un avant la maison. » Le Horn, au sortir d'un Pacifique semé d'embûches glacées et cassantes.

Dimanche 15 décembre

Autre journée de bonnes nouvelles. À 6 h du matin, Thierry Dubois achève au Cap son épuisant convoyage et lance immédiatement les réparations de son safran brisé.

Yves Parlier, toujours en route vers l'Australie, récupère enfin 25 litres d'eau dans sa grand-voile, alors qu'il avait largement entamé ses cinq derniers litres. Patrick de Radiguès en termine avec douze heures d'équitation sur sa bôme, passées à recoudre sa grand-voile déchirée. Seul malheureux : Pete Goss qui, GV affalée, sans la moindre bouffée d'air, avance à « 0,0 nœud » et localise un iceberg « gros comme un cargo ».

Lundi 16 décembre

Gerry Roufs n'est pas une mauviette, loin de là. Pourtant, ce matin, une douleur sournoise envahit sa bouche. Insupportable à terre, le mal de dents devient une calamité en mer. Le Québécois n'a pas oublié la mésaventure survenue à Guy Bernardin dans le premier Globe, obligé de s'arrêter en Tasmanie pour se faire arracher une dent douloureuse. Gerry est prêt lui aussi à se taper la tête contre le mât et, à 5 h 30 du matin, il réveille Jean-Yves Chauve, le docteur à tout faire de la course. « Doc, j'ai mal jusque dans ma montre », lui confie Gerry. La consultation par radio ne s'éternise pas. Car la dent blessée est vite localisée et le remède rapidement trouvé. Devant sa petite glace, il remarque que le plombage de l'avant-dernière molaire en bas à droite a sauté. Il faut boucher le trou. Un petit coup de désinfectant, puis du ciment, il tasse le tout, dans des creux de quatre mètres. Et miracle, cela tient. « J'aurais pu mettre du Sicaflex », glousse-t-il.

Marc Thiercelin n'a pas le cœur à rire. Car lui aussi a mal. À la molaire numéro 16. Avec un petit miroir de dentiste, il tritouille. Les symptômes sont simples : douleur à la pression, insensibilité au froid et au chaud. Dans son malheur, Marc a de la chance, car un chirurgien dentiste est venu assister à la vacation du jour. Et dans l'instant, le diagnostic est établi : tassement alimentaire. Marc est rassuré. Avec des bains de bouche et un fil dentaire, tout cela sera vite oublié.

Mercredi 18 décembre

L'océan Indien s'était calmé pour mieux rebondir. Première cible : Patrick de Radiguès. Il fait nuit lorsque tout à coup, le vent s'emballe brutalement et fait empanner *Afibel*. Roulé et couché sur le côté, mât dans l'eau, il y reste. Le Belge est réveillé en sursaut. Il tombe de sa bannette et se précipite dehors mais il est déjà trop tard. Patrick se retrouve en chaussons, les pieds dans l'eau. Il libère les bastaques, sectionne le hale bas et la retenue de bôme, enroule le génois, et enfin le bateau accepte de se remettre d'aplomb. À l'intérieur, c'est l'apocalypse. Foutoir géant et détrempé. Il doit écoper les paquets de mer qui ont envahi l'habitacle. Et malgré trois couches de fourrure polaire, il n'arrive pas à se réchauffer. Seul concurrent navigant sur un bateau en aluminium, il souffre tellement du froid qu'il a déjà épuisé sa réserve de gaz pour le chauffage.

Un souci que Catherine Chabaud a oublié. Trois jours qu'elle n'a pas enfilé son ciré et navigue sous spi asymétrique dans un vent modéré. Le retour à la dure réalité du Grand Sud est d'autant plus terrible. 50 nœuds à l'anémomètre, il faut sortir réduire la grand-voile. Catherine est au pied du mât lorsqu'elle voit arriver la vague par le travers. Elle ne met pas longtemps à comprendre le danger. Cela ne rate pas. Son *Whirlpool-Europe 2* part en vrac sur la déferlante et se couche à son tour. Elle sert l'espar entre ses bras comme s'il s'agissait de son premier amoureux, en attendant de longues secondes qu'il veuille bien se redresser. Enfin, elle peut le lâcher et aller constater les dégâts. La liste est impressionnante : bôme du mât d'artimon arrachée, bas de la grand-voile déchiré, chariot d'écoute de GV cassé. À l'intérieur, ce n'est guère mieux : standard C en panne, pot de confiture collé au plafond et bouteille d'huile d'olive renversée sur la table à cartes. Trois jours plus tard, Catherine se remettra à peine de ses émotions qu'un nouvel empannage forcé allongera la liste de la casse : éolienne arrachée, poulie de chariot de grand-voile explosée et deux bidons de 10 litres d'essence renversés dans la soute à voiles.

Malheur en mer, désespoir à terre. Thierry Dubois pensait bien en avoir terminé avec la « scoumoune ». Mais sur les quais de Cape Town, elle s'acharne. D'abord la mèche du safran cassé qui refuse de quitter son logement pendant une journée et demie. Il faut découper, percer, limer et extraire, le tout dans le compartiment arrière surchauffé, avec cinquante centimètres sous plafond. Ensuite la météo qui annonce du méchant sud-ouest, virant sud puis sud-est. Alors Thierry doit patienter jusqu'au lendemain 14 h 30, avant de pouvoir reprendre la mer. 40 nœuds à l'entrée du port. « J'avais hâte de repartir, mais je me demande encore quelle galère il va m'arriver », confie-t-il. S'il savait...

Jeudi 19 décembre

Personne n'est à l'abri. Car l'océan frappe toujours aveuglément. Et une voile de leader n'a jamais réussi à l'attendrir. Bien au contraire. Pourtant ce matin, Christophe Auguin n'est guère inquiet. La mer est certes un peu croisée mais vraiment pas violente, comme le vent qui oscille entre 30 et 40 nœuds. *Geodis*, sous grand-voile réduite au troisième ris et trinquette, tape légèrement dans les creux de quatre à cinq mètres, mais rien d'affolant. Alors son skipper en profite pour s'offrir quelques instants de repos. La sieste d'après petit déjeuner va tourner court. Christophe songe à se lever lorsque, soudain, il entend un grondement, à une dizaine de mètres de son bateau. Il a tout juste le temps de réaliser qu'il se retrouve la tête en bas, le plafond plein d'eau de l'évier. Il s'accroche à sa couchette. Et au bout de cinq secondes, le bateau se redresse. Sans gros dégât apparent. Le gréement, couché du bon côté du vent, n'a pas souffert. Les voiles non plus, qui ont touché l'eau en douceur. Seuls le gyrocompas électronique et le standard C en ont perdu la boule provisoirement. Quant au marin, il cherche à analyser la provenance de cette vague isolée qui vient tout simplement de retourner son bateau comme une crêpe de la chandeleur. Phénomène sismique ou petit raz de marée provoqué par le basculement d'un iceberg dans la mer ? Il penche plutôt pour la seconde solution. Car depuis, la mer a repris son rythme normal et le bateau sa vitesse de croisière, sans toucher aux réglages.

Plus de peur que de mal pour Christophe, quand même choqué par ce chavirage surprenant. Deux tours du monde déjà à son actif et jamais il n'avait vu cela. Lui qui prenait déjà le maximum de sécurité sur le pont, s'attachait systématiquement avec le harnais par un bout d'un mètre et surveillait les vagues traîtres va encore multiplier les précautions. « Depuis que je suis papa, j'ai envie de revenir », avoue-t-il.

Isabelle Autissier n'est pas encore maman, mais elle aussi a droit à son lot d'émotion. Deux vracs en moins de vingt-quatre heures. Le premier, par sa faute : elle accroche la commande de pilote en revenant d'une manœuvre. Le deuxième, sans raison : c'est le pilote tout seul qui décroche sur une énorme vague. Le résultat est le même : grosse inondation à bord de *PRB*. Ce qui n'empêche pas Isabelle de doubler Bertrand de Broc, tout étonné de la retrouver déjà là, après son stop sud-africain. Plongé dans *Les Aventures d'Arthur Gordon Pym*, le Quimpérois apprend plein de choses sur les Kerguelen, qu'il double au loin, sur fond de Vivaldi.

Vendredi 20 décembre

Frayeur sur le Vendée Globe, qui manque de perdre l'un des siens. Le vent dépasse les 50 nœuds, la mer est mauvaise au large des Kerguelen. Patrick de Radiguès vient juste d'affaler sa grand-voile, lorsque les lazy-jacks cassent. Sa bôme plonge dans l'eau et il doit se battre pour essayer de la remonter à bord. Dos au sens de la marche, il ne peut plus voir venir les vagues et anticiper. L'une d'elles est assez forte pour submerger le pont et l'attraper par surprise. Elle le projette en arrière. Un vrai looping et un atterrissage dans l'océan. Patrick le motard a l'habitude de chuter. Mais là, lorsqu'il se sent partir, il a vraiment peur. Heureusement, les dieux sont avec lui ce jour-là et, au sortir de son tonneau, en tombant dans l'eau glacée, il attrape la filière, qui se rompt sous son poids. Tout en s'y accrochant, bras tendus, il prie pour qu'elle ne cède pas plus. Il hurle : « Je ne te lâcherai jamais, salope... » La filière obéit et, au prix d'un effort quasi surhumain, Patrick réussit à se hisser à bord. Il tremble de froid et de peur, mais il est vivant. Un miracle ! Il fonce se réfugier dans son sac de couchage et réalise son erreur. « Patrick, tu es un con. » Choqué et frigorifié, il a toutes les peines du monde à se réchauffer. Nouveau miracle : il découvre dans le paquet cadeau du jour, bien enveloppée, une paire de charentaises. Il trouve aussi son harnais, qu'il se décide enfin à sortir des oubliettes. « C'est déjà un bon pas », marmonne-t-il... sans l'enfiler.

Samedi 21 décembre

Il est aux environs de 15 h lorsque Christophe Auguin franchit la barre mythique de la mi-course. À cet instant précis, chaque vague, chaque embrun, chaque souffle le rapproche de la maison. « Auguin, un demi-tour », titre *L'Équipe*, un rien provocateur. À bord, le leader du Vendée Globe ne lit pas le quotidien sportif mais plutôt les cartes que lui crache à intervalle régulier son fax météo. Il vient d'éviter une zone de calme mais craint l'arrivée prochaine d'une dépression. « C'est là, entre l'Australie et la Nouvelle-Zélande, que de nombreux fronts viennent terminer leur vie et que d'autres voient le jour », témoigne Christophe, qui s'offre pour le déjeuner une assiette de frites, en l'occurrence des pommes de terre déshydratées trempées dans la graisse d'un confit de canard. Léger ! 882 milles d'avance sur Gerry Roufs, neuf jours de mieux que Titouan Lamazou : le leader se porte à merveille. Seule inquiétude : la disparition, lors de son chavirage, de sa chaussure gauche d'intérieur, ce qui l'oblige à rester en permanence en bottes. Pas vraiment un handicap à l'instant de traverser le plateau continental de la Nouvelle-Zélande, où les fonds remontent de 4 000 à 90 mètres et créent une mer courte et croisée, avec des vagues pyramidales qui finissent par dérégler le parallélisme des safrans de *Geodis*. Rien de dramatique, et son skipper peut tirer un bilan largement positif à mi-course : « Le bateau est en parfait état, toutes les voiles et les cordages aussi. Je n'ai connu aucun souci majeur, j'espère que cela va continuer. » Sérénité absolue.

Lundi 23 décembre

Noël approche, mais les préoccupations des marins sont bien éloignées des festivités terrestres. Hervé Laurent, quatrième au classement, n'a plus mal à l'orteil de son pied gauche, fêlé fin novembre. Mais avec le retour du vent et des vagues, *Groupe LG-Traitmat* reprend sa « danse du ventre », multipliant les embardées et obligeant le skipper à réduire sérieusement la cadence pour voguer à peu près droit. Nerveusement, Hervé souffre de sentir son bateau balancer de droite à gauche, comme un punching-ball. Les séances de sophrologie effectuées à terre trouvent à présent toute leur justification.

Marc Thiercelin possède un bateau qui tient mieux la route. Mais en sortant sur le pont, au lever du jour, son sang se glace. Toute la nuit, il a neigé. Mais c'est un ciel dégagé et un grand soleil qui l'accueillent. Il regarde à l'horizon et découvre un « gros machin blanc d'environ cinq cents mètres, avec un pic au milieu ». Un iceberg, sur son tribord, à trois ou quatre milles. Marc sort son appareil photo pour immortaliser l'instant, mais surtout il recherche la présence de growlers. La température de l'eau est négative. – 1° ! Angoissant. Pour se rassurer, il rentre à l'intérieur allumer son radar. Mais sur l'écran noir, seul l'écho vert des vagues apparaît. Aucune trace de l'iceberg qu'il est en train de longer. Marc tourne les boutons dans tous les sens, affine les réglages. Toujours rien. Il passe une bonne partie de la journée à essayer de comprendre. Puis il ressort, juste avant la tombée de la nuit, et tombe sur un deuxième iceberg. Celui-ci est petit. Cinquante mètres pas plus. « Honnêtement, je flippe », reconnaît-il, avant de débuter une longue nuit de veille. Heureusement, il ne sera pas seul. La pleine lune va l'aider.

Mardi 24 décembre

Éric Dumont n'en croit pas ses yeux. Là, au beau milieu de ses cadeaux de Noël, il vient de découvrir une boîte de pâté de... Non, il ne peut pas le dire. Il tremble de tout son long. « J'en ai carrément froid dans le dos, devinez... de la bestiole aux grandes oreilles. Aïe, aïe, aïe, c'est très grave ce machin-là », avoue-t-il, avant de balancer à la mer cette boîte encombrante, sans même l'ouvrir. Puis, il entame une fouille complète de son monocoque, à la recherche d'une autre trace de Bugs Bunny en morceaux [1]. Éric le superstitieux comprend mieux toutes les galères vécues depuis le départ. Et, débarrassé de son encombrant fardeau, il se sent tout à coup libéré et plus léger pour profiter de son réveillon de Noël. Une barquette de poulet aux

---

1. Le mot « lapin » est tabou à bord d'un bateau. Il porte malheur. Une vieille légende explique que certains navires en bois ont sombré, ravagés par des rongeurs qui avaient été embarqués...

pleurotes, un petit bloc de foie gras, un flan de saumon et deux verres de vin rouge finissent de lui tourner la tête. Éméché et euphorique, Éric se met à danser sur de la musique brésilienne.

Christophe Auguin a choisi un autre style, les bruits de la forêt, qui collent parfaitement à son repas de réveillon : haricots secs, oignons, ail et échalotes, accompagnés de foie gras et de champagne. Les cadeaux étiquetés « Noël » suivent : guirlandes, étoiles, bande dessinée sur les galères d'un jeune père de famille, album photo dédicacé et légendé... Le leader, qui vient de laisser la Nouvelle-Zélande dans le sillage, a une chance unique au monde : celle de pouvoir vivre deux journées de Noël consécutives en franchissant l'antiméridien 180°, la ligne où les bateaux changent de longitude (d'est en ouest) et recalent leur calendrier. Loin de là, Thierry Dubois qui n'a « jamais aimé Noël à terre » et Hervé Laurent qui « se tape complètement de l'arrivée du petit Jésus » ont réduit au strict minimum les festivités. Mais comme les autres, ils ont été touchés par les photos, les cassettes, les objets de famille trouvés dans leurs cadeaux.

Alors, tous, ils ont allumé leur micro-ordinateur et tapé un message doux pour la France. Les plus courageux ont aussi décroché le micro de leur radio et plongé dans les ondes encombrées de la BLU. « Je te reçois mal... Oui je t'aime et je te souhaite un bon Noël. » L'intimité est limitée. Des centaines de navires à travers la planète sont également à l'écoute. De l'autre côté de la ligne, les femmes et les familles tendent l'oreille vers le large et lèvent leurs verres à la santé de ces marins qui les ont abandonnées depuis bientôt deux mois. « Embrasse tout le monde de ma part. » Ils se quittent. Tristesse à terre, émotion en mer. Les minutes qui suivent sont longues et pénibles. Retour à la solitude glacée. Bertrand de Broc vient de remercier sa compagne Isabelle pour ses sucres d'orge, son livre *Le Seigneur des anneaux*, ses petits personnages en bois qui s'accrochent partout et ses photos Polaroïd qui la mettent en scène dans des tenues les plus diverses et suggestives. Et là, le cœur se serre.

Celui de Parlier vient de toucher terre à Fremantle. Soulagé et surpris de découvrir un Noël si ensoleillé. Après trois heures de vérification, les douanes australiennes posent des scellés sur la nourriture et la pharmacie. Yves peut aller s'offrir une bonne douche. Avant de s'attaquer à la remise en état complète de son bolide meurtri. À chacun son plaisir. À chacun sa mer Noël...

7

DINELLI-GOSS, LE SAUVETAGE DE L'EXTRÊME

Mercredi 25 décembre

Raphaël Dinelli tourne et retourne les fichiers météo en provenance de France et d'Afrique du Sud. La situation semble claire. Au nord de sa position : un anticyclone. Très au sud : une dépression. Et juste derrière lui : un front froid, qui le rattrape et engendre une traditionnelle mais franche bascule des vents de 110°, en les dopant jusqu'à 40 nœuds. Rien d'exceptionnel, ni vraiment d'inquiétant. Alors, après l'empannage prévu, il s'offre quelques douceurs pour fêter ce premier Noël passé loin de Virginie et de sa « puce ». Il ouvre la caisse réservée pour les fêtes de la fin de l'année et plonge dans les plats de « belle-maman ». Il déguste le foie gras et les cèpes puis ouvre ses cadeaux : baladeur laser, CD, peluches et plein de petits mots de tous ceux qu'il aime. Il tente de les joindre, via Saint Lys Radio, mais en ce soir de fête les antennes toulousaines saturent. Raphaël se rabat sur son standard C. La douceur familiale qui envahit son habitacle ne va pas tarder à s'estomper. Car, assis devant sa table à cartes, sur un siège de Renault 21 turbo entièrement refait avant le départ, il voit le vent grimper, avec une virulence étonnante par rapport aux prévisions. La nuit du réveillon est définitivement gâchée.

Raphaël doit sans cesse surveiller les instruments et

monter sur le pont pour réduire la toile. La grand-voile plonge à trois ris, le Solent cède la place à la trinquette, elle-même rapidement remplacée par le tourmentin en tête de mât. Mais rien n'y fait. *Algimouss* s'emballe sur cette mer qui se met, elle aussi, au diapason. Courte, hachée, méchante, hurlante. Raphaël ne le sait pas encore, mais la dépression située au sud vient de se creuser sans prévenir, passant de 984 à 965 hectopascal. Et il se retrouve bel et bien pris au piège météo, enlacé dans ces isobares qui se resserrent d'un seul coup et musclent la brise.

Sur l'eau, la situation devient vite infernale. 40, 50, 60 et même 70 nœuds de vent. Près de 130 km/h ! Le bateau est ballotté dans tous les sens. Il heurte une vague à gauche puis une autre à droite. Il écume, comme un pitbull enragé. Et il finit, comme toujours, par se coucher devant la puissance des éléments. Une première fois. Puis une seconde. De longues minutes, la tête de mât bien dans l'eau. Heureusement, il se redresse, mais les dégâts à l'intérieur sont légion. Tout a volé, les cartes marines, les disquettes informatiques qui baignent dans les fonds détrempés et même la table à cartes, à moitié fendue. Le skipper, touché physiquement, s'angoisse. « Quand est-ce que cela va s'arrêter ? C'est *Apocalypse Now* ! »

Un bateau sûr

Lui qui prenait enfin du plaisir, après un premier mois de course passé la tête dans la boîte à outils. Lui qui au large des Kerguelen, par une brise de 50 nœuds, avait poussé son navire jusqu'à l'extrême limite du raisonnable pour à la fois tester sa capacité de relèvement et se rassurer. Lui qui n'avait cessé de travailler sa sécurité et d'affirmer que, dans ce domaine, il disposait du bateau le plus au point, après le changement de la quille, de la bôme, des haubans, des barres de flèche. Lui qui entendait, sans se réjouir, les marins voisins annoncer leurs soucis de matériel, alors qu'il sortait enfin de la galère. Lui qui s'était fixé avant tout comme objectif de se glisser « en douceur » dans les cinquantièmes et d'attaquer « après le cap Horn ». Lui, au sortir de cette nuit d'enfer, peine pour simplement affaler le tourmentin, obligé de s'attacher, s'appuyer, ramper et surtout lâcher la commande du pilote automatique.

Sa mission accomplie, Dinelli vient se poser quelques instants devant la table à cartes pour souffler. Il décide de commander des fichiers météo au centre toulousain de Météo France et d'envoyer des nouvelles à terre. Il allume son portable et se met à taper un message avec toutes les peines du bout du monde. 25 décembre, 6 h 46 temps universel [1]. « *Algimouss,* Raphaël Dinelli. Vent plus de 60 nœuds et des rafales terribles 70 nœuds. Deux chavirages, resté couché plusieurs minutes. Beaucoup de dégâts intérieur. Tout en vrac complet. Sur le pont ? Le mât est toujours là. Pour moi tout va bien, sauf gros choc sur jambe droite. La mer est blanche, ça fume de partout. C'est pas fun du tout. À sec de toile, 18 nœuds dans les surfs et le bateau se couche encore. À plus tard pour plus d'info. »

D'info, il n'y en aura plus. Jamais. Devant l'urgence et ce bateau qui, vierge du moindre centimètre carré de toile, part dans des embardées de plus en plus incontrôlées, Raphaël songe à installer à l'arrière une ancre flottante pour réduire fortement la vitesse dans ces surfs fous. La coopérative maritime d'Arcachon, qui l'a soutenu, lui en a offert deux grosses prévues pour des bateaux de tonnage bien supérieur. Juste avant de remettre son ciré pour sortir, il finit de transmettre son télex à Virginie et à Jeantot. L'avis de réception affiche OK. Pourtant c'est bien le KO

---

[1]. Temps universel : plus une heure en France et plus sept heures dans le sud-ouest de l'Australie. Pour une meilleure compréhension du récit, toutes les indications horaires se font désormais en heure TU.

qui le guette. Raphaël racontera la suite dans de longs fax envoyés au PC course et au *Figaro Magazine*, qui remportera au nez et à la barbe de *Paris Match* la course à l'exclusivité : « Les mains encore sur le clavier du portable, le bateau part au surf, sans doute sur une vague exceptionnelle. Mes yeux fixent le speedomètre et, en quelques secondes, le GPS[1] affiche 26 nœuds. Ce qui doit faire sûrement plus de 30 nœuds. Et dans la foulée, au bas de la vague, celle-ci avec une force terrible retourne complètement le bateau par le côté bâbord en une poignée de secondes. Le choc est très violent, je me retrouve complètement chaviré et fixé au siège, qui finit par s'arracher. Je m'écrase dans un fracas de folie au plafond devenu plancher. »

Raphaël se relève, sonné. Il se tâte. Entier ! Mais il met un bref instant à réaliser la gravité de sa situation. Pas besoin de cartes pour connaître les distances. Deux mois qu'il baigne dedans. La terre la plus proche ? l'Australie à plus de 2 150 km. Catherine Chabaud ? à 750 km dans son nord-ouest. Pete Goss ? à 280 km dans le sud. Patrick de Radiguès ? à 150 km à l'ouest. Seul, il est complètement seul au cœur de cet océan déchaîné. « Je m'aperçois alors que, dans le chavirage, le mât s'est brisé dans sa partie basse et qu'il a perforé la coque dans la soute à voiles. Le bateau ne peut pas se redresser tant qu'il est encore à la verticale. Avec la force des vagues, il commence son va-et-vient et fracasse à chaque fois une partie du pont. Très vite, il arrache le panneau de la soute et prend de plus en plus d'angle, ce qui est bon signe pour redresser le bateau. Je me souviens d'une discussion avec Marc Lombard, l'architecte, à ce sujet-là. Seul problème : la voie d'eau est de plus en plus importante. Mais avec mes six cloisons étanches, je suis très confiant. »

---

1. Positionneur par satellite.

Appel au secours

Il n'y a pas si longtemps, l'Arcachonnais était encore professeur de voile. Les gestes qui sauvent une vie, il les connaît par cœur. Alors il enfile sa combinaison de survie, prépare le container de secours et remplit deux sacs étanches avec les balises Argos, de l'eau et le reste de l'avitaillement prévu pour la semaine, riche en qualité et en quantité. Au moins, il ne mourra pas de faim. Ni de la chute des lourdes batteries, qui sont heureusement bien fixées audessus de sa tête. Mais Raphaël n'est pas au mieux, le contrecoup psychologique : « J'ai un gros coup de barre et, après avoir rebouché le réservoir de gas-oil, je me mets à vomir tout ce que je peux et bien plus. Le constat n'est pas très rassurant. Dans la violence du choc, les caisses de nourriture ont brisé les tubes de protection des drosses de barre [1]. Et l'eau commence à s'infiltrer très sérieusement dans la soute arrière. Après avoir fait le tour, je ferme tous les hublots et je me retranche dans le carré principal, avec le matériel de survie. Mais catastrophe, les hublots du roof se sont fissurés aussi dans le crash et l'eau monte à une vitesse effrayante. Mes trois pièces les plus volumineuses, la soute à voiles, le carré et le compartiment arrière sont déjà à moitié pleines. »

Dinelli commence à s'interroger sur la capacité réelle de son voilier à se redresser, alors qu'il ne peut plus en sortir sous peine de se retrouver en apnée dans des vagues monstrueuses à 2°. La décision est délicate à prendre, mais le temps passe et l'eau réduit son espace vital. Finalement, après mûre réflexion, Raphaël s'empare de deux balises Argos, il dévisse leur capuchon et pousse les boutons sur la position « détresse ». Un acte grave que cet appel au secours en plein milieu de l'océan Indien. Mais il n'a pas d'autres solutions. « Je déclenche mes balises à l'intérieur

---

[1]. Câbles reliant la barre aux safrans.

en sachant forcément que le signal ne passe pas à travers la coque. Je suis condamné à espérer que le bateau se remette à l'endroit en regardant le mât par le hublot de cloison. La mort commence à faire son apparition dans mon esprit. Mais, avec détermination, je lutte contre. Finalement, au bout de trois heures, le mât se libère de la coque et, sous l'effet de la houle, le bateau se redresse pour mon deuxième roulé-boulé, mais ce coup-ci dans la flotte. Je peux enfin sortir sur le pont pour déclencher ma première balise de détresse, fixer la deuxième sur le balcon opposé à la première et m'attacher la troisième, l'Argos-GPS, sur la poitrine afin de surveiller le signal. »

Il est 11 h 19 à l'heure solaire lorsque le message d'alerte, via le satellite, arrive à Toulouse. Les responsables de CLS-Argos préviennent dans la demi-heure le PC course à Paris et le Centre régional opérationnel de surveillance et de sauvetage basé à Étel, dans le Morbihan, qui transmet l'information à son homologue australien, le MRCC. La terre a bien reçu le double SOS. Raphaël ne le sait pas. Mais la grande chaîne de solidarité, instantanément, s'est mise en branle. À 12 h 20, le patron du Globe envoie un premier télex à Patrick de Radiguès, situé à 82 milles du Français. Mais le bateau du Belge n'accuse pas réception. À 12 h 50, la même missive part en direction de Pete Goss, pointé à 150 milles.

À 13 h 03, le troisième signal de détresse de Dinelli parvient au PC. Sa position : 49° 15' sud, 100° 09' est. Le doute n'est plus permis. L'angoisse gagne du terrain à chaque minute. Seule certitude : Raphaël est en grand danger.

À bord d'*Algimouss*, Dinelli ne met pas longtemps à comprendre qu'il vient de perdre de précieuses heures. Car même à l'endroit, son bateau continue de se remplir. Il faut agir, et vite. « Je sors le radeau de survie sur le pont et je le gonfle, puis je l'attache avec le bout prévu pour cela et, par sécurité, je rajoute deux points de fixation supplémentaires. J'y installe tout le matériel que j'ai pu regrouper. Le bateau est maintenant aux trois quarts plein, d'une eau presque gelée. Je cherche avec les pieds mes trois scies à métaux pour libérer le gréement, qui gît à bâbord. C'est tellement le vrac, j'ai si froid que je stoppe les recherches et laisse tomber l'histoire des haubans. J'essaye d'écoper avec un seau mais je comprends très vite qu'il vaut mieux économiser mes forces. Le bateau commence à bien s'enfoncer par l'arrière. Je décide de prendre quelques instants de repos avant la nuit en m'installant assis sur la cuisine. »

Goss se déroute

Exactement au même moment, avenue de la Grande-Armée, débute la vacation du jour. Philippe Jeantot ne traîne pas pour annoncer la nouvelle : « Raphaël Dinelli est en détresse. Que tous les skippers se trouvant à proximité ou à l'ouest de sa position se détournent pour le rejoindre. Que les autres, qui ne peuvent intervenir, relaient ce message par radio. » Fidèle d'entre les fidèles à cette liaison quotidienne, Chabaud confirme rapidement qu'elle craint une panne de standard C sur l'*Afibel* de Radiguès. Goss n'intervient pas mais, à 15 h 06, il adresse un fax à Jeantot : « Philippe, j'ai 55-60 nœuds de vent. Mer très vicieuse. Je viens de chavirer trois fois à nouveau. Je ne peux pas faire la route directe. Ici, c'est très mauvais. » Deuxième message à 15 h 40 : « Je viens d'empanner et je fais du mieux que je peux. Soit assuré que je tente le maximum. Je fais un cap au nord. On continue à se battre. » La litanie continue peu après. 15 h 59 : « J'essaye de remonter le maximum dans le vent. Raphaël avance-t-il un peu ? Tiens-moi régulièrement au courant de sa position. » 16 h : « Philippe, peux-tu informer le MRCC australien que je n'arrive pas à le joindre ? » 16 h 11 : « Peux-tu demander à Météo France de m'envoyer les dernières prévisions ? Ce vent va-t-il mollir ou tourner ? Parfois, je fais le cap mais c'est très dur. J'ai besoin de toutes les informations que tu peux récupérer pour aider ma navigation. » 16 h 52 : « As-tu des infos sur les problèmes de Raphaël ? » À cette heure-là, Jeantot ne sait rien. Terriblement inquiet, il ne peut que constater le danger dans lequel se retrouve Raphaël et rappeler qu'un marin ne déclenche ses balises qu'en cas d'extrême difficulté, et en tout cas pas pour un simple démâtage. « C'est quelque chose de plus grave », commente-t-il, même si, à 21 h 05, l'une des trois balises cesse d'émettre en « alarme » et repasse en position plus réconfortante « présence à bord ». Une première nuit d'enfer se profile déjà à l'horizon.

« Water resistant »

Décalage horaire oblige, celle de Raphaël est largement entamée. Le retour de vague et la pression ont achevé leur travail en détruisant définitivement les cloisons étanches. L'océan s'est infiltré partout, continuant sans cesse de monter, monter. « Il ne me reste plus que cinquante centimètres pour respirer et je prends la décision de passer la nuit sur le pont. Sortir est très dangereux, à cause des vagues qui balayent le pont. Une fois dehors, je m'aperçois que tout l'arrière du bateau est quasiment sous l'eau et recouvert à chaque déferlante. Je regarde alors à bâbord et je vois le radeau à vingt mètres. Je pense qu'il y a du mou dans les bouts. Mais non, le bateau étant au même niveau que l'eau, il n'était plus protégé et les sangles se sont arrachées sous la pression des vagues. Et sous mes yeux, très lentement, il s'éloigne, avec tout à bord, mon bidon de survie, mon eau, ma nourriture. Cela fait mal cette lenteur. C'est encore plus dur de le voir si longtemps. Là je me dis que cela commence vraiment à sentir le roussi. La mort se rapproche de plus en plus. »

La nuit, qui ne dure à cette époque de l'année que six heures au sud-ouest de l'Australie, va lui paraître une éternité. La plus longue assurément de toute sa jeune carrière.

La nuit du désespoir. Seul, dans le noir, debout, sur un bateau qui ne cesse de s'enfoncer sous ses pieds. Le cauchemar. « Sur le pont, il n'y a plus rien. La seule solution pour tenir, c'est de m'accrocher au vit de mulet [1] avec mon harnais. C'est l'endroit le plus stable. L'étrave du bateau est bien au-dessus de l'eau grâce à la dernière soute avant étanche. Depuis le 24 décembre au soir, je n'ai rien mangé, ni bu. Et l'enfer me tombe dessus. Il y a bien encore 50 nœuds de vent et des creux de six ou sept mètres. À chaque vague, le bateau monte, monte, et parfois la déferlante me tombe dessus d'au moins un mètre cinquante. Elle me fouette alors comme un pantin qui se casse la figure. Mais il faut impérativement que je reste debout. Car entre chaque vague, il y a vingt centimètres de courant de flux sur le pont. Et je pars avec si je suis assis ou couché. Je me sers des câbles de haubans comme cales pour me retenir, mais je peux me casser une cheville, et la gauche est déjà très fragile. Je me tiens debout, en appui, comme un skieur dans un schuss pour faire face aux paquets de mer qui me frappent tel un boxeur. Et vu leur puissance, de l'eau s'infiltre dans ma combinaison de survie par le visage et vient s'entasser autour de mes jambes, sans plus pouvoir s'échapper. Elle n'est plus à 2°, mais pas non plus à 37°. Et rapidement, je ne sens plus du tout mes pieds. Je n'ai qu'une peur, c'est de les perdre. Alors je ne cesse de bouger pour essayer de les réchauffer. De toute façon, la mer se charge de me faire danser en permanence. Après quelques heures, la position devient si difficile à tenir que je change de tactique et je me fabrique un petit palan avec deux bouts pour modifier les réglages et soulager ma douleur. Jamais je n'aurais imaginé pouvoir supporter un tel enfer. »

À son bras gauche, Raphaël porte une montre, avec trois boutons rouges. Et sur le bracelet, un message qui

---

1. Articulation entre la bôme et le pied de mât.

prend une dimension dramatique au cœur de la nuit indienne : « Water resistant 50 mètres »... Cette montre, d'une banalité affligeante, devient son pire ennemi. Surtout ne pas la regarder. Les secondes durent des minutes et les quarts d'heure des heures. Surtout ne pas compter son temps. « Il faut combler chaque seconde et tout faire pour éviter que mon esprit parte. Je pense à la mort : mon bateau est en train de couler, je n'ai plus de radeau, je suis trop loin pour un hélicoptère et, si un avion arrive, il ne pourra de toute façon pas m'hélitreuiller. Je pense aussi à ma grand-mère, quelqu'un de très clean et littéraire. Chaque hiver, elle nous fait des frayeurs. En partant, je lui ai dit : " Ne fais pas de bêtise et je n'en ferai pas. " Et là, c'est moi qui craque. Je sais qu'il faut que j'arrive toujours à être actif, mais j'ai tellement faim, soif et sommeil. Je n'ai qu'une envie : me poser, me coucher. Mais il faut tenir, lutter sans cesse contre la mort. Mon corps est vide et c'est ma tête, mon esprit qui le dirige. Je revis la Solitaire du *Figaro*, où l'on est à la barre à bout de forces. Ici aussi, il faut avant tout éviter de rêver éveillé, de se laisser partir sur un flash. Sinon, tu ne contrôles plus rien. Il ne faut pas lâcher une seconde. Toujours lutter, lutter. Je sais que le bateau est à bout et moi aussi. »

Jeudi 26 décembre

Le jour s'est levé depuis longtemps au large de l'Australie lorsque parvient le premier télex de Pete Goss à Paris. L'Anglais a lui aussi vécu une nuit de cauchemar. Car pour sauver ce Français qu'il connaît à peine, il a risqué sa vie à lui, sans compter ses efforts, sa fatigue, sa douleur, pour remonter face à la tempête. Un courage extraordinaire, qui lui vaut des torrents de louanges dans tous les journaux secoués par le drame. L'homme est en France quasi inconnu et pourtant son livre de bord croule sous les milles parcourus. Plus de 200 000 milles depuis 1978 et sa première course côtière remportée à seize ans, juste avant de participer au dramatique Fastnet 79 et aux opérations de sauvetage périlleuses. Fils de la Cournouaille, cette terre anglaise qui se jette à côtes perdues dans la mer sans état d'âme, ses faits d'armes sont avant tout british, il est vrai. Marin dans la Royal Marines à partir de 1983, il remporte ainsi la Royal Naval Sailing Association's Tim Sex Trophyet la Sir Alec Rose Trophy, termine deuxième dans sa classe de la Transat anglaise 1988 et troisième du British Steel Challenge 1992-1993.

Trois ans plus tôt, il avait été chargé au sein de la marine de l'entraînement des volontaires pour ce tour du monde en équipages avec escales d'est en ouest. Il forme ainsi plus de cent cinquante amateurs à la circumnavigation, avant de plonger lui-même dans la grande aventure du Globe, fort d'une tenace envie de gagner et d'une discipline mentale et physique de fer. N'a-t-il pas vendu sa maison de Torpoint, près de Plymouth, pour financer son *Aqua Quorum?* Sa femme Tracy et ses trois enfants, Alex (sept ans), Olivia (cinq ans) et Elliot (deux ans), se souviennent encore de ces semaines, de ces week-ends entiers sans voir leur papa chéri, absorbé par la construction de son monocoque jaune. Seul 50-pieds engagé (15,24 mètres), le voilier est le plus petit de la flotte, mais pas le moins high-tech, avec sa quille pivotante et sa coque en sandwich composite dernier cri. Petit, mais pas le moins rapide non plus, comme il le prouve en résistant longuement aux 60-pieds plus anciens. Petit, mais pas le moins solide enfin, pour être capable de supporter l'effarante remontée au vent, dans cette tempête australe pendant laquelle se joue la vie d'un homme. Le télex fait froid dans le dos. 5 h 50 TU : « Philippe, désolé d'avoir été aussi silencieux, cela a été de la survie toute la nuit. Je chavire toutes les demi-heures, avec des vagues énormes par le travers. Le vent mollit un peu, mais j'ai des dégâts à bord. Le mieux que je puisse faire en ce moment, c'est 5 nœuds au 340 alors qu'il faudrait faire cap au 318. Je pousse le bateau autant que je peux et j'espère pouvoir accélérer bientôt. Pete. » L'Anglais, à cet instant, ne peut avoir oublié une certaine visite la veille du départ des Sables-d'Olonne. Il était seul, dans son voilier, lorsque quelqu'un a frappé à la coque et est entré. C'était Raphaël, qui venait le saluer. Malgré ses soucis, malgré son retard, Pete a apprécié ce joli geste et, enfin, il va pouvoir le lui rendre.

Mais pour l'heure, si Raphaël a survécu à sa nuit d'horreur, il est encore loin d'être sauvé. Engoncé dans sa combinaison néoprène TPS de Guy Cotten, trois millimètres d'épaisseur, qui à la fois le protège du froid et lui gèle les pieds, il continue le combat. Sans en faire une fixation, ni une obsession, ses pensées les plus nombreuses, les plus fortes, se dirigent évidemment vers le bassin d'Arcachon et ses femmes : Virginie et Philippine, sa « puce ». « Je ne peux me mettre dans l'idée de les abandonner, après tout ce travail, toute cette aventure, ce n'est pas juste. La mer a bien une justice, elle ne peut pas me faire cela. Ce n'est pas possible de crever dans le froid, comme un chien. Quand je regarde toute ma vie, tous les sacrifices... »

Comme un fœtus

Le vent commence à mollir mais plafonne toujours aux alentours des 40 nœuds. Et l'océan en termine définitivement avec la destruction des cloisons étanches. Sous la pression de l'eau, la dernière rend l'âme et le bateau s'enfonce un peu plus. « À chaque vague, il est maintenant complètement recouvert et je me demande s'il va couler avec. Je commence à être tellement fatigué que je me mets à tituber sur place une fraction de seconde. Mes yeux se ferment, et là c'est terrible. La vague me frappe par le côté et me projette soit sur le pont, soit directement dans le trou, juste devant, en plein dans la flotte. Ma combinaison se remplit d'eau et, sous l'effet du souffle dans la soute en surpression, je remonte sans rien faire et je risque de m'écorcher sur les déchirures du pont en carbone. Les voiles sortent aussi avec le courant et notamment un spi qui se coince. C'est très dangereux car, une vague sur deux, il passe sous mes pieds. Là, je perds toute adhérence et je fais un vol encore plus terrible que les autres. Quelques fois, la voile s'enroule autour de ma cheville et m'entraîne vers l'extérieur du bateau. Le harnais me retient alors au pont avec une très forte pression, en me comprimant la poitrine, et j'ai l'impression que je ne vais plus pouvoir reprendre ma respiration. De temps en temps aussi, le spi me fait rentrer dans la soute avec la peur de ne jamais en ressortir. Le seul moyen de rester en vie, c'est de rester debout. Car le bateau s'enfonce de plus en plus et je finis par avoir en permanence de l'eau jusqu'aux genoux. Cette journée est la plus longue de ma vie. J'ai mal au dos, je ne peux plus me redresser, ni même ouvrir les yeux qui sont brûlés par le sel. Je me retrouve comme un bébé dans la position du fœtus. Je n'arrête pas de souffler dans ma combinaison, qui me remonte jusque sous le nez. Cela me réchauffe tout le visage, même si cela m'irrite tout autour des lèvres. Et ce bruit chaleureux, à chaque respiration, me rassure. Le vent est un peu moins fort mais les vagues sont toujours là. Je calcule que c'est à peu près la vingtième heure que je passe dans cette position. La nuit est très proche. Je sens la mort qui est là, mais je n'en ai pas peur. Il faut continuer à se battre. Je sais que je suis au bout de mes limites et que je ne pourrai jamais tenir. Le bateau non plus. À certaines vagues, il commence à rester trop longtemps sous l'eau. Je me mets en colère, je lui parle : " Tu n'as pas le droit de me faire cela ! Tant que je tiens, tu ne dois pas couler. Après tout ce que j'ai fait pour toi. " Sans arrêt, je lui dis : " Respire, respire ! Allez, remonte ! Et tourne, tourne. C'est trop dur de prendre les vagues de face. " Et à chaque fois, il m'écoute. Je sais que la solution de l'hélicoptère est impossible, je suis trop loin des côtes. Je ne peux que compter sur l'arrivée d'un autre navigateur. Et regarder à l'horizon devient trop difficile pour mes yeux. Je refais un point. Catherine était à peu près à 300 milles, elle ne peut pas être là avant la nuit. Pete était trop sud et face au vent, mission impossible. Il n'y a plus que Patrick mais, au bout de vingt heures, il devrait déjà être arrivé. Il a sûrement eu un problème, soit de communication, soit de casse pendant la tempête. Il est en retard et je l'appelle : " Mais qu'est-ce que tu branles, Patrick ? Dans deux heures, c'est la nuit et là, c'est la mort certaine. " Soudain, miracle ! Alors que mon corps est totalement vidé, j'entends un bruit sourd au-dessus de moi. L'avion. D'un seul coup, tout se rallume en moi. »

Il est 10 h TU et l'avion de reconnaissance modèle P3C de la Royal Australian Air Force survole Dinelli au cœur des 50e hurlants. Vu du ciel, l'image est saisissante, elle va faire le tour de la planète. Un homme, debout, attaché au pont d'un bateau qui flotte entre deux eaux. Seule dépasse des flots déchaînés une partie du roof et de la barre à roue. En apprenant que Raphaël est vivant, Philippe Jeantot craque et lâche quelques larmes. Lui le quadruple tour-du-mondiste, qui a tout vu et connu sur et sous l'eau, découvre le stress des terriens. D'autant que les premières interrogations surgissent, rapidement suivies par les inévitables polémiques. Car personne n'a oublié les circonstances du départ de Dinelli le « pirate », ni le soutien plus qu'appuyé apporté par Jeantot envers et contre tous, y compris le propre jury de sa course. Et c'est fou de rage que le patron du Globe ressort de la lecture du quotidien *Libération* (daté du 27 décembre). Un paragraphe le fait particulièrement bondir au sein d'un portrait consacré à Dinelli : « C'est en tout cas sur l'ancien *Crédit Agricole IV* de Jeantot que Dinelli devait partir, et l'on comprenait tout de suite l'intérêt qu'avait l'organisateur-vendeur à l'envoyer par-delà les océans, même en hors-la-loi : Philippe Jeantot ne touchait l'argent de la vente que si le jeune homme prenait bien le départ. Jeantot avait donc pris sur lui de le laisser partir, malgré les avis contraires du comité de course pour qui le jeune Arcachonnais n'avait ni les compétences requises, ni d'expérience réelle de la course en solitaire. À son tableau en effet, quelques courses du *Figaro* et de maigres convoyages transatlantiques. »

Jeantot n'apprécie guère, logiquement. D'autant qu'entre Dinelli et lui, si l'idée d'une possible vente fut émise au départ du projet, elle fut rapidement oubliée vu les difficultés financières de Raphaël. « Je te prête le bateau et tu le remets en état » : tels étaient les termes tacites de l'accord. Et s'il est vrai que la société Premac, qui apporta son soutien très tardivement à Raphaël, ne s'engagea à régler 1 million des 1,3 millions de francs de ses dettes que si le bateau prenait le départ, soulageant d'autant la caution bancaire de Jeantot, jamais le directeur du Globe ne toucha directement d'argent pour une vente qui n'eut pas lieu. Quant à l'inexpérience du skipper, autre sujet intense de discussion, si Raphaël n'avait disputé que trois Solitaires du *Figaro*, une course qu'Alain Gautier estime « plus difficile à gagner que le Globe », il y avait prouvé un certain talent de navigateur solitaire. En terminant deuxième bizuth la première année et dixième du classement général lors de sa troisième participation devant des marins aussi réputés que Michel Desjoyeaux et Alain Gautier...

Reste qu'incontestablement l'expérience de Dinelli en monocoque de 60 pieds était limitée et qu'il découvrait pour la première fois le Grand Sud, tout autant que Dubois, Bullimore et aussi Radiguès, Chabaud, Dumont, Thiercelin, Laurent et Roufs. Mais au-delà de la polémique stérile, on ne peut que s'étonner de la position ambiguë dans laquelle s'est de lui-même enfermé Philippe Jeantot en tentant de placer son bateau dans la course puis en se mettant ensuite à dos son jury. Ce même jury se trouve lui-même dans une position délicate, puisqu'il s'est déclaré d'office « sans appel » sur la foi d'un accord, en fait inexistant, avec les instances internationales. La fédération française, qui jugea recevable l'appel de Dinelli sur la forme mais le rejeta sur le fond le 12 décembre, n'oublia pas de relever l'embrouille administrative. Drôle de dossier...

Champagne !

À l'instant où l'avion australien le survole, le naufragé de l'Antarctique reprend goût à la vie. Il était temps. « C'est bon, au PC, à Paris, ils n'ont pas molli. Ils sont super. Mais ce n'est pas encore gagné. L'avion passe au moins cinq ou six fois en reconnaissance afin d'analyser la situation. Mon cœur bat à cent à l'heure. C'est à la fois impressionnant de voir le professionnalisme des secours australiens et très frustrant d'être impuissant, sans aucun moyen de communication. Ils quadrillent le secteur à l'aide de fumigènes et me larguent deux radeaux de survie, reliés par un bout, de telle façon qu'avec la dérive je ne puisse en rater un. Je récupère les deux balises et me les attache autour du cou avec la troisième. Je me mets à tirer sur le bout pour ramener un radeau. C'est très dangereux car je suis dans le cockpit, attaché, de l'eau jusqu'à la poitrine et, lorsque la vague arrive, je me retrouve bien sous un mètre cinquante d'eau, plaqué sur les winches. Après un long moment d'effort, j'arrive à approcher un radeau juste à côté de la coque. Je réussis à sauter dedans mais, surprise, ni eau, ni nourriture. Rien. Je remonte alors sur le bateau, faisant signe à l'avion " manger, manger ". J'ouvre le panneau de la soute arrière en espérant que des caisses vont sortir. Mais rien. Il faut faire très vite car, suite à l'ouverture du panneau, je sens le bateau couler sous mes pieds. Je m'introduis entre deux vagues, les jambes en premier, en espérant attraper une caisse avec les pieds. Miracle, je réussis à en saisir une avec quelques plats cuisinés impeccables. Vite, je la balance dans le radeau, mais je n'ai toujours pas d'eau douce. C'est trop tard. Je ne peux pas refaire la même opération. Mais juste avant de sauter dans le radeau, incroyable mais vrai, une bouteille de champagne jaillit de la soute. Je la saisis et, hop, dans le canot. À peine quelques secondes plus tard, terminé. Je ne vois plus le bateau. Il a coulé. Émotion hyper-intense. Je suis triste. Car j'avais passé un pacte avec lui. "Tu vas mourir comme ça. C'est une belle fin pour un bateau, mais ne t'inquiète pas, je t'embrasserai en partant." Et dans la précipitation, j'ai oublié. Je m'en veux. L'avion repasse et me balance deux paquets. Je rame avec mes mains jusqu'à l'épuisement pour réussir à atteindre le premier. La moitié du contenu a disparu. Il ne reste qu'une radio de l'armée et un message : " *Aqua Quorum* 10 h in the south. " (" *Aqua Quorum* dix heures dans le sud ")... »

Pete Goss vient lui aussi de voir passer l'avion australien au-dessus de son mât. La liaison radio est bonne et l'Anglais reçoit avec soulagement les premières nouvelles de Dinelli. 30 nœuds de vent, une houle de six mètres et un télex, le premier d'une longue série, qui s'envole de son ordinateur pour rejoindre le fax installé dans le coin droit du bureau réduit de Jeantot. 11 h 17 : « Philippe, je suis maintenant à 30 milles de Raphaël, mais j'ai toujours des vents de face. J'ai réparé ma grand-voile et je vais pouvoir accélérer. Continuez à m'envoyer ses positions. » 14 h 01 : « Je suis maintenant à 19 milles. Il fait nuit. Avec la dérive, ce sera dur de le trouver. » 20 h 10 : « J'ai fait mon premier ratissage de la zone. Pas de chance, je suis désolé. La météo se détériore et la nuit est noire. » 20 h 45 : « Je suis toujours sur zone, je ratisse. Je continue en resserrant les mailles. » Pete, magnifique marin, a tiré un triangle autour de la dernière position connue de Raphaël. Mais le radeau a dérivé et, pour moins de trois cents mètres, les deux hommes ratent leur rendez-vous de la solidarité. Sur le pont, l'Anglais ne cesse de scruter l'océan. Il cherche, il fouille, à s'user les yeux, à en perdre la tête d'angoisse.

À l'abri sous la tente de son canot gonflable, Dinelli passe une deuxième nuit d'enfer. L'installation du campement débute dans la douleur. « Je prends les éponges pour essayer d'assécher le radeau, puis je suis obligé d'enlever mes moufles pour le fermer, après avoir jeté une ancre flottante et installé deux balises sur les boudins à l'extérieur. Ces opérations sont très longues et douloureuses avec des mains gelées. J'ai trop soif et je débouche la bouteille de champagne mais, dans la série noire qui continue, impossible de boire plus de deux gorgées. J'ai la bouche et les lèvres complètement irritées par le sel et le gaz du champagne me brûle trop. Je suis ensuite obligé de tailler le bouchon avec le couteau du bib [1] pour refermer la bouteille. La galère avec une lame qui fait tout sauf bien couper, ce qui est normal avec les boudins. Le cauchemar continue. Chaque mouvement est un calvaire tellement j'ai le corps noué. N'en pouvant plus, je glisse la tête dehors avant de refermer complètement la bâche, et je vois alors deux albatros, un petit et un adulte, juste à un mètre de moi. Je suis impressionné par leur taille et je trouve cela très beau. Mais je change vite d'avis. Ils se jettent d'abord sur l'ancre flottante puis ensuite sur la balise du radeau qui flotte juste à côté. C'est à croire qu'il n'y a rien à manger pour eux dans les mers du Sud. Je crie pour les faire s'envoler, je leur balance de l'eau sur la tête, mais ce n'est pas la bonne solution car, dans les parages, ils ont plutôt l'habitude de se prendre des embruns sur le bec. Ils essayent de bouffer tout ce qui traîne, même la balise Argos fixée sur le bib. J'ai une peur bleue qu'avec son grand bec arrondi au bout mais très pointu juste à la fin le grand vienne percer le radeau. Au bout d'une heure, ils finissent par s'éloigner un peu et j'abandonne la veille, trop épuisante en équilibre sur le boudin. Pris de tremble-

---

1. Surnom donné par les marins au radeau de secours.

ments terribles, je suis obligé d'enlever la combinaison de survie pour vider toute l'eau et essorer un peu mes vêtements. Après cette opération, je ne peux absolument plus bouger aucun membre sans avoir de très fortes douleurs et des crampes interminables. La souffrance devient insupportable. Il faut quand même que je mange pour retrouver de l'énergie et espérer passer la nuit. Avec le couteau, doucement, j'ouvre une barquette et, bouchée après bouchée, l'estomac complètement noué, je m'enfile des lasagnes au poulet bien fraîches. À cet instant, alors que je suis dans des conditions extrêmes de survie, le bouchon de champagne mal taillé explose à moins d'un mètre, en plein sur mon front. Incroyable histoire. Et me voilà la bouteille à la main, pour éviter de perdre une goutte, en train de chercher le bouchon dans le bib, juste éclairé par une petite ampoule au plafond. La fin de la nuit est beaucoup moins drôle. Je claque des dents, je gémis en permanence. La tête, les jambes, tout est bloqué. Et la mer commence de nouveau à être mauvaise. Les vagues déferlent de plus en plus. Lorsqu'un gros paquet de mousse roule le radeau, le bruit du fracas est horrible et je suis propulsé d'un côté à l'autre en poussant des hurlements de douleur. J'ai très peur que le bib se retourne. Je suis complètement inerte, et mon seul espoir, c'est l'arrivée de Pete. Je combats pour ne pas laisser ma conscience s'envoler et pour ne jamais fermer les yeux. Je suis persuadé que, s'ils se ferment, jamais ils ne reverront le jour. Celui-ci commence à se lever quand j'entends de nouveau le bruit sourd de l'avion. Je suis surpris. Il recommence ses allers et retours, en balançant de nouveaux fumigènes. Je me demande ce qui se passe. " Pete a eu des problèmes et ils vont encore me jeter de la nourriture. " J'ai le moral à zéro mais j'essaye de faire de l'humour en me disant que peut-être ils ont pensé à mon repas du nouvel an. Puis soudain, sur tribord, j'aperçois *Aqua Quorum* à cent mètres. L'avion était là pour le guider et lui montrer ma position. De nouvelles ressources naissent dans mon corps. Je détache les balises

Argos et j'attends que Pete approche. Il a accroché des bouts tout le long de sa coque pour que je puisse les attraper. Son bateau vient se coller sur le radeau. Je vois Pete, barbu, avec une gueule d'enfer. Je crois que c'est un mercenaire. J'ai du mal à défaire la tente. Il amarre le bib. Je m'en décroche et me rattache sur le bout. Pas évident avec la houle. Enfin, je lui passe les trois balises, la caisse des plats cuisinés et la bouteille de champagne. Il n'en revient pas. Il me prend par les épaules et essaye de me faire passer sous les chandeliers. Raté. Il me tire à nouveau et réussit à me hisser à bord. Je tombe sur le roof. Je m'assois. Là, enfin, je suis sauvé. Je vis. Pete va parler à l'avion. " Il a l'air entier. " Et il revient me traîner à l'intérieur. Notre joie commune est sans limite. Il m'enlève immédiatement ma combinaison de survie. Je tremble, je souffre. Il me nettoie avec des serviettes de bébé. Il fait vite, car il a peur que je lui claque entre les doigts. Je suis tout nu, il regarde mes pieds et me dit : " Cela va être bon. Tu ne vas pas les perdre. " Il me donne une fourrure polaire et son duvet le plus chaud. Il m'allonge, me passe une bouillotte bien chaude de sa grand-mère et me sert un thé. Mais je n'ai pas la force de tenir et de boire dans une " cup ". Alors, il me le met dans une gourde de cycliste avec une pipette. Dire que je n'avais pas touché le moindre sachet de thé depuis le départ de la course... »

Vendredi 27 décembre

Il est très exactement 0 h 39 en France lorsque le CROSS annonce la grande nouvelle : « Dinelli est à bord d'*Aqua Quorum.* » Depuis vingt-cinq minutes exactement, les trois balises ont cessé d'émettre en position « alarme ». La terre se met à trembler de joie. Applaudissements, sifflements et satisfaction. Jeantot, dans la seconde, appelle Virginie. « C'est un énorme soulagement de savoir que quelqu'un va s'occuper de lui. Je remercie Pete du fond du cœur. » Les larmes coulent, se mêlent au champagne, sans problème de bouchon. La tension retombe, les micros s'agitent, les caméras s'activent. Et c'est quasiment dans l'anonymat qu'apparaît le fax de Goss. 1 h 06 : « Salut Philippe, je viens de recevoir mon plus beau cadeau de Noël. Raphaël est à bord. Il a très froid mais il n'est pas en hypothermie. Le moral est bon et il est heureux. Sa plus grande préoccupation : ses pieds qui sont très froids, mais ils se réchauffent. Ils retrouvent peu à peu leur sensibilité et leur couleur. À part cela, on va bien. Mais nous sommes très fatigués. Amitiés. Pete. »

À bord du petit monocoque jaune, en panne de radio BLU et dans le désordre le plus complet, les deux hommes vont s'offrir la plus belle, la plus longue des siestes. Près de deux jours à se reposer, à se parler, à se découvrir. L'anglais de Raphaël n'est pas brillant et le français de Pete ne vaut guère mieux. Mais les deux marins se comprennent comme s'ils se connaissaient depuis toujours. Même galère financière avant le départ, même passion de la mer, même tempête, même choc psychologique. La cohabitation va ainsi durer douze jours. L'occasion pour Pete de jouer à la maman. Il porte Raphaël à bout de bras, l'aide pour sa toilette, lui donne à manger et lui bricole un siège suspendu face à la table à cartes pour qu'il puisse raconter son histoire à terre. Le 28 décembre à 5 h 39 TU, après un long effort, Raphaël finit d'écrire son premier fax. « *Aqua Quorum*, Pete et Raphaël. Bonjour à tous. Mes premiers mots arrivent avec du retard car mon état physique est très mauvais. Mes mains commencent juste à se décontracter et il m'est encore difficile de taper sur le clavier. J'arrive juste à bouger quelques doigts de pied (...). La nuit dernière, j'ai réveillé Pete, en lui racontant des choses invraisemblables. Au bout de dix minutes, on s'est aperçu que je faisais un cauchemar. Pauvre Pete, il est aux petits soins toute la journée et en plus je le dérange la nuit. »

Il faudra une semaine à Raphaël et de multiples exercices d'étirement, avec l'aide de Pete, pour réussir à se lever. Et par un jour de grand soleil, alors qu'ils se rapprochent de la Tasmanie et de Hobart, le lieu du débarquement, Dinelli fait une magnifique surprise à son sauveur en sortant seul sur le pont. L'Anglais l'aperçoit et son visage s'illumine de joie. Les deux marins sont devenus amis, à la vie mais pas à la mort. Et quand pour la première fois, Raphaël parle, par fax, à Virginie de mariage, il demande à Pete de bien vouloir être son témoin. Inséparables. Et lorsque dans la nuit tasmanienne, le 7 janvier, à deux cents mètres du ponton, ils doivent se quitter, l'émotion les étreint. Depuis deux jours, des avions, des hélicoptères, des vedettes sont venus tourner autour de leur monocoque. Ils s'étaient promis de passer leur dernière nuit ensemble, au mouillage. Mais la terre réclame Dinelli. Le 20 h de TF1, puis les journalistes australiens, qui veulent tout remettre en cause : la navigation en solitaire, le parcours du Globe, le coût des secours, les exclusivités médiatiques. La séparation entre les deux hommes est beaucoup trop brutale et rapide. « C'est un véritable déchirement », avoue Dinelli. Le regard qu'il échange avec Pete et cette main droite qui vient serrer le cou de l'Anglais prouvent sa tendresse et sa reconnaissance. Éternelles.

La valse des exclusivités

Dinelli quitte un ami et son nid protecteur pour plonger dans une mêlée furieuse, où Jean-Claude Le Monnier, patron de la société Premac et du produit Algimouss, se casse le pied et où Virginie ne trouve que tardivement sa place. Après la douane, le journal de TF1 en direct et les interviews en anglais, Raphaël échoue dans une chambre d'hôtel. Et sa première nuit à terre, il la passe loin d'elle, à côté d'un Français, correspondant sur place d'une télévision. Nouvelle conférence de presse le lendemain matin et nouvelles fausses pistes pour écarter les photographes gêneurs, genre sortie par une issue de secours et couverture sur la tête dans la voiture. Puis enfin, le petit déjeuner des retrouvailles, dans une maison remplie d'araignées, où fleurent bon les eucalyptus du jardin. Sur la table, un jus d'orange, des fruits frais et un bon café. Raphaël retrouve les plaisirs simples de la vie à terre, pendant que Pete achève ses bricolages sur son voilier, mouillé dans une marina de Hobart. Juste avant de s'envoler pour Melbourne, tee-shirt d'un cameraman sur le dos et chaussures d'un preneur de son aux pieds, le naufragé vient dire adieu à son sauveur. Il s'approche en vedette, lui pose sur le pont une VHF portable et ses affaires, lavées à la main. L'Anglais est dans son mât. Imperturbable. Déjà reparti. Déjà dans sa course, en solitaire. « Merci », glisse Raphaël.

8

DUBOIS-BULLIMORE, LES NAUFRAGÉS DES 50ᵉ

Samedi 4 janvier 1997

« Pour le nouvel an, je n'ai rien fait de plus qu'à Noël, c'est-à-dire pas grand-chose. J'ai mangé la même chose que la veille et le lendemain. La fête, je la ferai en rentrant. J'espère juste que 1997 sera meilleure que 1996. » Thierry Dubois a commencé l'année, fidèle à sa philosophie d'ascète des mers. Pourtant, le skipper de *Pour Amnesty International* se plaît dans cet océan Indien qu'il découvre enfin en grandeur nature.

Après son escale en Afrique du Sud, il s'est remis dans le rythme imposé par la longue houle venue de l'ouest. Le jeune marin s'y sent bien. S'il a finalement décidé de tourner le dos à l'abandon, c'est bien pour humer ce parfum unique que les anciens, revenus de là-bas, distillent avec parcimonie le soir venu au coin des comptoirs de La Trinité-sur-Mer. Dubois est là pour sentir, pour apprendre, pour aimer. Mais le rêve a ses limites. « Je n'ai rien changé depuis Raphaël, tout est prêt à l'arrière. Il faut bien sûr lever le pied dans cette zone, car il y a des vagues imprévisibles. J'y vais tranquille, car étant hors course, j'ai aussi envie de dormir la nuit », déclara-t-il quelques heures avant le drame.

Celle de vendredi à samedi n'a posé aucun souci. Bien dîné, bien dormi, malgré cette brise, qui progressivement se met à souffler. Mais il ne s'inquiète pas. La météo a annoncé une dépression très vaste, générant des vents d'ouest forts mais stables. Sur la carte en provenance de Météo Consult, il s'étonne quand même de voir 65 nœuds annoncés, fait rarissime. De toute façon, il n'a plus le temps de s'échapper. Tout juste arrive-t-il à se positionner pour éviter le centre de la dépression. Puis il est quand même là pour ça : « la baston ». Thierry raconte la suite, dans une cascade de détails et d'émotions. « Dans cette mer très formée mais bien régulière en direction, je dévale de grandes descentes, avec un petit bout de Solent déroulé devant, sous pilote automatique. Aucun problème. Je pense à ce qui est arrivé à Raphaël et je me méfie de ne pas prendre trop de vitesse pour éviter de me planter dans les vagues. Dès que je mets quelques mètres carrés de plus, je pars copieusement. Et si je réduis davantage ma voile ou la roule entièrement, je deviens totalement vulnérable. Alors je joue avec l'enrouleur. Je vois l'anémomètre qui dépasse parfois les 70 nœuds. J'ai une ou deux alertes, avec la tête de mât dans l'eau et le bateau qui a du mal à se redresser. J'hésite à barrer mais, vu les déferlantes sur le pont, je risque de me faire emporter. Alors je décide de continuer sous pilote automatique, en restant enfermé à l'intérieur, et je corrige de temps en temps avec la télécommande. Je réduis au maximum les sorties sur le pont et je boucle bien la porte derrière moi pour éviter qu'une vague vienne tout inonder à l'intérieur. Vers 8 h TU, pas trop tôt pour ne pas la réveiller, j'envoie un fax à Murielle. " Je suis dedans, mais il n'y a pas de problème. " Et deux heures après, alors que je viens de lui dire que tout va bien, le bateau est roulé par une vague. Je suis debout, juste derrière mon siège de la table à cartes, et je me sens partir vers bâbord. Un tour complet et je finis par terre, en vrac, sonné par la violence du choc et du bruit. Je me redresse, mais je sais déjà que le mât n'est plus là. Je lève la tête et je constate les dégâts. Le tube a explosé par la compression. Cassé en trois morceaux. C'était prévisible.

Je remets mon ciré et je sors. Huit-dix mètres de creux. Je n'arrive pas à tenir debout, je dois ramper sur le pont jusqu'à l'avant. Je commence le nettoyage, avec ma scie à métaux et mon poignard. Je coupe tout, je jette à la mer, l'étai, les haubans, les drisses, et je suis obligé de me séparer de ma grand-voile. Je sauve la bôme et un tangon.

C'est mon premier démâtage, je suis surpris et content, parce que je réussis à libérer le gréement vite, sans qu'il n'abîme trop la coque. Autant la casse de mon safran m'avait foutu par terre, autant là ce n'est pas un problème pour moi. J'ai fait un tour entier et le panneau du roof est fendu, mais j'ai encore la trinquette pour établir un gréement de fortune et rentrer tout seul en Australie. Je laisse le pilote et, sans mât, je marche encore à 6-7 nœuds. À l'intérieur, il n'y a pas trop de dégâts. Juste l'électronique qui a reçu un peu d'eau. L'ordinateur s'allume mais il ne démarre plus. Cela m'embête. D'autant que j'ai tout de suite remarqué sur le pont que l'antenne du standard C a été arrachée. Et je n'en ai qu'une à bord. »

Des huîtres aux bateaux

Thierry ne s'affole pas. Il vient pourtant de vivre le premier chavirage de sa jeune carrière et de perdre le bien le plus précieux sur un voilier, le mât. Mais le marin possède une force de caractère impressionnante. Il l'a déjà prouvé dans la première étape de la Mini-transat 1993, remportée contre vent et tempête, alors que le reste de la flotte des 6,50 mètres, avait rejoint l'abri le plus proche. Il l'a confirmé lors de son retour précipité aux Sables-d'Olonne, flanc bâbord abîmé, puis lors de l'escale forcée en Afrique du Sud, safran tribord détruit, selon lui par une baleine. Frappé par l'océan mais jamais abattu. Cette mer, il l'aime trop depuis ses premiers bords devant Cap-Breton, sous le regard bienveillant de son grand-père maternel et des pins des Landes. L'enfance est joyeuse et aisée au milieu de ses deux sœurs, et le gamin aux yeux déjà bleus comme l'espérance rêve de tout sauf de course au large. Des parents de « droite », un bac D, quelques mois à la faculté de Bobigny, un service militaire dans le sémaphore de la pointe du Raz et en 1987, il s'installe en Bretagne pour travailler dans l'ostréiculture. Mais trois ans plus tard, il craque et décide de ne plus traverser le pont blanc de La Trinité qui sépare les huîtres des bateaux. Direction un chantier de maintenance de plaisance, puis un autre de matériaux composites. Outre son côté « ours », son père lui a aussi transmis des doigts d'or. Thierry en plonge un dans la résine de compétition pour fabriquer les safrans d'Arthaud, de Bourgnon ou d'Auguin, et il ne peut plus le retirer. Endoctriné, comme les autres.

Après quelques convoyages et bricolages, notamment sur le *Région Haute-Normandie* de Paul Vatine, la course au large débarque dans son cœur. Un tout petit Mini de 6,50 mètres pour décrocher sa première grande victoire aux Antilles. Thierry porte déjà les couleurs d'Amnesty International. Et son coup de cœur lui coûte cher. Un emprunt jusqu'à l'an 2000. Tout s'enchaîne, beaucoup trop vite pour certains, qui le voient racheter l'ex-*TBS* de Pierre Follenfant avec jalousie. Le BOC Challenge 98, vitrine idéale pour les droits de l'homme, avec ses escales, est programmé. Mais le Vendée Globe traîne par là, deux ans avant. « On m'a raconté le Sud, on m'a offert des livres, j'ai envie de le voir. » De très près... « Quatre ou cinq heures plus tard, alors que le ménage est fait, que le pont est entièrement nettoyé, une autre vague me rechope et je refais un tour complet. Encore par le côté mais, là, c'est très violent dans l'autre sens. Je pars de ma bannette tribord et je finis sur le plafond à bâbord, en arrachant la VHF avec mon dos. Je me fais vraiment mal, j'ai les mains à moitié coupées, je me retourne le pouce gauche. Il y a la trace de mon corps tout autour de ma cabine. C'est Verdun à l'intérieur. Je suis complètement sonné, et réveillé par une gerbe d'eau dans la gueule. Ce sont les bouts qui ont ouvert le panneau du cockpit. J'ai des bleus partout, comme si je venais de faire un tonneau sur l'autoroute dans une camionnette, pas attaché. Je commence à bricoler ma radio pour la remettre en route. Je la démonte sur la table. Je grée une latte pour en faire un porte-antenne ; j'espère pouvoir appeler à la vacation pour rassurer Murielle. La BLU s'allume mais n'émet pas. Dans ma tête, c'est très clair, je ne suis toujours pas en détresse. Le tangon a été arraché mais ma bôme, bien fixée sur le pont, est toujours là. Je constate que la barre a cassé. Alors je sors bloquer les safrans dans l'axe et j'attache deux traînards [1], non pas pour me ralentir mais pour maintenir le cul du bateau par rapport aux déferlantes. Je me rappelle de Peter Blake qui, à l'arrivée du Trophée Jules Verne, avait fait la même chose à l'entrée de la Manche. Comme quoi... La nuit tombe et je suis crevé. Le contre coup sûrement. Je m'allonge dans mon duvet et je grignote quelques cochonneries. Mais je dors mal. Cela fait drôle quand même. Deux tonneaux dans une seule journée. Je suis réveillé plusieurs fois par des vagues qui m'éjectent à moitié de ma couchette. »

Dimanche 5 janvier

L'océan Indien se lève ce matin-là du pied gauche. Comment expliquer, sinon, pareils cruauté et acharnement. Thierry Dubois, au sortir de sa nuit agitée, se remet au bricolage de la BLU et de l'ordinateur, qui restent désespérément muets, le privant de toute consultation de ses cartes électroniques. Même en mer, le papier fait de la résistance. Mais ce document-là traite de la Tasmanie et pas de l'Australie. Alors il essaye de se souvenir de la position de Parlier en escale, à Fremantle. La longitude lui

---

1. Un gros bout attaché en boucle derrière le bateau.

revient facilement, 32° sud, mais pas la latitude. « Il suffira de se caler sur le 32ᵉ parallèle et de remonter. Toute la journée, je ne peux rien faire au niveau de mon gréement parce qu'il y a trop de mer. D'autant que mes filières sont cassées. Alors j'attends et je m'occupe en finissant de ranger tout le bateau. Sur le pont, je sors nettoyer tous les bouts qui dépassent. Je mange, je fais la sieste et je me replonge dans mon bouquin *Du temps où la Joconde parlait*. C'est un roman historique qui raconte le début de la Renaissance italienne, avec la découverte des secrets de la peinture à l'huile flamande. Passionnant. »

Sans doute étonné et attendri par ce marin qui s'instruit, l'océan se choisit une autre victime pour passer sa mauvaise humeur. Au classement de la veille, grande première depuis le départ, l'écart entre le leader Christophe Auguin et le bon dernier Tony Bullimore dépasse les 5 000 milles. Plus de 9 000 km de retard ! L'Anglais vogue à son rythme, certes loin de la tête de la course, mais si heureux de l'aventure. Bien sûr des petits pépins sont venus pimenter le long voyage : un réservoir de fuel se vide et lui fait perdre la moitié de sa réserve, le chauffage tombe en panne, le standard C ne transmet plus. Mais le doyen du Globe ne s'inquiète guère, même lorsqu'il entend des craquements bizarres dans sa coque. Il préfère se souvenir de sa découverte de Head Island, qu'il a longée il y a peu, à 5 milles. Il a sorti pour l'occasion l'appareil photo et immortalisé son passage. C'est Lalel, son épouse, qui sera contente. Puis le ciel s'éclaircit dans un système de haute pression. Tony en profite pour faire sécher son bateau et se préparer un curry, qui sent bien bon. Presque comme à la maison. Mais le vent, doucement mais sûrement, se met à grimper. En panne de moyens de communication, l'Anglais ne dispose d'aucune information météorologique. Obligé de sentir le temps et d'affaler entièrement sa toile. Mais en bon British respectueux de la tradition, il se prépare une tasse de thé, dans sa plus vieille « cup » du bord, sa préférée. Il se rassoit dans son fauteuil gris. Il a tout juste le temps de boire quelques gorgées du chaud liquide que le drame se produit. Inexplicable. Inexpliqué. La quille d'*Exide Challenger* se brise et coule dans l'instant. Privé de ses 3,5 tonnes de lest, le monocoque se retourne immédiatement, avec une violence inouïe. Il roule sur lui-même, puis achève sa ronde infernale les deux safrans en l'air, les deux mâts plantés dans les déferlantes. Bullimore comptait pourtant plus de 200 000 milles à son palmarès et une trentaine de traversées transatlantiques.

La colère de Mobutu

Cinquante-six ans plus tôt, c'est naturellement au bord de l'eau, que débarque Tony, fils aîné d'une famille qu'il juge lui-même « relativement ordinaire ». C'est l'estuaire de la Tamise, à Southend-on-Sea, qui l'accueille un jour de 1939, en pleine Seconde Guerre mondiale. Tony n'a pas trop de son enfance et de son adolescence pour comprendre qu'il devra toute son existence se battre. Dès l'âge de quinze ans, il abandonne l'école et son uniforme pour monter son premier business : photos de mariages et vente de tissus à domicile. Le jeune homme, pas farouche, s'aperçoit très vite de ses dons pour le commerce lors de ce porte-à-porte formateur. Il s'en souviendra. Notamment lorsqu'il se retrouvera bien plus tard face au président du Zaïre pour lui vendre du lait pour nourrissons. « Mobutu hurle et Tony, qui n'a peur de personne, malgré son mètre soixante, lui répond qu'il n'arrivera à rien en étant impoli. Mobutu renchérit : " Pour un Blanc, tu as une grande gueule ! " Finalement tout le monde se calme et l'affaire se conclut », se souvient avec nostalgie Dave Mathieson, son ami d'enfance, qui n'hésite pas à affirmer que « Tony pourrait vendre des glaçons aux Esquimaux ». C'est pourtant en Afrique du Sud qu'il débarque à dix-huit ans pour quatre années de petits boulots et de cours de judo. Il décroche la ceinture noire. Mais le pouvoir en place, blanc, l'exaspère et il rentre au pays pour tomber sur Lalel, une jeune Jamaïquaine. Tony craque, se marie et, ensemble, ils plongent au cœur de la nuit anglaise en ouvrant successivement le Bamboo Club (incendié) et le Granary. En même temps, il crée à Birmingham une société d'import-export qui va lui permettre de financer ses rêves de grand large. Tony n'a jamais oublié sa passion pour la mer. Et, dès les années 70, il se lance en précurseur dans l'aventure des multicoques. Avec Nigel Irens, qui lui dessine tour à tour *IT 82* et *Apricot*, il fait avancer le progrès sur trois coques. L'année 1985 sacre leur suprématie, architecturale et sportive : victoire à Brest et à La Trinité dans le Trophée des multicoques, succès dans le Tour de l'Europe, de l'Angleterre, de l'île de Wight et logiquement, au bout, le titre mérité de « meilleur navigateur anglais ».

L'année suivante, pourtant, tout se gâte. Tony a traversé la Manche pour défier en solitaire les Français dans leur Route du rhum ensoleillée. Mais quelques heures après le départ, un flotteur de son *Apricot* bien-aimé rend l'âme. L'Anglais, qui ne parle pas français et n'a pas à bord de carte du goulet de Brest, appelle au secours l'UNCL, l'organisateur de la transat. Mais personne ne vient à sa rencontre, et le trimaran se disloque sur les rochers, par quatre mètres de creux. Tony, par miracle, est sain et sauf. Mais il doit escalader la falaise, seul, avant de pouvoir respirer.

Dix ans plus tôt déjà, la mort l'avait frôlé de près, lors de l'Ostar, la transat anglaise en solitaire remportée dans la brume de Plymouth par Éric Tabarly. Au milieu de l'Atlantique, son bateau prend feu et il doit sauter dans son radeau de survie pour ne pas mourir grillé. Il y dérivera une semaine... 1976, 1986, mais aussi 1989. Lors du convoyage qui doit amener *Spirit of Apricot* au départ du Tour de l'Europe, le trimaran se retourne dans le chenal de Bristol. Le mât-aile assomme Tony, qui se retrouve pris au piège sous le filet. Au contraire de l'un de ses équipiers, il est sauvé de justesse. Il a perdu connaissance, un hélicoptère le transporte d'urgence à l'hôpital. Ses premiers mots en se réveillant : « Commandez-moi un nouveau mât ! » Le bateau et le skipper se retapent si vite qu'ils peuvent rejoindre le Tour et même remporter une étape.

Lundi 6 janvier

À 18 km d'*Exide Challenger* retourné, Thierry Dubois ne se doute de rien. Cette nuit de dimanche à lundi, plus calme, il la passe allongé, à dormir comme jamais depuis le départ du tour du monde. Rien d'autre à faire. Et lorsque le jour se lève, il s'offre un luxe aussi rare en mer que des croissants frais : une grasse matinée. « Alors que je traîne dans mon duvet, je suis secoué de temps en temps par une vague et je sens que le vent revient doucement. Mais curieusement, alors que je n'ai pas l'impression que la mer a de nouveau forci, j'entends une déferlante arriver par l'arrière. Elle tape en biais le bateau, qui repart en tonneau par tribord, très lentement. Je somnolais encore, mais je me réveille très vite. J'ai le temps de me voir tourner, de m'appuyer sur le montant de la table à cartes et je me retrouve assis sur le plafond, toujours dans mon duvet. Sans aucun choc, ni la violence des deux précédents tours, le bateau se met sur le toit et y reste, très stable. Il ne bouge plus. Je vois l'eau, très lumineuse, à travers le roof. Je me dis qu'il va bien y avoir une autre vague assez forte pour le remettre à l'endroit et que je continue mon histoire. J'attends calmement à l'intérieur. Comme je déteste être mouillé, j'enfile quand même ma combinaison de survie par-dessus une fourrure polaire et un gilet. Les deux hublots fêlés du roof, sous la pression, commencent à pisser de l'eau copieusement. Et petit à petit, le carré se remplit. Je fais le tour, je vérifie tout. Je ne suis pas trop inquiet, car le reste est bien au sec.

Au bout de deux heures, le bateau n'a pas bougé d'un iota. Il est d'une stabilité impressionnante. Je n'ai pas vu le moindre mouvement ou entendu de craquement. Pour moi, ma quille est toujours là. Je n'ai pas perdu mon bulbe. Je songe que, coincé comme cela, cela peut durer des jours. Cela me tracasse vraiment. Alors je rassemble mes affaires. Dans un sac étanche, je mets mon passeport, ma carte bleue, mon carnet d'adresses, des pellicules photo utilisées et vierges, deux appareils photo, un caméscope, des cassettes vidéo, un bouquin de Machiavel encore emballé sous vide et surtout ma collection d'une cinquantaine de disques laser. Rossini a fait la Mini-transat avec moi et je suis tombé amoureux du *Requiem* de Mozart et de *Renaud chante Brassens*. Je ne peux pas les laisser. Je récupère aussi dans la soute à voiles un bidon de 20 litres d'eau. Je rejoins mon matériel de survie à l'arrière et je m'interroge.

Je réfléchis longuement pour savoir si j'appuie sur le bouton " détresse " de ma balise. J'ai suffisamment gueulé contre ceux qui déclenchent trop tôt, et je repense à la polémique après le sauvetage d'Isabelle Autissier. Et puis appuyer, cela veut dire laisser mon bateau. Je me décide car j'ai un autre doute. Il y a du carbone dans ma coque, cela n'aide pas dans la transmission du signal des balises. Et si un avion arrive, il faudra bien que je sois dehors pour qu'il me repère. Dans ma tête, je me dis que je vais aller à l'extérieur mettre en route ma troisième balise puis je reviendrai. La première s'étant fait arracher dans le premier chavirage, j'ai vite allumé ma deuxième en position " présence à bord " pour signaler que j'avais des emmerdes mais que je me débrouillais. Je me dis qu'au cas où il vaut mieux avoir mon radeau prêt. Je relis sa notice, je l'amarre à l'intérieur du caisson avec le container et le bidon. Puis j'ouvre la trappe. Comme elle est en biais, je ne vois pas bien. Je pousse le tout un peu au jugé. Je regarde si je n'ai rien oublié, puis je sors à mon tour.

Je me retrouve dans l'eau, à nager, à l'arrière du bateau.

J'attends que son cul descende au fond d'une vague et j'attrape le safran. Je me hisse sur la coque et je constate que cela bastonne. Je mets en route ma balise Argos-GPS et ma Sarsat, tout les deux en position " détresse ". Je vérifie qu'elles émettent bien. Lumière rouge pour la première, flash blanc pour la seconde. Mais une fois assis sur ma coque, agrippé au gouvernail, je cherche mon radeau. Je tire sur la ficelle pour le récupérer, il n'y a plus rien au bout. Et je le vois dérivant à plusieurs centaines de mètres, à moitié gonflé, inexplicablement. Là, cela commence à être un peu plus ennuyeux. D'autant que j'ai fait une connerie, j'ai oublié les traînards à l'arrière. Le chapelet de matériel s'est emmêlé dedans. Et le container de survie, à son tour, se fait la jaquette. Je n'ai plus d'eau, de bouffe, de radio. »

Fuite australienne

À Paris, depuis la veille au matin, Philippe Jeantot a compris. Un coup d'œil au classement suffit. Vitesses de Bullimore et Dubois : 1,82 et 1,50 nœuds. Et surtout quatre balises qui émettent en même temps. Les deux principales posées sur le balcon et arrachées dans les tonneaux. Et les deux suivantes allumées par les skippers, en remplacement. Le premier message d'alerte de Tony parvient à 5 h 05 TU, le dimanche. Le patron du Globe est prévenu, le CROSS aussi. Les secours s'organisent, mais l'information ne transpire pas avant la toute fin de soirée. La fuite provient d'Australie. À 23 h 29 (heure française), une dépêche tombe sur le fil de l'Agence France Presse, en direct de Sydney : « Le Français Thierry Dubois et le Britannique Tony Bullimore, tous deux concurrents du Vendée Globe, ont déclenché leur balise de détresse, au sud-ouest de l'Australie. À Perth, un avion militaire australien s'apprête à partir à la rencontre des navigateurs, qui se trouvent à environ 1 400 milles nautiques (2 500 km), pour leur envoyer du matériel de secours. » Dans la seconde, le standard téléphonique du PC course croule sous les appels. Jeantot commence par démentir l'information (dépêche de 0 h 11), puis il rectifie rapidement le tir (1 h 20), en précisant que seul Tony a actionné le bouton " détresse ", un geste manuel qui assure théoriquement de sa présence à bord. Le SOS de Dubois ne tarde pourtant pas à suivre. À 6 h 36, ce lundi matin, les ordinateurs d'Argos reçoivent un message d'alerte de la balise numéro 24599, modèle Mar YG. Plus aucun doute à Toulouse. Mais à Paris, jamais, officiellement, il ne sera révélé que Thierry a poussé son alarme.

Après Raphaël et Tony, Thierry est en danger. Mais tout juste a-t-il appelé au secours qu'un avion le survole. Il n'en croit pas ses yeux. « Je trouve cela curieux. Je me dis : "Tiens, ils sont rapides les secours dans le coin." » Je sais que ce n'est pas possible aussi vite et, même si l'avion va me repérer, il est très clair dans ma tête que je vais devoir poireauter trois ou quatre jours, sauf si Tony ou un autre bateau vient me chercher. Le problème, sans radeau, c'est que je ne vais pas pouvoir attendre éternellement sur ma coque à l'envers. Le vent est tellement fort que je m'explose la tête, les lèvres, le nez sur le gouvernail. Les déferlantes me passent par-dessus, et plusieurs fois je me fais éjecter, je dois nager pour revenir, je m'épuise à remonter et, finalement, je m'amarre pour être sûr de ne pas m'écarter trop du bateau. C'est vraiment violent. Alors je me dis que je vais tenter le coup de rentrer à l'intérieur pour attendre les secours. Mais comme la coque a dû se remplir un peu plus d'eau, la trappe est sous l'eau et le cul du bateau fait des bons dangereux. J'essaye plusieurs fois et je manque vraiment de me faire assommer. Donc j'abandonne cette solution. »

« Je nage calmement »

« Dans le même temps, l'avion commence à me parachuter des radeaux de survie. Il y a encore 55 nœuds. Les deux premiers tombent trop loin et la ligne, qui les relie, casse. Mais le troisième lancer est pas mal, un canot se rapproche, sans que le bout s'emmêle dans mon bateau. Je le vois passer à cinquante mètres de moi et là j'hésite : " Qu'est-ce que je fais ? " Je me décide. Je me fous à l'eau pour récupérer le radeau. Je nage jusqu'à lui. Ce n'est pas trop dur, mais il y a quand même encore de la mer. Lorsque j'arrive dessus, c'est la surprise. Il est à moitié dégonflé, la tente déchiquetée et surtout, au bout de la ficelle, il n'y a plus rien, pas de container, ni de nourriture. Je tente de regonfler le boudin supérieur, mais il ne tient pas. C'est un mauvais plan !

Cela commence à sentir le roussi. L'avion repasse et me voit dans le bib. Je lui montre qu'il est pourri, et il continue à tourner pas trop loin. Dix minutes après, une putain de vague m'attrape, quelque chose d'incroyable. Elle fait le même bruit que sur une plage landaise. Je me vois partir, je me cramponne, mais le roulé-boulé est terrible. Pendant une minute environ, je me retrouve dans un rouleau comme si je surfais, puis sous l'eau, emmêlé dans le radeau. Je bois la tasse. Cela s'arrête. Et je me retrouve avec des morceaux de caoutchouc entre les mains, en train de nager. Je n'ai plus rien. Ça craint. Je me vois vraiment mal. C'est complètement surréaliste. Je suis au milieu de l'océan Indien, dans une eau qui fait, je le sais, entre 3 et 4° degrés. Je n'ai plus de radeau, plus de bateau, et l'avion ne me voit plus. Je me surprends : je ne panique pas du tout. De toute façon, si je dois y rester, eh bien j'y resterai. Cela ne sert à rien de s'exciter. Je nage calmement, sans savoir vers où, bien sûr. Je peux toujours réfléchir entre l'Afrique du Sud, l'Antarctique ou l'Australie, mais bon... Ma seule question : combien de minutes cela va me prendre pour mourir ? Et qu'est-ce que cela va me faire ? Cela me paraît tellement inéluctable. Je n'ai pas de radeau, je ne suis pas repéré, je ne vais pas vivre éternellement. J'ai beau avoir ma combinaison et deux balises, mon Argos-GPS et celle du radeau pourri, je sais que c'est ma dernière heure. Je me prépare à me laisser couler, à mourir. Je me dis quand même que l'avion m'avait repéré dans le radeau et qu'il va peut-être me chercher. Je le vois effectivement autour de moi qui tourne. Retrouver un mec dont seule la tête dépasse, je n'y crois pas. Effectivement, il passe au-dessus de moi sans me voir. J'ai gardé dans une main un petit bout de la tente orange fluorescent. Si je l'agite peut-être qu'ils vont finir par l'apercevoir. Enfin, ils le voient, ils balancent un fumigène, mais assez loin. Ils passent et repassent. Moi je les vois mais pas eux. Je patauge au moins un quart d'heure ou peut-être une demi-heure. Cela ne me paraît pas long. Je n'ai pas froid. Je repense à ce que j'ai vécu. Je regarde derrière moi. Je me dis que je n'ai que vingt-neuf ans et pas vu beaucoup de la vie. C'est dommage de la finir là. Je me raccroche à ma famille, à mes amis, à ceux que je laisse. Je pense que je suis parti faire mon tour du monde, vivre ma passion égoïste, et que je n'ai même pas eu le temps de faire un enfant à ma copine. C'est quand même con de crever là sans dire au revoir. Il faut que je tienne, car je dois la continuer cette histoire.

L'avion me retrouve finalement et balance un nouveau chapelet avec deux radeaux de survie et des containers. Ils font un super drop, ligne travers à mon vent. Je dois juste nager un peu pour récupérer le bout. Ce n'est pas encore fini parce qu'il y a cent cinquante mètres à faire d'un côté ou de l'autre pour aller jusqu'à un canot. Vu les vagues, c'est un peu de la folie, mais quand tu n'as qu'une ficelle pour retrouver un semblant d'espoir, tu trouves de l'énergie. Je commence à tirer le bout. À chaque vague, je suis sous l'eau. C'est épique. Je choisis un côté, je fais trois ou quatre mètres, puis je repars de l'autre côté. Mais la ficelle continue de me filer entre les doigts. Je me calme, je réfléchis. Et dès que la mer me le permet, j'avance. Sinon, je m'accroche et j'attends en disparaissant sous l'eau. Après m'être bien battu, j'atteins le radeau. Il est nickel, avec une belle tente en parfait état. À l'autre bout de la ligne, il y en a un autre en bon état, *a priori*. Je rassemble tout le matériel. Je commence à écoper pour le vider. J'ai à peine fini, qu'une autre vague arrive et me retourne. La série continue ! Heureusement, le radeau est intact. Mais j'ai peur, parce qu'à ce moment-là l'avion qui me survole ne me voit pas dedans. Je suis en train de patauger et de le remettre à l'endroit. Je me dis : " Merde, je vais remonter dedans, mais ils vont croire que je ne l'ai jamais atteint et que c'est fini pour moi. " Là, j'ai un moment d'angoisse. Puis je me raisonne : " Tant pis, on va bien voir. " ».

Numéro 33

Le quadrimoteur P3 Orion de la Royal Australian Air Force quitte Thierry Dubois et retourne vers sa base d'Adelaide. Par radio, il annonce la bonne nouvelle : « Repéré un bateau, à l'envers, skipper sur la coque retournée. » L'info arrive jusqu'à Paris, mais sans aucune précision sur l'identité du naufragé. Tony ? Thierry ? Personne ne sait. Tension maximale et attente insoutenable pour les familles. Brigitte Dubois, la maman, tourne en rond dans le PC. Comme les militaires volant au-dessus d'une coque blanche. Nouvel appel mais toujours sans aucune indication de numéro de bateau. Rien de plus logique. À 8 h 30 TU, le MRCC australien, basé à Canberra, prévient de la méprise. La deuxième soi-disant coque n'est en fait qu'une voile à la dérive. Heureusement, un autre appareil a déjà décollé pour prendre le relais. L'Australie ne lésine pas pour tenter de localiser puis de sauver ces marins qui viennent défier les mers au large de leur pays. Dès 8 h, le *HMAS Adelaide* a largué les amarres du port de Fremantle pour se diriger vers le point de naufrage situé à plus de 2 500 km. À son bord, normalement, deux cent dix hommes d'équipage. Mais l'embarquement s'est fait dans la précipitation et soixante militaires manquent à l'appel. La frégate de cent quarante mètres de long n'a également emmené qu'un seul de ses deux hélicoptères Seahawk. À 20 nœuds de moyenne, il fonce vers le sud pour rejoindre les 50ᵉ, pendant que l'avion de la RAAF poursuit ses recherches pour localiser *Exide Challenger*. Dans leur tenue kaki, le casque sur la tête, les aviateurs fouillent la zone du regard et du radar. Mais la visibilité n'est pas bonne. Soudain, un cri : « Là ! » Un doigt se tend. Une coque blanche. Et un numéro. Le 33. Le bateau de Tony Bullimore est repéré, à l'envers, sans quille ni trace de son skipper. Aucun signe visible d'une quelconque présence. Tony a-t-il été éjecté dans le chavirage ? A-t-il embarqué sur son radeau ? Ou se trouve-t-il à l'intérieur de l'habitacle ? Le doute s'installe.

À 11 h 25 TU, Le CROSS, interlocuteur logique du MRCC, appelle à Paris. « Le deuxième bateau repéré porte le numéro 33 et Dubois serait monté dans un radeau de survie. » À 11 h 45, la confirmation tombe. « *Exide Challenger* est bien retourné et Dubois dans un canot. » La maman de Thierry peut souffler. Et Lalel s'inquiéter, depuis l'Angleterre. Jeantot tente de la rassurer : « Le fait que le bateau ait perdu sa quille est plutôt encourageant, parce qu'il ne devrait pas couler. Et connaissant Tony, qui est quelqu'un à ne pas prendre de risques, il devait se trouver à l'intérieur lorsque la tempête a soufflé. Il n'a donc pas dû être éjecté. » En fin de soirée, une autre information en provenance d'Australie fait alors état d'une possible modification du signal reçu en provenance de la balise de l'Anglais. « Il est vivant », se réjouissent déjà les Australiens. Jeantot, qui passe une heure avec Argos au téléphone, tempère : « C'est très grave de dire que Tony vient d'éteindre et de rallumer sa balise. Il l'a actionnée dimanche à 5 h 05, puis l'a placée en mode " alarme " à 6 h 48. Depuis, aucun changement, si ce n'est une légère modification du signal, mais Argos est incapable de dire si cela est dû à une action manuelle ou pas. »

Mardi 7 janvier

Thierry Dubois s'est installé dans son petit radeau gonflable. Pas vraiment un palace flottant, mais il faut s'en accommoder. Au matin, le soleil fait son apparition et un nouvel avion le survole. Le moral remonte. « Ils me font des signes, je leur réponds. Ils me voient bien, pas de problème. Et vers midi, ils me parachutent un paquet. Le largage est si parfait que j'ai l'impression qu'il va me tomber sur la tête. Je le récupère, je l'ouvre. À l'intérieur, un message : " Dans quarante-huit heures, *HMAS Adelaide* sur zone. Bon courage. " Dessous, une radio. Je l'allume. " Ça va ? " me demandent-ils. Je les rassure : " Merci d'être venus. " Ils m'interrogent : " Avez-vous des nouvelles de Bullimore ? " Je comprends tout, et surtout leur arrivée si rapide. À côté aussi, deux petites bouteilles d'eau minérale Sumit. Un avant-goût de l'Australie. Il ne manque que les hamburgers. Je me console avec la petite dizaine de boîtes métalliques que les militaires australiens mangent en manœuvre. Il y a le kit complet pour une journée, mais ce n'est pas facile dans ma position d'utiliser le sachet de thé ou de soupe. Alors, je me rabats sur les biscuits, les barres de céréales, le chocolat dégueulasse, mais je me fais violence afin de garder les deux tubes de lait concentré Nestlé pour mon petit déjeuner. Il y a même un jeu de cartes et un manuel de survie qui montre des photos de serpents dangereux et explique en anglais comment faire une cabane dans les champs. Je le dévore, cela m'occupe. En fait, dans cette boîte, il ne manque que le préservatif...

Comme il fait beau, j'ouvre la tente côté soleil et je la laisse fermée côté vent. Je suis presque bien. On pourrait se croire dans une publicité pour le Club Méditerranée. J'ai à manger, à boire, et je peux donner des nouvelles régulièrement aux avions qui viennent me survoler. À chaque passage pour chercher Tony, ils viennent me voir, me font un petit coucou, me demandent si tout va bien. On discute deux minutes. Et cela aide bien d'avoir régulièrement une présence et de savoir quel jour et à quelle heure je vais être secouru. Sinon, je réfléchis à ce qui m'est arrivé. La mer moyenne n'était pas impressionnante, j'en avais déjà vu comme cela. Et j'avais déjà eu aussi un aperçu de 65 nœuds de vent. Ce qui m'a vraiment surpris, ce sont ces vagues qui traînaient, imprévisibles. Quand j'y repense, de temps en temps j'en voyais qui déferlaient au loin. Une est passée, elle a été pour moi. Si tu prends un Optimist dans les rouleaux au bord d'une plage, tu finis à l'envers. Là, pareil. Quant au fait que le bateau reste retourné, j'en avais déjà discuté avec des architectes. Personne n'était sans savoir qu'il y avait un risque que nos bateaux, larges et très plats, une fois à l'envers, aient un peu trop de stabilité. Ce qui est étonnant, c'est qu'ils arrivent à se retourner, surtout sans mât, deux fois. »

La certitude de Jeantot

Thierry supporte correctement son attente. Seul, au cœur de cet océan Indien qui a accepté quelques heures de baisser le ton, il passe le temps comme il peut. Seul avantage, comparé à la terre : son calme relatif. Car au PC course, envahi par une meute de journalistes qui se battent micro, stylo et caméra en main pour recueillir la « bonne » parole de l'organisateur du Globe, la pression ne cesse de grimper autour du cas « Bullimore ». À 16 h 13 TU, la balise numéro 24588 cesse définitivement d'émettre. Alors que Patrick de Radiguès abandonne le Globe en posant à Fremantle son premier pied à terre depuis deux mois pour régler ses problèmes électriques et que Raphaël Dinelli l'imite à Hobart en affirmant « revenir du pays des morts », l'inquiétude grandit au sujet du quinquagénaire anglais. Jeantot ne se démonte pourtant pas. « Je suis sûr, à 95 %, qu'il est vivant dans sa coque », lâche-t-il. Sa certitude s'appuie encore et toujours sur le déclenchement, dès le premier jour, du bouton « alarme ». En revanche, il a du mal à expliquer l'arrêt soudain de la balise. Coupure volontaire ? Panne d'émission ? Usure des batteries ? La société Argos se posa la question bien longtemps. En tout cas, l'arrivée de la première photo de l'*Exide Challenger*, prise de l'avion australien, réconforte Jeantot. « La quille est partie sans arracher de morceau de coque, donc il ne doit pas y avoir trop d'eau dedans. Regardez comme il flotte haut sur l'océan. »

À bord de son radeau, Thierry Dubois n'a pas cette chance. Les vagues, il les prend de plein fouet. Obligé de rester assis ou allongé. Il supporte difficilement la nuit qui passe. Un ennemi principal : le froid. « Ma seule lutte, à ce moment-là, est de ne pas mourir gelé. C'est l'angoisse. Un peu d'eau s'est infiltrée dans le bas de ma combinaison de survie et bêtement, lorsque je nageais, j'ai fait pipi dedans. Cela ne baigne pas, mais mes pieds sont humides. C'est dur, avec l'obscurité, la fatigue et un peu plus de froid. Je passe mon temps à penser à mes pieds et aux histoires d'alpinistes qui les ont eus gelés, et aussi à ceux qui s'étaient endormis et jamais réveillés. Je me bats pour ne pas dormir longtemps. Je m'efforce de garder le rythme de la course et de me reposer par petites tranches d'une demi-heure. Quand cela devient trop dur de lutter contre le sommeil, je me mouille les mains avec l'éponge ou je mange un carré de chocolat. Le temps que j'ouvre le container, fouille dedans, trouve la barre et le referme, cela m'occupe. L'ambiance est un peu glauque quand même sous cette petite lumière qui fonctionne avec des piles salines. Je suis enroulé dans ma couverture de survie argentée, avec entre mes jambes ma balise. Je la couve. »

Mercredi 8 janvier

Plus le temps passe, plus la tempête se remet à souffler et plus les inquiétudes grandissent à propos de Tony Bullimore. Toujours pas la moindre trace d'une éventuelle présence à bord. Les avions australiens, dès le lever du jour, survolent sa coque. Ils tournent et retournent, veillent et surveillent. Mais de là-haut, ils ne voient rien, absolument aucun signe de vie, ni d'espoir. Le bouledogue est-il à bord ? Et si oui, a-t-il pu respirer ? Se protéger du froid ? S'isoler de l'humidité ? S'alimenter ? Le docteur Jean-Yves Chauve multiplie les analyses et les interviews. L'incertitude est insoutenable. Avenue de la Grande-Armée, à portée de la place de l'Étoile, le patron du Vendée Globe n'a plus une seconde pour gamberger. Il croule sous les polémiques en tous genres et de tous horizons. Les journalistes australiens, qui ne cessent de le harceler, ont ouvert les premiers le bal des récriminations et la danse des loups. Bientôt suivis par les autorités nationales. Le ministre des Sports Warwick Smith prend sa plus belle plume pour écrire à son homologue français Guy Drut. Le message est clair : « Il faut repenser le parcours de la course, sinon l'Australie sera sans cesse sollicitée pour des missions de secours coûteuses. Ces interventions récentes, survenant deux ans après le sauvetage d'Isabelle Autissier, dans des conditions similaires, doivent conduire à une remise en question de telles épreuves. » Son collègue de la Défense chiffre également le récent sauvetage de Dinelli : plus de 600 000 francs. Quant à l'opposition travailliste, elle se déclare favorable à une révision des règlements de course afin que les organisateurs soient amenés à participer aux frais de sauvetage.

Coûts, parcours, navigation en solitaire, la course au large française dans son ensemble plie sous le poids des critiques et tente de se défendre. Ses vedettes, nouveaux héros des temps modernes, montent au créneau. Titouan Lamazou, le vainqueur du premier Globe, avoue sur France Inter qu'il préfère voir les militaires sauver des vies qu'en détruire. Alain Gautier, le triomphateur du deuxième Tour du monde en solo, dissèque sur France 2 le contenu d'un radeau et raconte qu'on peut aussi bien tomber en mer par grand beau temps, comme lors de sa dernière Solitaire. Et Bruno Peyron, le premier marin à avoir bouclé en équipage un tour de la planète en moins de quatre-vingts jours, déclare à qui veut bien l'entendre qu'en mer « l'homme se sent tout petit, qu'il ne s'y engage jamais la fleur au fusil. Tous les marins savent ce qui les attend, notamment en cas de difficulté, quand les espoirs d'être secourus sont presque nuls. Dans ces mers-là, on n'est que toléré. »

La grogne des kangourous

Jeantot, qui va réussir l'exploit d'ouvrir le même soir le journal de 20 h sur France 2 et fermer celui de TF1, tente lui aussi de répondre aux polémiques qui mettent en danger sa course. Toujours avec vigueur, parfois avec maladresse, il rappelle ainsi que le règlement du Vendée Globe n'a cessé d'évoluer pour limiter les risques, tant au niveau des bateaux, avec des contraintes techniques, qu'au niveau des icebergs, en interdisant une route trop au sud. Il rappelle ensuite qu'en mer, si une vie peut avoir un coût, elle n'a pas de prix, au contraire des biens matériels. Il rappelle encore que les conventions de Bruxelles (1910) et de Hambourg (1979) font obligation à chaque pays de porter assistance à toute personne en danger dans la zone maritime qui lui est confiée en surveillance et que les militaires australiens préfèrent ce genre de missions que des entraînements à vide. Il rappelle enfin qu'en voile le risque zéro n'existe pas et que chaque été les sauveteurs français évitent la mort à des centaines d'étrangers dans le massif du Mont Blanc. « Et il y a sûrement des Australiens dans le tas. »

Celui-là, journaliste d'une grande agence mondiale, pousse le bouchon un peu loin sur l'océan de la polémique : « N'avez-vous pas honte, vous les Français qui avez pollué notre océan avec vos essais nucléaires, de nous demander maintenant d'aller sauver vos marins ? » Non, définitivement, la France n'a pas honte, même si certains dessinateurs caricaturistes s'en donnent à cœur joie sur le sujet. Jeantot, bras croisés et traits tirés, fera, quelques semaines plus tard, la une de *L'Équipe Magazine* (daté du 25 janvier), mais c'est en avant-dernière page que Blachon sévira, avec son humour habituel. Un hélicoptère survole un océan déchaîné sur lequel barbotent cinq radeaux de survie. Assis les pieds dans le vide, le journaliste commente cette nouvelle race de course : « Les concurrents du Vendée Globe sont maintenant groupés. Qui va l'emporter ? C'est l'incertitude ! »

Thierry Dubois mène effectivement devant Tony Bullimore, à cet instant. Car lui a été localisé et, bientôt, il va être récupéré, sain et sauf. Mais la frégate *Adelaide* a été retardée par le mauvais temps. Alors le Versaillais doit encore patienter. Tout est bon pour s'occuper. « Soit j'éponge le radeau, soit je le regonfle, soit je mange, soit je chante. Je passe mon temps à me raconter des histoires, à faire des projets, à travailler de la tête. Je prends des heures aussi pour démêler les nœuds dans l'ancre flottante. Je regarde également les pétrels qui viennent se poser sur la tente de mon canot. Ils n'arrivent pas à tenir et glissent. Ils ne sont vraiment pas farouches. Je suis obligé de gueuler pour les faire s'envoler. J'espère bien être hélitreuillé avant la nuit. Ils m'ont expliqué toute la procédure mais malheureusement, au dernier survol, ils m'apprennent que ce sera pour le lendemain. Je me fixe un objectif : prendre mon petit déjeuner sur la frégate. »

Inquiétude pour Roufs

Jeudi matin dans le sud-ouest de l'Australie, cela donne mercredi soir en France, décalage horaire oblige. Depuis le début de l'après-midi, le PC course est plongé dans un profond désarroi. Car à 12 h 39 (heure française), Philippe Jeantot a lâché une nouvelle bombe : « On est inquiet pour Gerry Roufs. Depuis mardi soir, le satellite n'a plus relevé la position de sa balise Argos. » Raphaël, Thierry, Tony, et maintenant Gerry. Trop c'est trop. Mais le sort du Canadien, pour quelques heures, va passer au deuxième plan. Car l'hélicoptère de la marine australienne, enfin, peut décoller de l'*Adelaide* et s'approcher de Dubois. « Depuis l'aube, le plafond est bas, il pleut et il y a une mauvaise visibilité. Et soudain, j'entends l'avion. J'ai tout préparé, mes fumigènes, ma radio. Je l'allume. Ils me font compter, pour que je les guide. Ils me repèrent et balancent des fusées. Ils communiquent avec l'hélicoptère, le dirigent et il se retrouve au-dessus de moi. Comme ils me l'ont demandé, je dégonfle la partie supérieure du radeau, je m'allonge dessus.

Un militaire descend. Ses premiers mots sont plein d'humour. " You want a lift, guy ? " " Tu veux monter, mec ? " Il m'harnache. Je l'aide, je suis bien mobile. Mais il veut me remonter allongé, parce qu'il craint une remontée de sang dans mes pieds gelés. Il m'attache à lui et nous montons. C'est sympa, je regarde, c'est mon premier hélitreuillage. Il me hisse à bord. Et l'on se sert la main. Sans parler. Pas besoin. Ils me donnent une soupe. Le vol dure une demi-heure, puis on se pose sur l'*Adelaide*. Je descends tout seul et ils m'allongent sur une civière pour me conduire à l'infirmerie. J'ai le temps de voir plein de filles et je me demande sur quel bateau je suis tombé. Malheureusement, les infirmiers sont tous des mecs. Ils commencent par me prendre ma température : 37°, tout va bien. Puis ils me font un électrocardiogramme et me vérifient partout. Très vite, on parle de Tony. Ils me disent qu'ils ne croient pas qu'il soit vivant. Je demande à parler au commandant. C'est le second qui arrive. Je lui affirme : " Si, si, il peut être dans sa coque. Mais il ne peut pas en sortir, parce qu'il n'a pas de trappe comme moi. Prenez un Zodiac et allez taper à la coque. " Je mets leur masque à oxygène pour leur faire plaisir, parce que cela ne sert à rien. Puis ils m'allongent dans une couverture spéciale où souffle de l'air chaud. C'est un vrai bonheur pour réchauffer mes pieds. Et surtout le gauche. En rigolant, je leur lance : " C'est ça qu'il faudrait sur vos radeaux. " Je réclame mon petit déjeuner. Mais ils veulent savoir si je me suis nourri correctement, si j'ai bien bu. Finalement, j'ai droit à mon " eggs and bacon ", puis à la douche. Ils s'excusent de m'accompagner, mais ils craignent que je me brûle en réglant l'eau. Le p'tit déj et la douche, ça c'est la vie. Dire que j'ai failli perdre cela... »

Thierry n'est pas le seul à savourer son bonheur. À 22 h 35, alors qu'il se trouve encore dans l'hélicoptère, le CROSS, prévenu par le MRCC, peut annoncer la grande nouvelle. « Thierry Dubois sera débarqué dans six minutes sur la frégate *Adelaide*. » Jeantot, encerclé par les micros, pousse un hurlement de joie. « Et d'un! Au suivant ! » Murielle, jupe grise, pull vert et petites lunettes, frissonne de plaisir. Elle tombe dans les bras de Brigitte, sa « belle-mère », qui lâche un magnifique : « Je ne serai totalement soulagée que lorsque Tony sera sauvé. Les deux sont indissociables. »

« **C'est un miracle** »

Thierry en a fini avec la douche du bonheur. Et lorsqu'il en ressort, après un bon shampooing, cheveux et barbe compris, il enfile une superbe salopette grise. Il ne traîne pas. Car l'*Adelaide*, déjà, s'approche de la coque blanche de Bullimore. Le Français, tout juste sauvé, ne peut pour l'instant être comblé. Car il vient d'apprendre pour Gerry. Et Tony reste invisible. Pourtant, peu de temps avant, un brin d'espoir est apparu. Aussi menu que le fil qui relie tout marin à la vie. Aussi fragile que ce léger tapotement enregistré par les capteurs sonores largués autour du bateau. S'agit-il de Tony? Ou d'un bruit produit par le gréement? L'incertitude est plus grande que jamais lorsque le bateau pneumatique numéroté 01 est mis à l'eau. Au- dessus, l'hélicoptère qui a sauvé Dubois tourne. Le Zodiac, avec six hommes à son bord, met quelques secondes à rejoindre *Exide Challenger*. Au milieu de la houle, des embruns et de la brume, il se colle à ce monocoque qui gît retourné depuis cinq jours.

Un militaire tape sur la coque avec un marteau. Le Zodiac fait le tour par l'avant lorsque le miracle se produit. Le troisième depuis le départ de ce Vendée Globe dramatique. Derrière les deux safrans, une tache jaune vient d'émerger sur l'océan déchaîné. Thierry Dubois la repère tout de suite dans ses jumelles de surveillance. Tony vient de plonger sous son bateau et il ressort dans l'eau glacée. Revenu de nulle part. Exhumé d'un monde que le commun des terriens ne pourra jamais imaginer. Sa tête grise apparaît dans cet océan de misère. Un vieil homme à la mer! Les marins australiens enfin l'aperçoivent. Tony est vivant! Tony est sain et sauf! Il est hissé à bord du bateau et allongé tout de suite dans le fond. Ses premiers mots : « Merci mon Dieu, c'est un miracle. » Puis il regarde son sauveteur, un officier à lunettes, qu'il jugera plus tard « pas le plus bel homme à bord », et lui dit : « Je vous aurais bien embrassé si vous n'aviez pas de barbe. » Ensuite, il lui montre sa main gauche et cette dernière phalange du petit doigt qui a disparu dans le combat contre la mort. Le Zodiac est remonté à bord. Thierry regarde la scène, appuyé à une rambarde. Il n'approche pas trop. Bullimore est conduit immédiatement vers l'infirmerie, pour les premiers soins. Il y a urgence. Mais en route, il croise une caméra. La première d'une longue série. L'image fera le bonheur de toute les télévisions de la planète. Tony est allongé dans une couverture de survie argentée, barbe grisonnante, tête d'un SDF déshydraté. Et d'une voix grave, il livre son message : « Je peux vous dire une chose, et cela ne me gêne pas de le dire au monde entier : je suis plus humain. Depuis cette épreuve, je suis une personne différente. Je ne serai jamais plus désagréable avec les autres. Je ne l'étais pas avant, mais je serai beaucoup plus gentleman avec les gens, je les écouterai davantage. Pour moi, c'est comme si je vivais une seconde naissance. »

Une légende est bien née. Et Thierry Dubois a l'insigne honneur de la côtoyer dans les tout premiers. « J'aperçois Tony lorsqu'il rentre dans l'infirmerie. Ils le préviennent alors que je suis à bord. Et quelques heures plus tard, en redescendant de la passerelle, je le croise dans une coursive. On se connaissait du Tour de l'Europe. Sur le moment, nous ne nous disons pas grand-chose. On commence par se serrer la main, délicatement, on a aussi mal l'un que l'autre. Puis on va boire un coup. Tony voulait une bière, mais on la lui refuse. Et il commence à me raconter ce qui lui est arrivé. Il me dit qu'il n'entendait pas les avions qui le survolaient. Mais très vite, on est interrompu par les journalistes qui sont à bord. Ils veulent interviewer Tony. »

Désert liquide

S'il a perdu l'extrémité de son auriculaire gauche, l'Anglais n'a pas égaré sa langue. Et très vite, il confie son incroyable odyssée quasi sous-marine et ce sauvetage magique. « Lorsque j'ai entendu taper à la coque, c'était le paradis. Je commençais vraiment à douter et je ne cessais de me répéter : " J'ai eu une belle vie. J'ai réalisé la plupart des choses dont j'ai rêvé. Je peux mourir maintenant. " Puis j'ai entendu cette énorme détonation et ensuite une voix. J'ai hurlé : " J'arrive, j'arrive. " Il m'a fallu plusieurs secondes pour traverser le bateau de part en part. J'ai pris une grosse respiration et j'ai plongé. En arrivant à la surface, quand j'ai vu la frégate et plusieurs personnes qui étaient en train d'écouter sur le dessus de ma coque, c'était l'extase. Un seul mot pour décrire mon sauvetage : c'est " miracle ". Jamais je n'aurais imaginé pouvoir aller aussi loin. Et je ne serais certainement pas là, aujourd'hui, sans la marine et l'aviation australienne. Je leur donne dix sur dix. En fait, il n'existe pas de note assez bonne. Ils ont été fantastiques. »

Ils ne sont pas les seuls. Car Tony, lui aussi, a fait preuve d'un incroyable courage pour résister mentalement à une telle épreuve. « Une fois qu'il a décidé quelque chose, plus rien ne peut l'arrêter. Je ne connais personne de plus fort psychologiquement que Tony », confie Kevin, son assistant, au lendemain du sauvetage de son patron. Et effectivement, lorsque dimanche, au cœur de la tempête, la quille de son monocoque « saute comme un bouchon de champagne », Tony ne s'affole pas. Les bons gestes au bon moment. Se repérer dans ce charivari, mettre la main sur la balise de secours, dévisser le capuchon et pousser ce petit bouton. La lumière rouge se met à clignoter. Toutes les soixante secondes. Comme en morse. Trois flashes longs, trois flashes courts, trois flash longs. S.O.S. Le signal de l'espoir. Mais les ondes traversent-elles la coque ? Et la terre entend-elle cet appel à l'aide ? Et qui va pouvoir lui tendre la main dans ce désert liquide ?

Tony ne s'interroge pas longtemps. Il faut avant tout assurer la flottabilité du bateau. Vérifier l'étendue des dégâts. L'Anglais comprend vite. Sans sa quille de 3,5 tonnes, son *Exide Challenger* ne coulera pas. Et quoi qu'il arrive, il ne devra pas quitter cette coque transformée en tanière des océans. La première nuit, il la passe recroquevillé au fond, sur le plafond devenu plancher, calmement. Mais l'orage survient. Pas d'éclair mais un hublot qui rend l'âme à l'arrière. Et l'enfer commence. « L'eau rentre comme les chutes du Niagara, mais à l'envers. Puis ressort en entraînant tout. La radio, le fauteuil et même la table à cartes. C'est hallucinant. Tout est aspiré vers l'extérieur. Et les deux tiers de la cabine se remplissent d'eau. Il faut que je trouve l'endroit le plus haut possible pour m'isoler de l'eau. »

Hamac de survie

En avant du roof, juste après le compartiment moteur, au pied du premier mât, existe un petit réduit. 1,50 mètres sur 1,75 mètres. Et pour y accéder, en temps normal, il faut descendre presque un mètre. À l'envers, évidemment, le point le plus bas du bateau devient son sommet. C'est là que Kevin a rangé les caisses de nourriture avant le départ. C'est là aussi qu'avec Tony ils ont choisi d'installer les balises de secours et le container de survie. À l'intérieur, le kit complet du parfait naufragé : 5 litres d'eau douce conditionnée par pochettes de dix centilitres, trois lampes torches, une radio VHF portable, des jeux de piles, une pharmacie, une bombe de peinture fluorescente, un miroir de signalisation et différents éléments nutritifs. Mais la première priorité de Tony, avant même de mettre la main sur ce précieux bidon, c'est de s'isoler du froid et de l'humidité. Avec le gigantesque trou, ses problèmes éventuels de renouvellement d'oxygène disparaissent rapidement, tout comme l'utilité des tubes de sondeur et de speedomètre [1] dévissables à la main pour se transformer en puits d'oxygène et de lumière. Au contraire, ce sont les calories qu'il faut essayer de retenir. Il fait à peine 8° dehors. Alors dans son réduit, avec des filets et des bouts – il y en a cinq cents mètres de rechange rangés à cet endroit, selon Kevin –, il se fabrique un hamac. « Je n'ai pas de lampe, il fait très sombre et je passe beaucoup de temps dans mon petit nid. J'y suis au sec. Mais de temps en temps, je crois entendre des vrombissements et je suis obligé de descendre, avec de l'eau jusqu'au cou, pour aller vers l'entrée voir ce qui s'y passe. Je veux essayer d'attraper le radeau de survie, car j'ai peur que quelqu'un le voit vide et qu'il pense que tout est fini. Pour cela, je dois plonger, traverser le sas et nager vers la surface à travers le

---

1. Le compteur de vitesse.

cockpit retourné. J'essaye une douzaine de fois mais, avec la cigarette, mon souffle n'est pas très bon. Et à chaque fois que j'arrive au radeau et que je tente d'enlever la corde, il faut que je reparte immédiatement. Je retourne dans ma cellule de survie et je mets deux heures à me réchauffer. Quand j'ai débuté cette course, jamais je n'aurais imaginé qu'il puisse m'arriver une chose pareille. » Car le trou a tout aspiré, y compris ses réserves alimentaires. Et l'océan, en échange, a tout inondé. Le « dog house [1] » et la chambre des moteurs. Il arrive juste à mettre la main détrempée sur de l'eau douce et quelques barres de chocolat. C'est ce qui va le sauver, avec sa détermination, son caractère, sa volonté. « Je me débats pour survivre, je m'accroche à la vie. Mais plus les jours passent et plus j'ai des engelures aux pieds et aux mains. Et je me suis coupé le petit doigt avec la trappe du cockpit qui s'est refermée brutalement à cause d'une vague. J'ai très froid, les conditions sont atroces. Je finis par ne plus avoir d'eau. Je pense que je tiendrai encore un jour ou deux, mais pas plus. Comme ma trousse à outils a aussi été emportée, je ne peux pas faire un trou dans la coque pour tirer mes fusées. Et puis j'entends des bruits. Je reste assis parce que je ne suis pas sûr. Et puis je le regrette. J'en pleure presque. Je me dis : " T'as raté ta chance. C'étaient les hélicoptères et ils sont repartis en pensant que le bateau est vide. T'aurais dû sortir et nager autour du bateau." Là encore, je crois entendre des avions puis des hélicoptères. Puis j'entends taper sur ma coque, et là je réalise que c'est un putain d'humain qui est dehors. Je réponds du poing, je hurle en courant et je me jette à l'eau... »

Tony en a à peine fini avec son récit que déjà, à bord de l'*Adelaide*, le téléphone satellite sonne. Thierry Dubois n'a pas mis longtemps à comprendre. Bullimore est dans un

---

1. Le carré.

état second. Le commandant de la frégate est épaté par l'état de santé de son nouveau passager. « Il est en hypothermie moyenne, il est déshydraté, il risque de perdre son index gauche qui a été gelé mais, tout bien considéré, il est dans un état remarquable si l'on regarde ce par quoi il est passé », commente le capitaine Raydon Gates. « Il se conduit comme un écolier tellement il est excité d'être à bord. » Retour en enfance. Retour de l'enfer. Et retour aux affaires. Sous l'œil étonné de Dubois : « À peine vingt-quatre heures après son sauvetage, j'entends une discussion : " Il y a mon patron qui te propose tant... " Et plus tard, Tony me dit : " Il y a de l'argent à faire, il faut en profiter. " Je lui réponds : " Il pue, je n'en veux pas. " »

Costner intéressé

Thierry l'idéaliste voit débarquer, par ondes interposées, les marchands du temple. Max Markson, homme d'affaires influent en Australie, ne tarde pas à se placer pour exploiter commercialement les retombées du naufrage. Outre l'eau et le chocolat, vecteurs évidents et faciles, « Tony peut aussi faire de la publicité pour l'industrie de la marine de plaisance et peut-être même pour les assurances vie », estime-t-il dès le surlendemain. Markson n'hésite pas à chiffrer les gains possibles : 1,6 millions de dollars. Sans compter bien sûr les droits que pourrait verser Kevin Costner, déjà prêt, dit-on alors, à se glisser dans la peau de Tony pour les beaux yeux d'Hollywood.

Loin de toute cette agitation commerciale, Thierry découvre les charmes de la navigation militaire. Marin pendant son service, il n'avait pas embarqué mais avait appris, en guet à la pointe de la Bretagne, à regarder la mer. Des heures et des heures à la surveiller, à admirer sa puissance, sa divinité. « Dès que j'arrive à bord de l'*Adelaide,* je prends du plaisir à aller à la passerelle. Bien que je ne sois pas trop porté sur les questions militaires, j'aurais pu aussi être commandant d'un bateau de la marine. Le bonheur d'être sur l'eau est totalement présent. » Et lorsque le pétrolier ravitailleur s'approche de la frégate, Thierry est là, debout. Il a demandé qu'on le réveille. En pleine nuit, il a quitté sa couchette, « genre SNCF », dans le carré des sous-officiers. « Tony lui ne tient pas, alors il dort sur la banquette. » Pas de passe-droit pour les deux naufragés de l'*Adelaide*, qui visitent quand même toutes les bonnes tables du bord. Celles du capitaine, des officiers et des sous-officiers. « Bouffer, c'est déjà un bonheur. »

Après le cauchemar, Thierry redécouvre les plaisirs simples de la vie. Simples comme un coup de fil à terre, « mais les journalistes veulent me filmer en train de parler à Murielle et à ma mère. Coup de pot, elles ne sont pas là quand je les appelle la première fois. » Simples comme des remerciements sincères, échangés avec ces hommes et ces femmes qui l'ont sauvé et reçoivent maintenant les chaleureuses félicitations du monde entier, John Major, Alain Juppé et la reine Elizabeth en tête. Simples comme une signature, une dédicace, un petit mot réclamés en permanence par cet équipage qui vient de démontrer un savoir-sauver parfait. Simples comme une bière et un rire, partagés avec le chef de vol qui l'a hélitreuillé de l'enfer. « Je lui ai dit : " La prochaine fois, je te mets dans le radeau d'à côté pour qu'on se marre ensemble. " » Simples comme une séance photos souvenirs au pied de l'hélicoptère, achevée par une vigoureuse accolade entre Tony, fraîchement rasé, et Peter Wicker, son sauveteur barbu. Simples comme la messe du dimanche matin, en plein air, sur le pont. « Le chapelain me demande d'être présent. Je ne suis pas très pratiquant mais j'accepte. Nous sommes assis côte à côte avec Tony. C'est très poignant mais tout est gâché par ces photographes qui pendant une heure ne cessent de nous mitrailler. Une fois je comprends, mais là c'est vraiment trop. Et des échos d'Australie nous parviennent rapportant que des médias se battent pour décrocher l'exclusivité de nos propos. Alors je craque et je décide de tout arrêter et de retourner construire des bateaux. Je suis vraiment déçu. »

Jeu de casquettes

Le coup de blues est digéré à l'arrivée de l'*Adelaide*. Les quais de Fremantle sont envahis par cinq mille personnes, le soleil tape, la fête est belle. La frégate vient se coller à son ponton. Une clameur géante monte de la foule colorée et enthousiaste. Ses héros sont de retour. « J'avais demandé au commandant si ma famille pouvait monter discrètement à bord. Je retrouve papa, maman et Murielle dans le carré des officiers. Bien sûr, je suis content de les voir, de serrer Mumu. Mais autant j'ai pensé en permanence à eux sur le radeau, autant là, tout d'un coup, je me sens mal à l'aise devant les larmes de maman. C'est à se demander si je suis insensible, différent des autres. Je me sens en décalage. Et il y a ces photographes qui nous guettent sûrement derrière la porte. Arrive aussi Jack Vincent [1] qui s'est fait accréditer " traducteur ". C'est une super surprise. »

Les premiers baisers échangés, il faut quitter ce navire qui les a portés pendant quatre jours. Lalel n'est pas là pour accueillir son « bouledogue » préféré. Elle n'a pas trouvé de place dans les avions surchargés par les journalistes anglais. Steven Mulvaney, qui cumule les fonctions de neveu et d'associé, s'inquiète lui des bavardages incessants du tonton : « Il ne peut jamais la fermer. » C'est pourtant sans parler que le doyen descend le premier, combinaison gris-vert, chaussettes noires et claquettes style plagiste. Soutenu sur la passerelle, il communique quand même en montrant ce pied gauche qui le fait boiter. Thierry suit. Les deux hommes s'assoient côte à côte pour

---

1. L'un des marins embarqués à bord de *Commodore Explorer*, premier catamaran sous la barre des quatre-vingts jours.

les discours de remerciements devant le fier navire. Mais entre eux déjà, hormis le souvenir indélébile de leur drame simultané, plus grand-chose de commun. « Tony, c'est un homme d'affaires. Rapidement, on n'était plus sur la même longueur d'ondes. Avant l'arrivée, le commandant nous a demandé si on souhaitait se changer. J'ai répondu non, et il nous a alors donné une casquette du bateau. » Mais Tony, qui vient de signer, par neveu interposé, un contrat d'exclusivité avec Channel Seven, porte bien celle de la chaîne australienne lorsqu'il prend la parole et se retourne, bras ouverts, deux doigts de la main gauche bandés, vers ses sauveurs : « Merci à tout le monde, mais surtout à vous là-haut. » Étonnant Tony, qui réussit l'exploit d'apparaître aux portes de l'hôpital avec un autre couvre-chef, celui d' *Exide Challenger*, son sponsor. Thierry n'a pas ces soucis-là. Il sort d'une voiture en souriant. Il se doute qu'il va échapper au caisson de décompression, malgré son pouce retourné. Tony, pour sauver ses membres gelés et éviter la gangrène, y passera deux heures par jour pendant près de deux semaines. Juste le temps d'expliquer aux trois sociétés fabriquantes de chocolat, qui souhaitent connaître la marque qu'il a mangée à bord, que la mémoire lui reviendrait plus facilement avec une belle somme d'argent. Dubois n'en a pas besoin pour savoir qu'il n'accordera pas la moindre exclusivité. TF1 et *Paris Match*, pourtant, se bousculent. « Ils me proposent chacun 200 000 francs, font pression sur ma famille, sont prêts à surenchérir. Mais j'ai décidé de faire partager mon aventure pour qu'elle serve à un maximum de gens. » Alors, à la sortie de l'hôpital, où enfin il a pu retrouver Murielle en tête à tête et récupérer un passeport vierge de toute photo, Thierry parle. À qui veut bien l'écouter. France 2, la plus prompte à l'inviter gratuitement, l'accueille dans son journal de 13 h puis de 20 h du lundi 13 janvier. « Je leur ai simplement demandé ensuite de nous payer nos billets de retour (soit 50 000 francs) ». À tour d'interviews, en anglais, en français, en marin,

Thierry avoue son étonnement devant la « qualité » de l'accueil des Australiens et se déclare « impressionné » par leur sens de la vie. Il répète également qu'il ne se prend pas du tout pour un « héros », mais bien plus pour un « miraculé », qu'il a « touché la limite », « tutoyé la mort », mais qu'il n'était pas parti « pour cela ». Il témoigne aussi qu'il n'a pas de « solution toute faite » pour éviter de tels naufrages, mais qu'il est prêt à « s'asseoir à une table » pour partager son expérience irremplaçable. Il reconnaît encore qu'il ne repartira pas en mer dès la semaine prochaine, « parce que j'ai envie de voir du monde », mais qu'il naviguera à nouveau « bien sûr » en solitaire. « Je crois même que je referai le Vendée Globe. Fantastique, magique, cette course... » Il confie enfin qu'il a « changé », par la force de cette expérience qui fait ressortir des points « plus essentiels » que d'autres et qui confirme qu'il y a là-haut « un œil pas loin de nous ».

Un radeau à Düsseldorf

Avant de quitter l'Australie, malgré les nuits écourtées par les réceptions officielles et le décalage horaire défavorable avec la France, Dubois tient à rendre visite à ses pilotes, qui les premiers lui ont largué le radeau de l'espoir. Un coup d'avion jusqu'à la base de Canberra. Puis retour à Sydney. L'hôtesse ne le reconnaît pas immédiatement et pour s'excuser l'installe en première classe. Mais il surveille l'atterrissage dans la cabine de pilotage, à côté du commandant. Un copain vient occuper les deux heures d'attente à l'aéroport. Le Sydney-Singapour-Paris lui permet enfin de se reposer. Et Thierry débarque à Roissy, toujours barbu. Il file chez lui, à Versailles, dans cet appartement qu'il partage avec Murielle, près de la mairie. Et déjà il repart, rasé. Pour le PC course, où il croise Dinelli, manifestement plus marqué psychologiquement que lui. Le contraste est frappant. La semaine de thalassothérapie aux thermes de Saint-Malo va faire le plus grand bien à Raphaël. Thierry n'en a pas besoin. Il doit juste immobiliser son pouce pour éviter l'opération. Le ski et l'invitation de La Clusaz devront attendre. Puis déjà il reprend son sac. Pour Düsseldorf. Le salon nautique local le reçoit en héros et le refait grimper à bord d'un radeau de survie. Bon bougre, il accepte. La télé allemande prend le relais. Nuit une nouvelle fois écourtée, à raconter, encore et toujours. Mais l'ambassadeur des survivants de l'au-delà n'en a pas terminé. Un dîner dans un restaurant de la Porte-Maillot, où pour la première fois depuis longtemps personne ne le reconnaît, pour nous raconter les moindres détails de son inimaginable drame, et Thierry file chez son architecte. Pour lancer l'étude d'un nouveau monocoque, en vu du prochain Vendée Globe. « J'ai envie de le finir ce tour. J'y étais bien. » Ses partenaires, regroupés sous la bannière d'Amnesty International, ne l'ont pas lâché dans la tourmente. Bien au contraire. L'ex-*TBS* de Pierre Follenfant a réussi à avoir la peau de Nigel Burgess, mais pas celle de Thierry Dubois. « C'était un bateau rapide mais aussi maudit. Il fallait l'enterrer là-bas ». C'est fait. Thierry peut souffler. Et prendre la direction du fin fond des Yvelines. Pour une soirée entre copains. Les vrais. Pierre et Éric, fidèles depuis l'école de voile de Morlaix. Le ti'punch inonde les retrouvailles. « Ils sont contents de me revoir et moi de les revoir. Et on parle de la vie... »

9

GERRY ROUFS NE RÉPOND PLUS

« Je suis fatigué, j'en ai ras la coiffe. Pas moyen d'avancer dans la mer qui est devenue grosse. Cela va commencer à déferler, donc danger. C'est la deuxième baston en une semaine... » Début janvier, Gerry Roufs en a plus qu'assez. Depuis qu'il est entré dans le Pacifique, il ne s'est quasiment pas écoulé une seule journée sans que le mauvais temps cueille son *Groupe LG2*. À tel point qu'au fil des milles qui passent sous la quille Gerry a lâché prise dans le sillage d'Auguin, toujours plus lointain, se retrouvant même sous la menace du trio infernal Laurent, de Broc, Thiercelin. Le passage du cyclone Fergus, même loin au nord, a laissé des traces. Au fil de ses télex toujours plus laconiques, Roufs ne parle plus que de « mer dangereuse », de « déferlantes », de « chavirage, » de « risques » et de « coups au moral », alors que le physique, particulièrement éprouvé, traîne déjà. Le 7 janvier au matin, Isabelle Autissier, dont le *PRB* bien retapé a fondu sur *Groupe LG*, croise dans les mêmes parages que le Canadien. « Ici, c'est le bordel. Baromètre en chute libre, mais pas plus de 40 nœuds de vent – théoriquement – annoncés. Tout cela n'est pas bien drôle mais, ça va quand même. »

Dans l'après-midi, la tempête forcit brutalement. Cette fois, c'est au tour de la navigatrice de subir. Le 7 à 15 h 54, elle parle de « 50 nœuds de vent » et lâche « ça va ». Le 8 à 5 h 16, elle relate cette fois : « Une énorme tempête, 50 à

70 nœuds. Plusieurs KO dont un où le bateau est resté couché. Il s'est redressé lorsque j'ai actionné la quille. Merci la quille... Ce n'est pas fini ! » Même chose à bord de *Groupe LG2*. « La tempête est pire que ce que j'avais craint. Les vagues ne sont plus des vagues mais hautes comme les Alpes ! »

Six heures plus tard, l'alerte est toujours plus chaude. « C'est la guerre, mer énorme. Très peu manœuvrante, écrit Autissier. Plusieurs chavirages. Je suis en survie jusqu'à ce que cela se calme. Mais c'est pas pour tout de suite. » Autissier connaît bien les mers du Sud. Le monde, elle en a déjà fait le tour.

55°01'30" sud et 124°22'05" ouest

Dans l'océan Indien, les secours battent leur plein. L'attention est focalisée sur le retour parmi les terriens de Thierry Dubois et Tony Bullimore. Dans le Pacifique, Isabelle Autissier s'inquiète. Régulièrement depuis plusieurs jours, elle voyait au-dessus de sa table à cartes, s'allumer le témoin lumineux signalant qu'un télex de Roufs lui était parvenu. Plongés dans la même tempétueuse galère, en course ou non, les deux marins ont de quoi échanger... Le 8 janvier au matin toutefois, la navigatrice se décide. Gerry ne répond plus. « Quelque chose cloche », songe-t-elle avant d'envoyer au centre parisien de l'épreuve un message d'avertissement. Là-bas, après le bonheur procuré par les sauvetages successifs, un vague sentiment diffus d'inquiétude commence à se faire jour. Depuis 23 h 13 TU hier soir, la balise Argos de *LG2* n'a plus été repérée par les techniciens de CLS-Argos. Sa dernière localisation connue est alors de 55°01'30" sud et 124°22'05" ouest, en plein milieu du Pacifique Sud. Une des positions les plus éloignées de toute terre possible. Il arrive parfois que ces balises tombent en panne. Il arrive aussi souvent qu'elles ne soient pas repérées au-dessus de l'eau par l'un des satellites chargés de les relever. Dans ce cas, le suivant se charge de la tâche. Un passage sans localisation est fréquent. Deux le sont déjà moins. Mais plus de nouvelles du tout pendant une douzaine d'heures, voilà de quoi faire réagir. Toutes les dix minutes, en ce 8 janvier, partent des ordinateurs du PC course des télex à destination de *Groupe LG2*. Si sa balise Argos est en panne, il va bien répondre, il doit répondre... Les heures passent. Aucune réponse n'émane du fond du Pacifique et les accusés de réception des messages crachent désespérément des avis négatifs. À 16 h 45, Philippe Jeantot, de plus en plus inquiet, demande à Isabelle Autissier de se dérouter vers la dernière position connue de Gerry Roufs. Aussitôt, la navigatrice, déjà à 150 milles plus à l'ouest, fait demi-tour sans rechigner malgré les conditions météo dantesques.

Sur le pont, Isabelle a bien du mal à réduire le Solent, une des dernières voiles d'avant dont elle dispose depuis que ses drisses[1] ont cassé les unes après les autres. Elle s'escrime sur le winch pour rentrer la toile qui bat dans le vent. Mais l'enrouleur est coincé. Le bruit de la voile furieuse couvre à peine la résonance de la coque de *PRB* en tombant dans les creux. Comme Pete Goss voilà quelques jours lorsqu'il fit demi-tour à la rescousse de Raphaël Dinelli, elle doit à son tour affronter la tempête en naviguant au près. Le bateau souffre. L'intérieur a pris des allures de capharnaüm. Assise devant sa table à cartes, la navigatrice somnole, volant de-ci de-là quelques minutes de sommeil, bien décidée à se rendre sur la zone de recherches le plus vite possible.

Bien qu'ils soient encore particulièrement loin, Jeantot demande aussi à Marc Thiercelin, Hervé Laurent et Bertrand de Broc de mettre le cap sur l'endroit où a émis pour la dernière fois la balise Argos. Ils en sont respectivement distants de 477, 614 et 700 milles. Mais en partant de der-

---

1. Câbles servant à hisser les voiles.

rière, cela s'avère plus aisé pour eux que pour Autissier. Ils progressent en effet au portant, prenant le vent et la mer dans le bon sens. Hommes et bateaux souffrent beaucoup moins. Du coup, les risques sont minimisés. Enfin, à l'instigation du CROSS Atlantique, deux des rares cargos qui croisent dans cette partie d'océan, le *Mass Enterprise* et le *Crane Arrow*, sont à leur tour déroutés pour se joindre aux recherches. Mais, trop éloigné, le second est rapidement invité à poursuivre son chemin.

Chercher, mais quoi ?

Fatiguée, démoralisée, éprouvée par les fortunes de mer qui ne cessent de s'abattre sur ce troisième Vendée Globe, Isabelle Autissier est lasse. Abattue, elle a du mal à surmonter ce coup de mou. Elle est pourtant la première à rejoindre la dernière position connue de *Groupe LG2*, le 9 janvier au petit matin en France, de nuit là-bas. Le temps se calme à peine. Comment faire désormais pour quadriller ce mauvais coin d'océan ? « Quelle méthode employer pour le repérage ? » demande-t-elle à l'organisateur du Vendée Globe. Il est vrai que sur un voilier au ras de l'eau, parfois dessous même, trouver un autre bateau balayé par les flots n'est pas des plus aisés. Et que recherche-t-elle ? Un monocoque retourné comme ceux de Dubois et Bullimore ? Un autre en train de sombrer à l'image de celui de Dinelli ? Un bateau démâté ? Un radeau de survie ? Pete Goss n'avait pu repérer Dinelli que lorsqu'un avion australien avait largué des fumigènes près du bib occupé alors par l'Arcachonnais. Et encore tout le monde pouvait suivre de près la trajectoire du canot grâce à la balise Argos. Mais cette fois, aucun avion n'a pu repérer Gerry Roufs.

Ce coin du Pacifique est si lointain, si désert qu'il n'a pas été placé sous la responsabilité d'un pays ou d'un autre en terme de sauvetage en mer. Enfin, si *Groupe LG 2* est en difficulté, il a forcément beaucoup dérivé sous les effets de la mer et du vent. Au fil des heures qui passent, le périmètre de recherches s'accroît d'autant plus. Mais rien n'indique que Roufs soit en difficulté non plus : sa balise Sarsat, utilisée uniquement en cas de détresse, n'a jamais émis le moindre signal et aucune Argos ne fonctionne sur le mode « demande d'assistance ». Dans la tête d'Autissier, tout se précipite. Et puis il lui faut aussi quand même penser à elle. À bord d'un bateau qui n'est pas des plus manœuvrants avec ses sérieux problèmes de gréement, les risques encourus deviennent importants. Bien vite, face au vent et à la mer déchaînée, Isabelle Autissier se rend compte de l'impossibilité où elle se trouve de continuer à patrouiller. *PRB* est devenu totalement incapable de remonter face au vent et les seuls bords qu'il peut tirer à contresens ne lui permettent pas de progresser efficacement. Autissier est dans l'impasse.

Méchante polémique

À 1 885 milles du cap Horn, à 2 628 milles de la Nouvelle-Zélande, à 2 650 milles de la Polynésie française, *PRB* patrouille. Quatorze heures durant. Il n'y a rien. Rien. Rien ! À 17 h 09 parvient au CROSS Etel, qui coordonne les opérations, un message de désespoir émanant du 60-pieds blanc. « Impossible d'aller rejoindre le point que vous me demandez. Je ne peux remonter dans l'ouest sans grand-voile. Avez-vous des instructions particulières compte tenu du fait que je ne peux pas me rendre sur la position demandée ? Vent 25-30 nœuds. Visibilité nulle. Mer forte. »

La présence de *PRB* n'est plus indispensable et, par retour de télex, le CROSS répond immédiatement : « Avons bien reçu votre message. Vous donnons liberté de manœuvre. » Épuisée, déçue, démoralisée de n'avoir pu aider son ami plus efficacement, Isabelle reprend sa route vers le cap Horn. Au PC course, une vilaine polémique naît aussitôt. Fatigué lui aussi, abattu lui aussi, désillusionné peut-être, Philippe Jeantot lâche une méchante petite phrase à l'intention d'Autissier, lui reprochant d'abandonner les recherches un peu vite. Bien que marin, bien qu'ayant effectué quatre fois le tour du monde en solitaire, bien que comprenant instantanément en temps normal ce que vit chacun des concurrents, Jeantot cette fois est allé trop loin. Mais la démesure en ces heures troublées a vite fait de s'emparer de l'opinion. L'entourage d'Autissier se vexe ; Jeantot se braque. Ils s'affrontent. Le lendemain, dans *Le Figaro*, l'organisateur du Vendée Globe reconnaîtra : « Mes mots ont dépassé ma pensée. » Le mal est fait, la suspicion plane dans le sillage de *PRB*. Autissier n'est pas très délicate non plus. Alors qu'elle avouait sans relâche sa fatigue, elle fait à peine demi-tour qu'elle multiplie dans la foulée les interventions médiatiques et rédige pour *Libération* une chronique maladroite. Les opérations de recherches ne sont pas encore terminées qu'elle traite avec pompe et emphase de la mort de son ami. Tout cela fait presque oublier que, si Autissier s'en est allée, Marc Thiercelin lui arrive sur la zone dans la soirée du 10. Le CROSS le guide régulièrement dans sa recherche, compte tenu de la dérive présumée de *Groupe LG2*. Philippe Jeantot est harcelé par des pseudo-radiesthésistes. L'un d'eux donne une position tout à fait plausible et précise que Roufs se trouve dans son canot de survie. L'organisateur, troublé par ces précisions, confie l'information au CROSS, habitué de ce genre de manifestations fantaisistes en cas de naufrage. Direction la poubelle.

Thiercelin s'accroche

Le temps se bouche dans le Pacifique Sud. Une nouvelle tempête s'approche. Marc Thiercelin se bat. Voilure réduite, *Crédit immobilier de France* suit pas à pas les instructions qui lui sont communiquées. Il passe alors une demi-heure sur le pont à guetter et une demi-heure à l'intérieur du bateau. La mer est forte et déferle parfois aux alentours du voilier. Une fois près du point de dérive, les quarts changent : quarante-cinq minutes à scruter dehors et quinze à se réchauffer et se reposer. Mais, d'heure en heure, la météo se dégrade. Les risques que Captain Marck doit prendre pour assurer sa tâche deviennent de plus en plus importants. Dans la matinée, le CROSS demande au marin d'en terminer et de fuir aussitôt la zone. Thiercelin n'arrive pas à s'y résoudre. Malheureux comme une pierre, il écrit un télex déchirant à l'intention du PC course : « J'ai besoin de parler. Ça ne va pas bien du tout en moi. J'ai beau me raisonner, je ne sais pas ce qui m'arrive. Peut-être l'usure à force d'y croire. Je ne sais que vous dire... »

Les présences de Bertrand de Broc et Hervé Laurent, trop éloignés, deviennent rapidement inutiles. Tourmentés, les deux hommes s'en veulent. Chacun leur tour, derrière les tables à cartes de leurs coursiers respectifs, ils font et refont la même analyse météo. Leurs cœurs veulent poursuivre ; leurs raisons comprennent froidement l'impasse dans laquelle ils se placeraient. Le coup de vent prévu ne leur permettra pas de faire un travail sérieux, d'autant que leurs voiliers sont aussi diminués. Et puis, il y a quelques heures, ils ont croisé un iceberg...

C'est une rencontre de ce type-là qu'effectue aussi le *Mass Enterprise*. Il fait deux cents mètres de long pour cinquante de haut. La débâcle a été précoce et, au gré des courants, cette montagne de glace est remontée au-delà du 54e sud.

Tous les marins le savent bien : l'iceberg, voilà l'ennemi. Un voilier de course lancé à pleine vitesse qui en percuterait un de plein fouet se disloquerait immédiatement. Le souvenir du *Titanic*, réputé insubmersible mais coulé suite à une telle collision, est omniprésent. Et puis, dans le sillage de ces monstres glacés, traînent souvent des growlers, petits blocs de glace flottant entre deux eaux. C'est à cause de l'un d'eux qu'Yves Parlier a perdu un safran. Un moindre mal, car il est tout à fait imaginable qu'une coque s'éventre lors d'une telle collision. Une pareille mésaventure est arrivée en 1991 à Philippe Jeantot dans le BOC Challenge. « Je suis monté dessus. J'ai explosé ma crash-box [1], conçue pour absorber le choc au maximum. Je suis resté planté un moment, mais j'ai réussi à me dégager. » Dans cette même course, le naufrage de John Martin peut aussi être attribué à un growler. Le Sud-Africain expliqua, une fois sauvé par son compatriote Bertie Reed, que son voilier était violemment retombé dans un creux en heurtant un morceau de glace. quarante-huit heures durant, Martin tenta de sauver son bateau, mais la tempête en vint à bout. Il dut alors attendre Reed et évacuer *Allied Bank* pour un transbordement épique sur l'autre voilier. À cette époque, croiser des icebergs était plus fréquent qu'aujourd'hui, les concurrents plongeant très au sud, non loin de l'Antarctique, afin de raccourcir leurs routes. Le jour de sa collision, Martin était par 60° sud. Aujourd'hui, des marques de parcours obligatoires, situées plus au nord, les en dissuadent.

Il n'empêche, tous les navigateurs effectuent une veille attentive au radar. Et ils programment une violente sonnerie automatique qui retentit lorsqu'un iceberg est détecté à proximité. Et puis il y a aussi la température de l'eau, à surveiller régulièrement. Quand elle descend sous 1° : grand danger.

---

1. Compartiment avant du voilier, rempli de mousse.

L'espoir vient de l'espace

À 18 h 30, le CROSS ordonne à *Crédit immobilier de France* de cesser toute recherche. Calmement, Marc Thiercelin lit le télex qui s'affiche sur l'écran de son portable : « Suite évolution météo et risques encourus, vous donnons ordre de cesser toute recherche dès maintenant. La zone de recherche actuelle nécessiterait un parcours de 27 000 milles pour être couverte en entier, soit un mois de navigation. Le CROSS Etel vous remercie de votre coopération et vous félicite pour l'important travail accompli. Bon courage pour la suite. » À contrecœur, le skipper obtempère. « Je déteste ce bled à un point ! » Le lendemain, il manquera à son tour de chavirer violemment...

Le cargo souffre lui aussi. Très pessimiste, le commandant de bord explique à un journaliste canadien qu'il est impossible qu'un voilier endommagé ait survécu au dernier coup de tabac qui s'est abattu sur la zone. « Les conditions sont très mauvaises et empirent. » À 20 h, le *Mass Enterprise* est à son tour autorisé à reprendre son cap initial vers l'Argentine. Bien que très coopératif, le capitaine anglais du navire panaméen avait informé être court en carburant. Plus aucun bâtiment ne patrouille, laissant à l'immensité déchaîné le mystère Gerry Roufs.

L'espoir vient alors de l'espace. À Paris, Philippe Jeantot a accepté la proposition de l'agence spatiale canadienne de tenter une localisation par satellite de *Groupe LG2*. Radarsat, lancé en novembre 1995, est un engin ultra-perfectionné. En orbite à 800 km de la terre, il effectue quatorze rotations quotidiennes au-dessus de la planète. Habituellement, son rôle consiste à observer les mouvements géologiques, mais il peut aussi détecter maints autres déplacements, comme récemment ceux de populations de réfugiés au Zaïre pour le compte des Nations unies. Ce satellite ne prend pas de photos de la surface terrestres, mais des images radars qui, une fois parvenues sur terre, sont décryptées près d'Ottawa, dans la station du Mont-Cascade. En théorie, il peut repérer des objets d'une taille minimale de dix mètres, sur des zones allant de 50 à 500 km². Lors de son premier passage au-dessus du Pacifique, la zone à traiter est de 70 000 km². La probabilité de repérer quelque chose existe grâce à Radarsat. Il faut tout tenter.

Dumont se déroute

Depuis samedi, Philippe Jeantot n'attend qu'une chose : que les Canadiens localisent *Groupe LG2*. Mais le travail est long, minutieux. Il leur faut éliminer les échos parasites produits par les vagues les plus importantes. Une vingtaine de points suspects ont été révélés par le passage dominical du satellite. Il faut les confirmer par un deuxième balayage. Pour l'heure, un cargo indien qui croisait non loin a accepté d'infléchir sa route et de patrouiller à son tour pendant trente-six heures. L'*Aditya Gaurav* sera ainsi prêt à se rendre sur la moindre position que pourrait détecter Radarsat. Les concurrents encore en course se font rares sur les ondes. Pas envie de parler, pas besoin de raconter. L'amertume le partage au désespoir. Marc Thiercelin couche sur le papier quelques lignes joliment intitulées : « Ma part de risque... votre part de rêve. » Il y est question de responsabilité des navigateurs. « Estimons-nous heureux et bien vivants qu'il y ait encore des aventures à réaliser et des hommes pour leur donner vie. » Dans le fond de son voilier, Éric Dumont vit plus mal que tous les autres la disparition de Gerry Roufs. Sensible et émotif, le skipper de *Café Legal* ne peut décrocher ses pensées du sort de Gerry. Il n'en dort plus, pleure parfois, échafaude lui aussi tous les scénarios possibles... Tous les deux, ils avaient fait des projets. Ils avaient des envies de course en double. Ensemble.

Comme lui, à Paris, Philippe Jeantot ne veut croire qu'à une chose : Gerry Roufs poursuit sa route vaille que vaille vers le cap Horn. En panne de transmission suite à une défaillance de son système de production d'électricité, il continue son chemin sans savoir que sa balise Argos est aussi hors service. Dumont confirme cette théorie : Gerry lui avait parlé il y a quelques jours des soucis qu'il rencontrait avec son générateur électrique. C'est pour cela que le 11 janvier Éric Dumont avait dérouté son ketch vers la dernière position connue de *Groupe LG2*. Comme tous les autres marins, Dumont fait un acte magnifique de courage. Depuis le début du Vendée Globe, son voilier n'a pas été épargné par les ennuis. Sa coque s'est délaminée à deux reprises. Sur le mât, le rail qui permet de hisser la grand-voile et de la maintenir s'est arraché. Ses pilotes automatiques sont devenus fous, déboussolés par la présence du pôle Sud magnétique. Sa bôme s'est récemment brisée à deux reprises. Et il rencontre en plus de gros problèmes d'énergie, les batteries du bord ne tenant plus la charge. Sans parler des icebergs de plus en plus nombreux dans cette partie du Pacifique où il croise. Mais Dumont veut y aller, voir à son tour, constater de lui-même.

Dix-huit points suspects

Après maints recoupements, les Canadiens dressent une liste de dix-huit points géographiques suspects. L'espoir revient dans l'entourage de Philippe Jeantot. Et si parmi tous ces échos impossibles à identifier se trouvait *Groupe LG2* ? Qu'il soit sous gréement de fortune, retourné ou tranquillement en train de voguer. Sans attendre, les coordonnées géographiques sont envoyées au cargo indien. Celui-ci passe en revue une à une les traces relevées par le satellite. Les recherches du bâtiment échouent, et le temps qu'il avait promis de donner est expiré. À 5 h 30, le 15 janvier, l'*Aditya Gaurav*, au terme de sa patrouille de trente-six heures, reprend sa route en direction de l'Argentine.

Éric Dumont continue à faire route vaillamment vers

l'endroit où a disparu Gerry Roufs. Mais cette fois, l'iceberg est devenu réalité. En face de *Café Legal* se dresse, fantomatique, la silhouette inouïe d'un monstre de glace. Nez à nez. Dans la tempête, Dumont se bat. La visibilité par moments n'excède pas deux cents mètres. Il doit le contourner, tirer des bords non loin de son haleine gelée. En faire le tour, au près, prendra vingt-quatre heures au skipper. « Philippe, est-ce qu'il y aura des icebergs comme cela jusqu'au Horn ? » lance Dumont effaré à Jeantot lors de la vacation radio quotidienne. À Paris, ils recensent toutes les positions des icebergs relevées par les concurrents et les adressent aux autres afin de les tenir informés. Dumont arrive sur zone le 15 dans la soirée. Sur le pont de son voilier, il scrute à son tour l'océan. Pour avoir un meilleur point de vue, il grimpe avec des jumelles jusqu'au premier étage des barres de flèche. Il veut un indice, n'importe quoi... Une survie, *Groupe LG2*... Il harangue l'océan. Hurle « Pourquoi ? » aux vagues qui font le gros dos. Impuissant. Sa tristesse n'a d'égale que sa colère. « Je la méprise », lâche-t-il désespéré à la mer, avant de conclure : « C'est si vaste ici... » Le lendemain, impuissant, inutile, chassé par le mauvais temps, *Café Legal* reprend sa route. Quant au satellite canadien, il recueille bien des échos, mais ce ne sont que des vagues plus hautes que les autres...

Une conversation discutée

Il fait très mauvais dans les parages du Horn. Un sale temps. La visibilité est bouchée, mais l'avion de patrouille maritime vole quand même. Il est chilien et a décollé dans l'après-midi de ce triste jeudi 16 de sa base de Punta-Arenas, sur les rives du détroit de Magellan. Ce survol a été organisé suite aux requêtes du PC course et du CROSS auprès des autorités chiliennes. Dans le cas, toujours probable, où *Groupe LG2* ait continué à faire route vers le

Horn, il devrait arriver en cette fin de semaine sur la pointe extrême du continent américain. Qui sait... Alors, tous les gardiens de phares des îles perdues telles que Diego Ramirez ou Horn ont été alertés. Les bâtiments de la marine sont prêts à intervenir et, dans les airs, l'avion rôde. Toute la journée, il lance sans discontinuer ses appels à *Groupe LG2* par VHF, sur le canal international de détresse, le 16. Tous les bateaux sur zone l'entendent. Vers 10 h 30 heure locale (14 h 30 en France), le commandant de l'avion, de type C212, croit enfin toucher au but. « Go ahead [1] », répond dans un mauvais anglais un bateau que le pilote, par manque de visibilité, ne peut apercevoir. Et le marin survolé de donner une position de 50°47 sud et 70°13 ouest, soit au nord-est du cap Horn, à proximité d'une grande île nommée Hoste. Le lieutenant Carrasco s'en retourne tout heureux.

« Groupe LG, Lima Golf »

Suite à ce premier contact, les aviateurs chiliens poursuivent leurs investigations. Il fait beau ce vendredi 17 et retrouver *Groupe LG2* ne doit pas être particulièrement difficile. Au C212 qui a effectué la première liaison s'adjoignent désormais des patrouilles effectuées avec un avion de type P111. Pour renforcer le maillage, le CROSS a demandé à trois voiliers de charters français qui évoluent en Terre de Feu, *Kotick*, *Valhalla* et *Kekilistrion*, de lancer toutes les demi-heures des appels en direction de *Groupe LG2*. Là-bas, dans toutes les conversations sur les ondes, le sort du voilier de Gerry Roufs revient. C'est en début d'après-midi que la bombe éclate en France. Le PC course est prévenu de l'hypothèse chilienne. Mais informations et désinformations se succèdent à une vitesse

---

1. « Allez-y. »

record. Très optimiste au début, Philippe Jeantot se montre plus prudent ensuite. Ne pas donner trop vite de faux espoirs. Oui, c'est vrai, Gerry pourrait fort bien avoir rejoint les parages du Horn. Sa dernière position connue le mettait à 1 885 milles du cap. Si c'est bien lui qui a parlé avec l'avion chilien, il aurait avalé cette distance à la moyenne de 8,5 nœuds. Si le skipper est privé d'énergie, il n'a plus de pilotes automatiques. Il a dû alors barrer beaucoup et lever le pied, d'où cette vitesse relativement lente. Toutes les hypothèses tiennent debout : sans énergie, il parvient à communiquer avec sa VHF portable fonctionnant sur batterie et à faire une route cohérente grâce à un GPS portable. Au PC, certains journalistes n'hésitent pas et annoncent triomphants que Gerry Roufs est vivant, repéré, et que tout va bien ! Mais des recoupements effectués au Chili laissent penser que cette information est à prendre au conditionnel. Même l'officier des relations publiques de la base de Punta-Arenas laisse planer des doutes sur la teneur de la conversation.

Mais la rumeur n'est pas bonne conseillère. Lors de cette « conversation » de la veille, le skipper aurait prononcé deux mots fatidiques : « *Groupe LG,* Lima Golf », suivant en cela le code international utilisé en aviation ou en marine. Ce ne peut être fortuit et surtout ce ne peut être que Gerry ! Le Canadien, par nature très anglo-saxon et donc procédurier, utilise fréquemment les termes « Lima Golf » lorsqu'il parle à la radio de son voilier. Son assistant l'affirme, son sponsor le confirme et pas un loup de mer de La Trinité-sur-Mer, port d'attache de *Groupe LG2,* qui ne soit au courant de cette sympathique manie du skipper. Un sorte de signature.

Douche froide

Les opérations de recherches reprennent de plus belle. Les avions chiliens tiennent l'air jusqu'au 18 avant d'être relayés par leurs homologues argentins. En effet, si *Groupe LG2* continue sa route, il a dû virer le Horn. Toutefois, en cas de passage d'une marque de parcours comme l'est le cap mythique, chaque concurrent se doit de déclencher sa balise Argos-GPS, beaucoup plus précise que l'appareil classique. À terre, aucun signal n'émane de celle-ci au moment présumé où Roufs aurait dû se trouver devant le rocher... Bien sûr, cette mesure n'est pas obligatoire mais, si le Canadien est toujours en mer, il doit avoir envie de rassurer les siens depuis qu'il ne dispose plus de moyens de communication classiques. Il faut quand même le rechercher de l'autre côté du cap, non loin de l'île – argentine – des États.

Sur place, le temps qui change particulièrement vite s'est de nouveau bouché. Le 18, plus aucune trace de *Groupe LG2*. Les Chiliens se désengagent de l'opération. Le 19, un nouvel espoir se fait jour, grâce à l'aviation argentine cette fois. Parmi tous les nombreux échos relevés sur le radar d'un autre avion de patrouille maritime, quatre ne s'identifient pas malgré les pressantes requêtes des aviateurs lancées par radio. Ils se trouvent tous entre l'île des États et l'archipel britannique des Malouines[1]. Faute de visibilité suffisante, les Argentins ne peuvent identifier le bateau. Ils ont par contre bel et bien repéré le *PRB* d'Autissier. Il faut attendre le lendemain pour qu'arrive une sombre nouvelle : les fameux petits points restés muets sur les écrans noirs n'étaient que des bateaux de pêche. En ce 21 janvier, les informations mal maîtrisées partent de nouveau en tous sens. Un avion aurait décollé ; non, il est à terre ; il est parti... Un aviso va appareiller ; pas du tout, il est encore au port... Jeantot ne sait plus où donner de la tête. En fait, de nouvelles patrouilles aériennes n'apportent rien de plus et un bâtiment de guerre, parti d'Ushuaïa en Argentine, se rend le long de

---

1. Îles Falklands.

l'île des États vérifier qu'aucun naufrage n'y a eu lieu. Et puis, si jamais *Groupe LG2* continue à faire route malgré toutes ces difficultés, il se trouverait désormais hors de la zone de responsabilité argentine.

Le 22 janvier, les opérations de recherches sont arrêtées et le CROSS publie un ultime communiqué où il résume les hypothèses les plus probables.

« 1. Le navire est en dérive, probablement retourné, dans le Pacifique Sud. Les conditions météorologiques et thermiques de la zone rendent désormais toute survie quasi impossible.

« 2. Le navire fait route sur la côte chilienne sous gréement de fortune. Cela le ferait arriver début février. Dans cette configuration, *Groupe LG2* n'est pas en détresse, ce qui peut expliquer l'absence de message de détresse.

« 3. Le navire continue la course et ne peut communiquer par aucun moyen. Dans cette hypothèse, le navire n'est pas en détresse et peut avoir échappé aux moyens de patrouille envoyés sur zone, vu les conditions déplorables de visibilité. »

Le CROSS en tout cas ne prend pas à son compte la plus dramatique des hypothèses : *Groupe LG2* est perdu corps et biens. C'est rare ; cela arrive. Aucune trace n'a été retrouvée d'Alain Colas disparu pendant la Route du rhum 78. Aucun indice non plus n'est venu confirmer la disparition de l'Américain Harry Mitchell lors du BOC Challenge 94-95.

Alors tout le monde tente d'espérer. L'ultime douche froide arrive le 25 janvier du Chili. Comme elle l'avait pourtant précisé à demi-mot une semaine avant, la marine chilienne déclare officiellement n'avoir jamais identifié Gerry Roufs. L'hypothèse selon laquelle il aurait passé le Horn tombe à l'eau. Le skipper qui a parlé fugitivement avec le lieutenant Carrasco s'était exprimé en anglais avec un fort accent français. Parfaitement bilingue, Roufs n'en a pas le moindre soupçon. Tout tenait par cet échange de propos. Tout s'effondre. Où es-tu Gerry ?

10

AUGUIN,
LA DÉLIVRANCE DU HORN

Jeudi 9 janvier

Assis sur son siège de quart, le commandant Roberto Luengo-Durán ne lâche plus ses jumelles. En ce petit matin blafard, il a enfilé son grand manteau noir en toile épaisse qui lui descend jusqu'aux chevilles. À intervalles réguliers, il entrouvre la porte bâbord de la passerelle et, depuis l'aileron, entre deux embruns, jette un rapide coup d'œil sur l'océan. Alberto, le second, est aux commandes. Pour mieux accuser le tangage, le jeune homme se tient fermement à l'encadrement du radar. Jambes arquées, genoux pliés, buste en avant, il suit les mouvements du patrouilleur qui plonge dans la lame, accompagnant ainsi l'incessant va-et-vient du *Micalvi*. Le bâtiment se fraye à grands coups de boutoir un chemin entre Atlantique et Pacifique. À chaque creux, l'étrave tombe, la mer s'écarte, puis une gerbe d'écume enveloppe complètement les superstructures du navire au moment où il se redresse. Les essuie-glaces balaient avec peine, garantissant difficilement un semblant de visibilité à un timonier impassible. À tribord, une masse sombre émerge tout juste de la nuit. Mais sa présence est obsédante. Sa silhouette, reconnaissable entre mille, domine le tumulte des flots. Le cap Horn. Promontoire mythique qui achève l'Amérique et prolonge la terre de sa dent acérée. Depuis son sommet descendent des coulées de roches noires, parsemées de rares traînées de lichens brûlés par le sel. En contrebas, un petit phare tente d'adresser à la ronde son sourire de lumière, clin d'œil complice aux navires de passage. Soudain, le commandant se fige, passe ses jumelles au second pour qu'il confirme son jugement. Entre deux vagues, un mât émerge parfois. « El yate *Yeodis*[1] ! », marmonne doucement Roberto Luengo-Duràn. Mission accomplie.

Le PSG (patrouilleur supérieur général) *Micalvi*, battant pavillon chilien, a localisé le *Geodis* de Christophe Auguin. Habituellement armé pour effectuer les relèves des gardiens des îlots environnants qui prolongent la Terre de Feu dans l'océan en mille miettes disparates, parfois affecté au soutien des vedettes lance-torpilles amarrées dans son port d'attache de Puerto Williams, le navire Chilien devait en ce 9 janvier repérer *Geodis*, l'escorter solennellement et le saluer chaleureusement. Le lieu du rendez-vous n'est pas anodin. Il se déroule au carrefour des océans, au bout de la terre, à la croisée des routes qui propulsent le leader du Vendée Globe hors des latitudes sud, vers le nord, vers la délivrance. « Le passage du Horn, c'est un vrai soulagement. Je remonte. Il y a peu j'étais par 60° sud. Puis il y a eu 56, 57... et me voilà par 55°. C'est le début du bonheur. Je quitte le Pacifique. J'espère que mon parcours en Atlantique sera plus calme. À la montre du bord, c'est à 7 h 55 T.V. que *Géodis* pénètre en Atlantique. »

55° 59 sud, 67° 12 ouest

Bernard Moitessier, lorsqu'il effectua sa circumnavigation en solitaire lors du Golden Globe, ce dramatique ancêtre du Vendée Globe disputé en 1968-1969, synthétisa

---

1. « Le yacht *Geodis*, en espagnol. »

avec poésie les sentiments qui habitent tout cap-hornier. « Le Horn n'est pas une fin en soi. Ce n'est pas un point sur une carte. Ce qui compte, c'est ce qui précède et ce qui suit. Le Horn est un état d'esprit. » Pourtant le Cap dur, son appellation française originelle, n'est qu'une île minuscule au sud d'un mini-archipel répondant au nom prédestiné d'Hermite. À la simple lecture d'une carte marine, le navigateur relève le promontoire extrême de cet îlot par 55° 59 sud et 67° 12 ouest. À cette position exacte, s'enfonce dans la mer un vieux chicot sombre et menaçant. De son croc déchirant, il sépare deux océans et voit à ses pieds s'entremêler leurs eaux. Le Pacifique a toujours le dessus. La nature l'a créé plus haut que l'Atlantique. Alors il le domine de sa taille de géant, créant un courant aussi violent qu'à sens unique. S'étale en contrebas une mer mauvaise et sournoise. Elle prend en permanence la forme d'une longue houle, lancée dans une ronde titanesque autour de l'Antarctique, sans rien pour la freiner si ce ne sont justement les parages incongrus du Horn. Elle se lève ici sans attendre, prise dans un entonnoir entre Amérique et Antarctique. Pour augmenter encore sa violence, elle vient buter sur la brutale remontée des fonds, passant en quelques milles de 4 000 à 70 mètres, et se donne alors des airs bestiaux, la bave d'écume souvent aux lèvres. Enfin, il y a les vents, d'ouest dominants. Ils soufflent sur l'onde mouvante, attisant le feu de son courroux. Trop paresseuses pour franchir la haute muraille des Andes, ces brises butent sur les montagnes puis, comme si elles les suivaient, accélèrent au fur et à mesure qu'elles descendent vers le sud. Elles trouvent enfin au cap Horn la porte de la liberté vers l'est, qui s'ouvre avec violence. Le mariage de ces phénomènes ne présage jamais rien de bon. Alors, pour l'impétrant navigateur, celui qui se voudrait cap-hornier, mieux vaut choisir, s'il le peut, de le franchir d'ouest en est et non pas dans l'autre sens, contraire à la logique imposée par les éléments, au risque d'éveiller la volonté belliqueuse sommeillant en ce cap. Diable pour marin, plus réel qu'un serpent de mer, son nom ne prête jamais à sourire.

Schouten et Lemaire baptisent le Horn

Balise à la croisée de deux déserts marins, territoire hostile à l'homme, le Horn et les îles environnantes ont pourtant été peuplés très tôt. Les Indiens indigènes y bravaient déjà la mer, vivant très souvent à bord de leurs minuscules canoës. Les premières traces relevées font état d'une occupation humaine vieille de six mille ans en Terre de Feu et de mille cinq cents ans dans les parages du Horn. Les petits groupes d'indiens nomades qui y vivent se sont eux-mêmes nommés Yamanas. Ils se nourrissent principalement d'oiseaux, mais aussi de mollusques et de mammifères marins chassés, voire dépecés sur place dans le cas de baleines échouées. À tort, et suite à quelques sanglants accrochages avec les premiers explorateurs, les Yamanas seront vite qualifiés d'anthropophages. Cette pseudo-réputation, alliée à leur civilisation primitive au regard de l'Occident, deviendra un sujet d'étonnement en Europe, où certains n'hésiteront pas à exhiber quelques « Fuégiens », telles de redoutables bêtes sauvages, dans des conditions immondes. Les Yamanas s'éteindront d'autant plus rapidement que, sous couvert de regroupement « humanitaire », ils succomberont à de terribles épidémies de maladies inconnues d'eux, comme la rougeole ou la tuberculose. Des « Hommes » (une des plus probables traductions de « yamana »), aujourd'hui, il ne reste plus que quelques clichés sépia où s'accrochent, dérisoires, des sourires étonnés et des regards fatalistes.

Bien que connu des « Hommes », le cap Horn n'est découvert par l'Occident qu'en 1616. Moins d'un siècle plus tôt, Magellan avait embouqué le canal qui porte aujourd'hui son nom, trouvant ainsi un débouché vers le Pacifique. L'embouchure Atlantique de ce terrible passage, étroit et tourmenté de vents que les falaises rendent fous, se trouve à 300 milles au nord du Horn, dont aucune trace n'existe alors sur les cartes. Les marins de tous navires, géographes de tous poils et scientifiques de toutes nationalités se persuadent alors qu'il s'agit là de l'unique accès vers l'océan Pacifique. Roi habile, le souverain espagnol en interdit immédiatement le passage aux navires autres que les siens et ceux de ses alliés. Motivé par son obsédante quête de la richesse, bravant les interdits, bien décidé lui aussi à se rendre de l'autre côté de la planète, le pouvoir hollandais réagit. Isaac Lemaire le marchand et Guillaume de Schouten le soldat arment ensemble deux navires pour cingler vers les Moluques, certains de trouver une nouvelle issue afin de mieux remplir les cales d'or et de cannelle. L'expédition, difficile, s'enfonce vers l'inconnu une fois le détroit tenu par les Espagnols dans le sillage. Malgré la perte accidentelle de l'un des bâtiments, ils continuent sans relâche à naviguer cap plein sud, bien qu'au fur et à mesure de cette progression les tempêtes se montrent de plus en plus terribles. Comme aux innocents, la chance sourit aux audacieux. À deux doigts de renoncer, quasiment vaincus, prêts à demander grâce, Schouten et Lemaire assistent bienheureux à l'inversion du vent et, le 31 janvier 1616, ils passent enfin le dernier cap, prénommé aussitôt du nom de leur ville d'origine : Hoorn. Ils ont eu de la chance, beaucoup de chance. Un siècle durant, leur découverte ne servira à rien ou presque, si ce n'est à tisser peu à peu les fils d'une légende.

Mortelle odyssée

En 1741, George Anson participe d'une sanglante façon à son élaboration. En guerre, le but de la couronne britannique n'est autre que de harceler et de ruiner autant que faire se peut tout ce qui bat, à terre comme en mer, pavillon espagnol. Au fil de ses pérégrinations guerrières, l'escadre de six navires menée par ce même amiral Anson, déjà fort diminuée par l'insalubrité des entreponts et les ravages du scorbut, rejoint le détroit de Lemaire qui, 150 milles avant le Horn, sépare la Terre de Feu de l'île des États. Deux mois durant, la flotte d'Anson tentera de passer le cap en hiver et dans le sens est-ouest. « Les dangers que nous eûmes à combattre passent après tout ce qu'on a éprouvé dans aucune autre expédition navale », expliquera Anson à son retour. Pris dans une continuelle tempête de fin du monde, deux des six bateaux, hors de portée des autres, renoncent. Deux autres démâtent partiellement. Arrivée début mars, la flotte ne quitte ces abords qu'à la fin du mois d'avril. Rien que sur le navire amiral, *Le Centurion*, cent vingt hommes décèdent de maladie ou de froid. Un autre, *Le Wager*, est rejeté sur la côte. Son équipage, en partie sauvé, se mutine et abandonne les officiers en Terre de Feu. Anson finira pourtant par reconstituer un semblant d'armada pour livrer ensuite des combats sans merci aux Espagnols. Mais c'est bien le Horn qui avait infligé à l'Anglais ses revers les plus sérieux. Comme il le fit pour Anson, le Horn se forge sa célébrité en bloquant des jours, des semaines, des mois durant d'innombrables navires contraints à tirer des bords dans la tempête, face au vent et au courant, avant que ne s'ouvre la porte vers le Pacifique. Les désillusions du capitaine Bligh commencèrent ici. Jamais son navire en route pour la Polynésie depuis la Grande-Bretagne ne put le franchir. Bligh préféra alors faire le tour de la planète dans l'autre sens plutôt que de l'affronter. C'est au pied du Horn qu'a peut-être fermenté la célèbre mutinerie du *Bounty*.

La route des clippers

Le mythe prend une nouvelle tournure au XIXe siècle. Jusque-là, le Horn est presque uniquement fréquenté par les baleiniers, habiles marins qui se jouent souvent avec aisance de ses difficultés. Mais, en 1841, la découverte d'une pépite d'or en Californie par un dénommé James Marshall provoque un afflux massif d'émigrants. Deux uniques chemins sont alors possibles : traverser le continent nord-américain au risque de subir la loi sordide et meurtrière d'innommables bandits ou celle implacable d'Indiens qui aspirent seulement à conserver leurs terres. Et de toute façon, le périlleux voyage ne dure jamais moins de six mois. La voie maritime, déjà moins onéreuse, semble la plus aisée, facilitée qui plus est par un véritablement bouleversement technologique. Dans les ports de la côte Est, à Boston en particulier, les chantiers navals créent et perfectionnent d'admirables navires, rapides, solides et marins : les clippers. Inlassablement, ils prennent un à un la route de la Californie qui double le cap Horn. Qu'importent les conditions détestables, qu'importent les équipages totalement inexpérimentés souvent recrutés de force parmi les rebuts de la société, qu'importent les cales où s'entassent les émigrants, il faut passer. Certains capitaines mènent, le colt à la taille et le fouet à la main, des bandes de renégats toujours prêts à se mutiner. Et jamais ils n'hésitent à faire feu sur des hommes qui, une fois au terme du voyage, désertent sans attendre leur dû, préférant tenter leur chance dans une improbable chasse au trésor. À bord du *Challenger* en 1860, le capitaine Waterman, attaqué par des bandits de gré devenus marins de force, en tue deux à coups de barre de fer. L'ordre règne ensuite à bord de son voilier, dont l'équipage est décimé par les maladies vénériennes, les morts violentes et les chutes de gabiers depuis le gréement. Sans plus pouvoir rentrer de toile ni changer d'amure, le *Challenger* fonce dans la tempête près du Horn. Il arrive à passer sans faire naufrage, par miracle. Le plus fameux de ces clippers reste à jamais le *Flying Cloud*, mené par le capitaine Josiah P. Creesy accompagné de son épouse Eleanor, qui trace la route et s'occupe de la navigation. Après avoir réalisé le meilleur temps en 1851, il établit trois ans plus tard entre New York et San Francisco un remarquable record (quatre-vingt-neuf jours et huit heures), qui ne sera battu que cent trente-deux ans après.

Les derniers grands voiliers

À la fin du siècle dernier, alors que les Britanniques ne jurent plus que par la propulsion mécanique, les flottes de commerce françaises et allemandes continuent à lancer de magnifiques voiliers portant trois, quatre et même cinq mâts. Ils s'en vont chercher la laine en Australie, le nickel au Chili ou le blé en Oregon. Ils relâchent à Sydney, Valparaiso, Portland... termes attendus mais pas toujours atteints des déambulations océaniques. À Nantes, la maison des armateurs Bordes s'érige en grand spécialiste de ces gigantesques navires qui empruntent encore et toujours la route du Horn. Pour l'affronter, ils livrent à leurs capitaines des instructions aussi méticuleuses qu'efficaces. Il n'empêche. Le géant ventru veut son lot de vies, avale en ogre bateaux et cargaisons. Et, quand du haut d'un mât tombe un marin à la mer dans les flots déchaînés, ses camarades hésitent à lui envoyer une bouée de sauvetage. Ils ne peuvent rien pour lui. Ce ne serait que prolonger son agonie... En 1900, le trois-mâts *Amiral Courbet* se présente au large de la Terre de Feu après une rapide traversée de l'Atlantique. Les éléments sont déchaînés : « Mer très forte, vent force 12 », écrit le second sur le livre de bord. Force 12 : le maximum sur l'échelle de Beaufort. Le 28 juillet, le capitaine veut mettre son bâtiment à la cape afin d'attendre de meilleures conditions météo. Mais pour ce faire, il faut qu'un homme monte dans la mâture débloquer l'écoute de misaine gelée. Un volontaire se présente. Il grimpe. Dix minutes plus tard, il s'écrase sur le pont. Et dans la tempête, personne ne l'entend. Presque simultanément, le gui[1] du mât d'artimon se brise, venant balayer l'arrière du navire, arrachant la barre et rendant fou l'*Amiral Courbet*. Le commandant Crequer, aidé d'un marin, réussit à saisir la bôme folle et à bloquer le gouvernail, malgré la nuit, le pont verglacé, les embruns et la température de − 17°. La tempête ne s'apaise que trois jours plus tard et le bâtiment peut enfin doubler le Horn.

Bateau en feu

Six ans plus tard, alors qu'il passe au large de l'île des États située 150 nautiques avant le cap, la cargaison de charbon du *Léon Bureau* en route pour San Francisco prend feu. Seule solution : rallier au plus vite les Malouines. « Il vente en tempête, écrira ensuite le capitaine du trois-mâts. Tout espoir est perdu d'éteindre l'incendie. La coque du navire est chaude. Les coutures du pont s'ouvrent. (...) Sous une température glaciale, mouillés à travers leurs cirés par la pluie et les embruns, les hommes travaillent sur un brasier qui à tout instant peut s'ouvrir sous leurs pieds. (...) Sous l'effet des rafales, des voiles partent en lambeaux. Le gréement cède en plusieurs endroits... » *In extremis*, le *Léon Bureau* est échoué volontairement sur une plage. L'incendie est éteint difficilement et le navire continuera à arpenter les sept mers jusqu'en 1936.

Au fil des siècles, au fil des tempêtes aussi violentes qu'imprévisibles, s'est composé un chant du Horn que le percement du canal de Panama en 1914 interrompt au

---

1. Bôme sur les grands voiliers.

soulagement général. Le froid qui fait geler les cordages et les mains ; la mer déferlante qui engloutit à tour de vagues hommes et navires ; les icebergs même qui remontent en hiver depuis l'Antarctique ; les albatros qui fondent sur les marins et percent les crânes, arrachent les yeux... Tout se conjugue là-bas pour que des milliers de bougres rarement consentants, embringués sur des bateaux fatigués par des mois de navigation, payent de leur vie la volonté des explorateurs, le bon vouloir des armateurs ou les ineptes obligations des guerriers. Le mythe veut qu'il n'y a pas si longtemps encore certains croisaient des morceaux d'icebergs échappés de glaciers et portant en eux le corps d'un capitaine, la cloche de quart d'un bateau. Plus de sept mille navires auraient péri dans ces parages. Qui sait ? Car elles sont incalculables les histoires tragiques qui ont forgé la légende de trois siècles. Ils sont indénombrables les morts, victimes expiatoires d'un dieu païen gros roc ventru recouvert de tourbe. Et ils sont présents, toujours, dans l'âme du navigateur qui s'en approche. L'avant s'apparente à une descente aux enfers ; l'après devient délivrance.

Les amants du bout du monde

Alors, en ce petit matin de janvier, Christophe Auguin avoue sans ambages son soulagement. Outre la présence rassurante et massive du *Micalvi*, *Kotick* croise aussi en ces lieux. Cette goélette en acier de quinze mètres est une habituée des lieux. Au départ d'Ushuaïa, en Terre de Feu argentine, Alain et Claudine Caradec louent bateaux et services à tous ceux qui veulent voir le mythe, le fouler même parfois lorsque les conditions météo permettent de débarquer. De tous les voiliers de charter qui patrouillent dans la zone, *Kotick* est l'un des plus anciens. C'est à son bord expérimenté qu'a pris place Véronique, la compagne aux yeux lavande de Christophe Auguin. Malgré le mal de mer, malgré une grippe tenace, Véronique a tout tenté pour venir fêter avec son Christophe son retour en Atlantique. Lorsque *Geodis* apparaît à l'horizon, *Kotick* s'en approche comme aimanté. Depuis son passage aux Canaries, le 12 novembre dernier, Auguin n'a plus jamais vu âme qui vive. Depuis le départ des Sables-d'Olonne, il n'a plus aperçu sa compagne. « C'est la troisième fois que je passe le Horn. Jamais il n'y a eu une telle cohue. Enfin, cohue, je m'entends... » Au son de sa voix, Christophe Auguin semble soulagé. Apaisé. Il est tout heureux de se mêler à cette assistance venue de si loin pour le soutenir. Mais les retrouvailles sont difficiles, timides. Par radio, les deux amants du bout du monde ne parviennent à échanger que des banalités. L'émotion sans doute...

« Profites-en bien, ma Véro, glisse doucement le navigateur. C'est pas tous les jours que l'on vient ici... T'as vu les montagnes environnantes? Ça doit pas souvent être drôle... » Depuis deux mois, Christophe Auguin n'avait eu pour seul exutoire à sa mélancolie solitaire que les mots hachés de la radio à longue portée et les phrases courtes et intenses des messages par télex. En ce jeudi, il en va différemment. D'un bord à l'autre, ils peuvent se parler en se regardant. Derrière les propos pointe le besoin d'en finir, de fêter des retrouvailles ébauchées ici, au bout du monde, et qui s'achèveront aux Sables-d'Olonne.

Une demi-bouteille de champagne dans une main, entre deux gorgées, il répond encore aux interviews qui émanent des journalistes embarqués dans le *Micalvi*. Le froid a beau lui engourdir les doigts, il raconte, parle, encore et toujours. Il s'enquiert des marins du bâtiment chilien, se montre admiratif devant leurs inlassables patrouilles dans des eaux insalubres, les remercie chaleureusement... Mais il est temps. Auguin ne peut plus calmer *Geodis*, des fourmis dans la quille. Il l'a trop fait. Toute la nuit précédente, pour paraître au point du jour, le navigateur a retenu son navire comme il l'aurait fait d'un cheval trop nerveux.

Cette fois, il ne le peut pas plus qu'il ne le veut. *Kotick*, trop lent, a déjà décroché. Alors le *Micalvi* sonne de sa trompe martiale, coupe ses machines et s'efface dignement dans le sillage du solitaire auquel les marins chiliens, émus et impressionnés, ne se lassent pas d'adresser des adieux. Plus jamais Christophe Auguin ne repassera ce cap seul : « J'ai eu mon compte : trois fois ça suffit. » Et, comme s'il avait peur de retrouver sa solitude en face, de voir se séparer les sillages amis, le navigateur est rentré dans son bateau. Alors seulement, le Horn bien calme jusque-là pouvait se réveiller. Un terrible coup de vent y était annoncé pour le soir même...

11

UN SEUL OBJECTIF : TERMINER !

Vendredi 10 janvier

Christophe Auguin a mal. Loin derrière, au centre du Pacifique, Gerry, un de ses meilleurs potes, est au cœur d'une vaste campagne de recherches. Depuis quelques heures, son *Geodis* progresse dans l'Atlantique. Lui a réussi à s'extraire des griffes du Sud, mais il est impuissant, totalement impuissant, devant les drames qui frappent la course. La course n'a plus grand sens. Le leader conserve un seul objectif : ramener son voilier aux Sables-d'Olonne et emporter ce troisième Vendée Globe. 35 nœuds de vent, *Geodis* navigue au près : Auguin lève le pied à la fois pour soulager son bateau mais aussi pour épargner le marin. Les conditions de vie à bord d'un voilier gîté et qui tape beaucoup dans un bruit assourdissant ne sont pas des plus agréables. Un moment tenté d'embouquer le terrible détroit de Lemaire, entre l'île des États et la pointe sud-est de la Terre de Feu, Auguin a revu sa copie. Pas question, d'autant que la météo n'est pas favorable. Cap sur les Malouines, alors. « Avec un peu de chance, je pourrai discuter avec " Philou [1] " et d'autres amis qui y séjournent en ce moment. » C'est un peu le relâchement qui guette Auguin. Après le stress du

---

1. Philippe Poupon.

Grand Sud, il s'accorde un peu plus de temps dans la bannette. L'appétit revient. À défaut d'avoir meilleur moral, c'est déjà un bon point.

Au PC course parisien, pas un son n'arrive de l'océan. Les navigateurs ne parviennent pas à entrer en contact avec Saint Lys Radio. Ou peut-être n'en ont-ils pas envie...

Dimanche 12 janvier

Depuis quelques jours déjà, Catherine Chabaud observe attentivement l'évolution de la météo. Une belle brafougne[1] est attendue dans les heures qui suivent. Elle va s'abattre sur *Whirlpool-Europe 2*. La décision s'impose d'elle-même à la navigatrice : ralentir, faire le gros dos en attendant que cette tempête, une de plus, passe loin devant. Bien reposée, elle ne craint pas ce nouveau coup de tabac. Catherine a pris des forces, mangé suffisamment. Et puis, lorsque le vent forcit, elle sort sur le pont balayé d'embruns. Pas question de fuir devant la tempête, comme cela se fait si couramment. Cette fois, Catherine prend la cape : le petit morceau de grand-voile est bordé à plat et le minuscule mouchoir qu'elle peut conserver à l'avant est placé à contre. Ainsi, *Whirlpool-Europe 2* ne progresse quasiment plus et étale une à une les vagues sans difficulté. Travers à la lame, le monocoque se crée un remous protecteur en dérivant. Dès que le vent mollit un peu, Catherine reprend sa route. De temps à autre, une vague plus violente qu'une autre couche néanmoins le voilier. Le chavirage subi quelques jours auparavant l'a beaucoup fait réfléchir. Et c'est désormais sans appréhension qu'elle aborde les coups de vent. Elle sait dans ces cas-là qu'il lui faut attendre. Alors, couchée dans sa bannette,

---

1. Tempête en argot de marin.

Catherine reprend une nouvelle fois la lecture de *La Longue Route* de Bernard Moitessier.

L'intérieur du voilier rouge est toutefois bien humide. L'eau s'infiltre partout et le circuit électrique du bord s'en ressent. Autre inquiétude, le groupe électrogène a lui aussi besoin d'un bon séchage. Ce sera chose faite dès le retour de conditions plus clémentes.

Dans le sillage de *Whirlpool-Europe 2* se trouve de nouveau *Aqua Quorum*. Pete Goss a repris la mer depuis plusieurs jours et espère bien revenir vite à hauteur de Catherine dont il est encore distant de quelque 600 milles. Hélas, l'Anglais étant privé de radio, les deux compères ne pourront plus reprendre ces conversations animées et chaleureuses qui marquèrent leur descente conjointe de l'Atlantique.

Par des télex laconiques, Bertrand de Broc et Hervé Laurent, loin devant Chabaud et Goss, signalent chacun à leur tour la présence d'icebergs par 57° sud. Éric Dumont lui aussi se fait peur. « Ça commence à ressembler à une partie de roulette russe. J'ai à peine deux cents mètres de visibilité. » Dans son carré, Dumont relit le dernier télex que son meilleur ami, Gerry Roufs, lui a envoyé. Le Canadien lui parle de la chute de son antenne radar, normalement placée dans le mât. Et s'il y a un appareil totalement indispensable, en ce moment, dans cette zone d'icebergs, c'est bien le radar...

Lundi 13 janvier

Même hors course, Yves Parlier fonce. *Aquitaine Innovations*, totalement rénové depuis son arrêt à Fremantle, a retrouvé toute sa puissance. Le 60-pieds navigue désormais sous grand-voile et trinquette. Le génois est toutefois devenu inutilisable. Avant qu'une prochaine tempête n'arrive, Yves entreprend la réparation de la voile, posant dessus des plaques de tissu autocollantes et la renforçant de quelques points de couture. Comme tous les autres, Parlier a eu le temps de gamberger face aux problèmes qui se sont abattus sur la flotte. Installé devant sa table à cartes, le skipper fait défiler dans sa tête tous les cas de figures qui pourraient se poser à lui s'il avait une assistance à porter à quelqu'un. « C'est bien la première fois que je me pose ce genre de problèmes. » À son retour en France, Parlier est bien décidé à participer aux travaux pour améliorer la sécurité des navigateurs lors des courses autour du monde.

Mercredi 15 janvier

Patrick de Radiguès en a plus qu'assez. Assis au fond d'*Afibel*, clés à molette en main, il regarde méchamment son groupe électrogène, prêt à le cogner. Peu après son départ d'Australie, le générateur n'a plus la moindre étincelle. Déjà son parcours initial avait été un calvaire. Et l'ex-motard n'a vraiment aucune envie de couvrir à nouveau un demi-tour du monde dans ces conditions. Il passe presque vingt heures sur vingt-quatre le nez dans la soute à démonter puis remonter l'engin récalcitrant. Et puis, lorsque le voilier prend de la bande violemment, l'apprenti mécano est projeté contre les cloisons. C'est sûr, de retour en Belgique, il pourra s'installer comme diéséliste. Inévitablement, « Radi », comme il se surnomme dans ses télex, n'a pas vraiment le temps de s'occuper de navigation, et la vitesse moyenne d'*Afibel* s'en ressent.

Coup de théâtre à bord de *Votre nom autour du monde*. Dans une violente manœuvre, le vit de mulet cède. Pièce de liaison entre la bôme et le mât, cette articulation est déterminante pour que la grand-voile donne son plein rendement. Lors du premier Globe, celui du *Crédit agricole IV* de Philippe Jeantot s'était brisé dès le lendemain du départ. Il perdra alors douze heures à le réparer, laissant s'envoler le reste de la flotte. Puis, durant toute la course, il devra à nouveau le consolider sommairement à trois reprises. Cette fois, c'est au tour de de Broc d'affronter cette avarie particulièrement handicapante. Mais le Breton a de la ressource. À terre, son équipe technique échafaude des solutions en compagnie d'un ami, spécialiste des vieux gréements et grand bricoleur devant l'Éternel. À bord de son voilier, le marin réussit à plier en force la barre de secours, un imposant tube d'aluminium, et à la placer en tant que liaison entre mât et bôme. Dans le mauvais temps, il s'abîme les mains, se glisse des échardes de carbone sous la peau, peste, râle, mais réussit enfin. Malgré la réparation, le ketch perd quand même presque 20 % de son potentiel.

Jeudi 16 janvier

De Broc a une voix d'outre-tombe. Lors de la vacation radio quotidienne avec Paris, il commence d'abord par détailler la réparation de son vit de mulet. « Ça tient super bien. » Puis il aborde le sujet du Horn, ce caillou qu'il va virer pour la première fois de sa longue carrière. Mais il est différent, Bertrand. Trop grave, trop posé. Il noie le poisson, tente d'éluder le sujet qui le préoccupe, puis balance tout. « J'ai une grave décision à prendre concernant un arrêt au Horn. C'est un petit souci, pas bien grave, mais je vais devoir demander assistance. » Et qui dit assistance implique obligatoirement mise hors course. Des seize concurrents de ce Vendée Globe, le skipper de *Votre nom autour du monde* est l'un des seuls récidivistes. Voilà quatre ans, alors à la barre de *Groupe LG*[1], il avait effectué une course brillante. Durant la descente de l'Atlantique, il avait été le seul des concurrents à menacer l'hégémonie d'Alain Gautier. Puis la malchance s'était

---

1. Celui-là même que mène Hervé Laurent dans ce troisième Vendée Globe.

abattue. « Autosuturage », quille volage, abandon et licenciement abusif par son employeur. Le tribunal des prud'hommes lui donnera d'ailleurs raison, le rétablissant dans son honneur de skipper. En s'élançant dans son deuxième Globe, Bertrand de Broc sait fort bien qu'il ne dispose pas du meilleur bateau. Mais sa grande expérience peut en partie pallier les manques de l'engin. En tout cas, il ne désire qu'une chose : terminer, vaincre l'océan Indien. Ce qu'il fait jusque-là plutôt brillamment malgré la panne d'informatique qu'il traîne presque depuis le départ. Privé de fichiers météo, le Breton doit tracer lui-même ses propres cartes météo avec le renfort de celles qu'il reçoit par fac-similé, tout en intégrant les routes de chaque adversaire desquelles il déduit les conditions qu'ils affrontent. Bien sûr, il tient aussi compte de l'état de la mer, de la pression atmosphérique, des nuages qui le survolent...

Dans ces conditions, rester au contact d'Hervé Laurent et Marc Thiercelin est une véritable prouesse. Mais là, c'en est trop. Quelques heures auparavant, de Broc a remarqué que son réservoir ne contient plus assez de gas-oil pour terminer la course. « J'ai encore dix jours d'autonomie. » Nettement insuffisant pour remonter un océan en entier. Avant le départ, le bateau avait été chargé de 300 litres de fuel au lieu des 380 prévus... Quant à l'hydrogénérateur [1], il ne fonctionne plus. Enfin, depuis le milieu du Pacifique, l'un des principaux renforts de fond de coque de son ketch s'est brisé au niveau de la quille. « Il y a déjà suffisamment de bateaux par le fond cette année pour que je ne laisse pas le mien ! » Le podium était pourtant à portée d'étrave. Manque de gas-oil et structure touchée : de Broc pense sérieusement à jeter l'éponge. Il lui reste soixante-douze heures avant le Horn pour prendre sa décision.

---

1. Générateur électrique entraîné par une hélice placée sous la coque du voilier et mue par sa vitesse.

Loin devant, Christophe Auguin ne connaît pas le moindre souci technique. Le combustible qui lui manque, c'est bien le vent. « Je suis en train de poursuivre un anticyclone qui monte vers le nord en même temps que moi ! » Et qui dit zone de haute pression implique vents faibles. Auguin pourtant s'est trouvé une nouvelle motivation. « Mon objectif premier, c'est de terminer et de gagner mon troisième tour du monde. Ensuite, de battre le record de Lamazou, voire de passer sous les cent jours. En tout cas, je me rends compte que Titouan a fort bien navigué. » À sept ans d'intervalle, il suit sur ses cartes la route suivie par Lamazou. « À certains moments, je le devine bien... Cette régate fictive me permet de m'occuper. » Et puis le Normand retrouve le grand bonheur d'être en mer, enfin dans des conditions clémentes. *Geodis* ne connaît aucun problème majeur. Il y a bien une petite fuite à un ballast ; il y a bien une minuscule voie d'eau à un palier de safran ; il y a bien les commandes du pilote automatique un peu corrodées par l'humidité et la clé de contact du moteur remplacée par un tournevis : broutilles. En entrant dans les basses latitudes, il n'avait qu'un seul but : en ressortir avec un bateau à 100 % de son potentiel. C'est réussi.

Dimanche 19 janvier

Il est 14 h 30 en France, 10 h 30 au Chili. *Groupe LG-Traitmat* progresse doucement aux pieds du « rocher ». Hervé Laurent savoure enfin ce grand moment. Cap-hornier, ça fait rêver... Pas un souffle de vent ne vient contrarier le skipper qui, admiratif, ne rate pas une miette du spectacle. « Ça sent le retour », marmonne le Lorientais. Comme Auguin le 9 janvier, il est le deuxième des navigateurs de ce Vendée Globe à franchir le mythe avant de se lancer enfin dans la remontée de l'Atlantique. Isabelle Autissier l'avait bien arrondi quarante-huit heures avant Laurent, mais hors course. Dans le sillage de ce dernier se profilent Bertrand de Broc et Marc Thiercelin qui, à 20 h 45 et 22 h 45, deviennent à leur tour membres de la confrérie des cap-horniers. Marc Thiercelin débouche une demi-bouteille de champagne et un bloc de foie gras. Le Horn, c'est pas tous les jours. Ces trois hommes sont inséparables... Pas pour longtemps. Après avoir longtemps pesé le pour et le contre, de Broc décide finalement de faire escale dans le port d'Ushuaïa, à 110 milles au nord du Horn. Les travaux à faire sont trop importants et le marin ne se sent plus en sécurité. Trois techniciens venus spécialement de France l'attendent, et il peut aussi compter sur l'aide indéfectible des équipages de voiliers de charter présents dans la région, à commencer par Alain Caradec, originaire de Bénodet, la même région que de Broc. En fin de journée, de Broc accepte la remorque tendue par la goélette *Valhalla* pour le mener à Ushuaïa. C'est fini. Avant de rallier le port argentin, arrêt obligatoire à Port-Williams pour les formalités douanières. Il y savoure avec bonheur du pain frais, une tarte au citron et un café chaud, dans un bateau confortable qui ne bouge plus. Et c'est avec les trois membres délicieux de l'équipage de *Valhalla* qu'il partage ce festin, une boule dans la gorge. « Après quatre-vingts jours de mer, j'ai de nouveau contact avec des gens... » L'émotion que procure la fin d'un monde. « Je vais être obligé de disputer un troisième Vendée Globe, fanfaronne-t-il, un peu à contrecœur. Et la prochaine fois, je reviendrai avec une machine de guerre. J'ai fait deux fois des navigations superbes. J'en ferai une troisième ! » Avec un bémol confié à Christophe Auguin : « Si je suis encore assez fou... »

Si de Broc s'arrête, ses compagnons sont à peine mieux lotis. À bord de *Crédit immobilier de France*, huit renforts structurels sont à nouveau décollés du fond de la coque. Et ce n'est pas la première fois. « Ça m'est arrivé dans le golfe de Gascogne dès le départ, explique le futé Thiercelin. Mais je ne voulais pas en parler. J'ai beaucoup réparé, beaucoup stratifié. » Tellement qu'il ne lui reste plus de quoi recoller ses varangues. Voilà en tout cas qui explique son début de course en demi-teinte... Avec Jean-Marie Finot, l'architecte du voilier, il a été décidé de découper les tangons en trois morceaux et de mettre en force ces petits tubes pour rigidifier la coque. Thiercelin attendait avec impatience de se trouver en Atlantique pour procéder à ces réparations.

Sur *Groupe LG-Traitmat*, les principaux soucis concernent le gréement. L'enrouleur de génois est mort, et Laurent doit naviguer sous-toilé. Mais qu'importe. Ces deux marins ont une dernière ligne droite pour se partager les deux dernières marches du podium. Ils ne vont pas la rater. Thiercelin s'est préparé comme pour un *Figaro*. « Peu de sommeil, beaucoup de tactique : ça va donner ! » « La remontée va être tonique, confirme Laurent. Mais l'Atlantique est grand et rien n'est fait ! » Thiercelin toutefois y prend part avec un bonus justifié de trente-quatre heures accordé par le jury. Il s'agit, selon les calculs de ce dernier, du temps passé par le skipper à rechercher Gerry Roufs. Cela ne prend pas en compte les avaries causées alors par la tempête à bord du monocoque.

Éric Dumont est encore loin du cap Horn et le Pacifique Sud ne veut pas le libérer aussi facilement. Dans une mer déchaînée, son *Café Legal* longe un iceberg à moins de cinq cents mètres. « La baston de ma vie », écrira ensuite l'expérimenté marin. Même punition à bord d'*Aquitaine Innovations*. La majestueuse houle d'une dizaine de mètres de hauteur enserre le voilier bleu. Par endroits, des déferlantes blanches de la taille du bateau explosent dans un roulement de tambour. Le bruit de l'eau le long de la coque est celui des torrents dévalant les montagnes. Le radar tourne en permanence : les icebergs ne sont pas loin. « En percuter un en ce moment, explique Parlier dans un télex, entraînerait une mort certaine. Je n'ai pas le droit à l'erreur. » De temps à autre, une déferlante explose sur le pont. Depuis sa bannette, le skipper est jeté violemment à bas dans le carré. Cela durera quatre jours. *Aquitaine Innovations* s'en sortira sans le moindre bobo.

Jeudi 23 janvier

Décidément, les problèmes électriques ne lâchent pas un instant les concurrents de ce troisième Vendée Globe. Depuis quarante-huit heures, Pete Goss ne cesse de réparer son groupe électrogène. Pendant tout ce laps de temps, *Aqua Quorum* n'est plus vraiment dirigé par les pilotes automatiques. Laissé à lui-même, le petit 50-pieds jaune n'a guère progressé. Mais cette fois, Goss est fier de lui. Le générateur tourne comme une horloge, et le Britannique le laisse fonctionner une dizaine d'heures pour recharger les batteries du bord. Maintenant, il s'attaque aux lattes de grand-voile.

Plus grave pour Patrick de Radiguès. Voilà deux jours qu'il espérait enfin en terminer avec la réparation de son propre moteur. En ce jeudi, le bout du calvaire semble atteint. Le Belge enfonce la clé de contact dans la serrure, tourne... Rien ne se passe. De longues minutes durant, il râle, crie, pleure, jure, insulte le moulin qui hoquette, pète et démarre enfin. Mais cela a été trop long. Le skipper comprend que ce n'est que partie remise, que ce démarrage laborieux est synonyme de panne prochaine. Une nouvelle escale semble indispensable. « Radi » fait de nouveau demi-tour et met le cap sur Dunedin en Nouvelle-Zélande. À Paris, Philippe Jeantot lâche un mouvement de mauvaise humeur... Il a promis à tous les concurrents de les suivre et de les soutenir, même hors course, jusqu'aux Sables. De Radiguès n'est pas prêt de voir la jetée de La Chaume...

Bertrand de Broc, lui, en a profité : choyé par ses amis du bout du monde, il a pu se refaire une santé à Ushuaïa, dégustant dans le carré de *Kotick* les petits plats de Claudine Caradec, arrosés de cato negro, un gouleyant vin chilien. Mais il a bien fallu repartir. Seule certitude désormais : l'escale était bel et bien indispensable. En ce jeudi, *Votre nom autour du monde* longe la magnifique île des États et ses montagnes acérées. Temps de demoiselle. De Broc savoure. Il rentre à la maison.

Marc Thiercelin lui aussi jubile. Le moral est bien revenu. De temps à autre, il chante à tue-tête des tubes des Platters sur le pont de son voilier. Mais le voilà en train de préparer une pièce de théâtre où Hervé Laurent, qui le devance toujours, aurait le rôle de celui qui n'a jamais de chance. « Un peu comme Pierre Richard dans *La Chèvre*, rigole le skipper. Si Bertrand (de Broc) ne s'était pas arrêté, on aurait pu jouer aussi un remake de *Le Bon, la Brute et le Truand*. Mais pour l'heure, son dilemme est tout autre : entamer ou non le dernier pot de Nutella, au risque qu'il ne passe pas l'Équateur... Enfin, il a décidé de se consoler avec des œufs encore frais, grâce à une judicieuse conservation, accompagnés de cèpes déshydratés. Hervé Laurent, de son côté, déguste des conserves faites par le chef qui avait élaboré celles de la station spatiale Mir. Chacun son menu, chacun ses menus plaisirs.

Samedi 25 janvier

« J'AI PASSÉ LE CAP HORN ! » C'est en utilisant des lettres majuscules sur le clavier de son ordinateur-télex qu'Éric Dumont fait partager à ses proches la joie de son passage. Il est heureux, Éric. Rayonnant. Souvent, il a bien cru que son *Café Legal* le lâcherait avant le terme du Pacifique. Mais il y est bien. Enfin. Il est 6 h en France. Mais là-bas, dans le sillage qui s'étire à l'ouest, le soleil se couche et projette dans un ciel azur quelques rayons de soleil épars que le navigateur compare aussitôt aux faisceaux de spots placés sous la vigilance épanouie de la pleine lune. Sous les sunlights, la star, c'est lui. Car la beauté rude et désolée du promontoire ne lui plaît guère. « C'est un gros rocher avec une forme carrée, chapeau de cow-boy, il vaut à peine le coup de faire déplacer un car de touristes japonais... Rien à voir avec les falaises d'Étretat ! » Dis-le vite, Éric, passe ton chemin, tu pourrais le vexer.

Lundi 27 janvier

Yves Parlier est survolté. Il termine son passage du Pacifique à la moyenne hallucinante de 17 nœuds et passe à son tour le Horn, à 11 heures heure française, soit au petit matin devant le « rocher » au terme de la très courte nuit de l'été austral. Même à son deuxième passage, la magie des lieux opère sur l'Aquitain. En voyant le sommet du cap déchirer les nuages, il plonge dans les souvenirs de ses lectures adolescentes. Route vers la délivrance, sur un Atlantique bien sage, où le skipper a aussitôt l'impression de progresser sur un lac. Trois navigateurs solitaires ne peuvent en dire autant. Pour eux, le Horn n'est encore qu'un mythe, pas une réalité.

Au large du Brésil, le *Geodis* de Christophe Auguin a retrouvé une vitesse raisonnable. Mais la lassitude est grande. La dernière ligne droite s'avère difficile pour le leader. Sa solitude volontaire lui pèse. Et parfois, malgré son désir de ne pas solliciter *Geodis*, l'inquiétude le rattrape. La veille, un cétacé est venu percuter le monocoque, sans dommage heureusement, avant de sonder. Par le passé, bien des voiliers ont payé cher une telle rencontre...

12

TOUT AU BOUT L'ARRIVÉE

Mercredi 29 janvier

Il attendait cet instant depuis si longtemps. Il le guettait sur son GPS, la machine à remonter les degrés de latitude. 4°, 3°, 2°, 1° sud, et enfin le 0° nord tant espéré. À 8h57, temps universel, Christophe Auguin coupe l'équateur et pénètre dans l'hémisphère Nord. « C'est comme lorsque tu reviens d'un long voyage et que tu passes devant le panneau de ton village », confie-t-il au *Figaro*. La dernière bouteille de champagne, à 30 °C, vient agrémenter le petit déjeuner. Le repas de midi s'annonce copieux. Car deux poissons volants viennent se « suicider » (c'est l'expression de Christophe) dans la trinquette affalée. Les petites îles brésiliennes Penedos de São Pedro e São Paulo, situées à plus de 1 000 km des côtes, sont presque en vue. Les premières terres depuis le cap Horn. À l'approche du Pot-au-Noir (qui sera avalé facilement), le leader vogue à plus de 13 nœuds de moyenne, avec juste dix jours d'avance sur le temps de passage de Titouan Lamazou. La vie est belle, pendant que ses rivaux se traînent à 6 ou 7 nœuds. Le plus proche d'entre eux, Marc Thiercelin, pointe ce matin à 2 011 milles. Un océan...

Jeudi 30 janvier

Derrière Auguin, ils ne sont plus que cinq à pouvoir rêver d'un tour du monde sans le moindre arrêt. Cinq plus Gerry, évidemment, toujours introuvable : Hervé Laurent, Éric Dumont, Catherine Chabaud, Pete Goss et Marc Thiercelin, qui mène le peloton des rescapés et profite d'un jour de calme pour se transformer en marin alpiniste. Privé de l'ouïe à l'oreille droite et d'une partie de son équilibre, il déteste cet exercice. Mais il se lance dans la grimpette, et cinq fois plutôt qu'une. Il en redescend exténué et lâche ce commentaire : « Je vous assure que ce n'est pas par plaisir que j'ai fait le yoyo vivant avant de me transformer en balle de jokari ! » Après deux jours d'intense bricolage, son bateau est comme neuf. Mais Marc ressemble maintenant plus à un marin d'occasion. « Je me sens comme une mouche qu'une tapette aurait à moitié ratée. »

Dimanche 2 février

91e jour de mer et de solitude sur le Vendée Globe. Hormis Goss et Chabaud, qui n'ont toujours pas doublé le cap Horn, le reste de la flotte, qu'elle soit classée ou pas, continue sa remontée au large de l'Amérique du Sud, face à des vents le plus souvent de secteur nord et une mer qui inflige aux bateaux d'interminables parties de saute-mouton. Au près serré, en tirant des bords carrés, chacun à son tour prend un coup au moral, lorsque le GPS annonce des vitesses de rapprochement négatives. D'autant qu'à l'intérieur des habitacles une chaleur moite s'installe. Pas facile d'ouvrir les hublots lorsque le bateau est submergé par les embruns. Pas évident non plus de supporter le bruit du choc dans la vague et d'arriver à trouver le sommeil alors que son voilier s'envole toutes les dix secondes. « C'est fatiguant nerveusement », reconnaît Auguin.

Le leader commence à trouver le temps long. Car il sait bien que seule une casse mécanique peut maintenant le priver de son triomphe. Alors, il n'hésite pas à ménager sa monture, lorsqu'il la sent en danger. Et étant donné les conditions météo défavorables, il ne tarde pas à faire le deuil de la fameuse barre des cent jours, « qui ne veut rien dire sportivement ». Un seul objectif : gagner. Les records passent après la victoire. Heureusement, une longue conversation en standard M avec son fils de seize mois vient le distraire. Sujet de discussion : les animaux de la ferme. Mais au jeu des imitations, notamment de la vache, Erwan bat largement son papa.

Hervé Laurent, en troisième position, à 2 400 milles du leader, n'est guère mieux loti. Son *Groupe LG* tape lui aussi violemment et peine pour maintenir un cap acceptable. À l'intérieur, le Lorientais se décide à couper sa barbe, qui lui tient trop chaud sous ces latitudes, puis s'offre trois heures de sommeil ininterrompues, pour la première fois depuis très longtemps.

Lundi 3 février

Éric Dumont n'est pas au mieux non plus. Alors qu'il visite l'avant de son monocoque, *Café Legal* décolle sur une vague et le skipper retombe sur son pouce gauche. Le scaphoïde craque. « Fracture », diagnostique-t-il immédiatement. Il appelle le docteur Chauve, qui lui conseille de se fabriquer une attelle en résine. Heureusement, l'homme est dur à la douleur. « Ce n'est pas la fin du monde », songe-t-il. D'autant que, quasi simultanément, une opération à coude ouvert est en train de se dérouler au cœur du Pacifique. Depuis le départ, Pete Goss souffre du bras gauche. Mais depuis une quinzaine de jours, la douleur est devenue insupportable. Alors le sauveur de Dinelli, en liaison permanente avec Jean-Yves Chauve, décide de crever l'abcès. Profitant de quelques heures de calme, il s'ouvre le coude à l'aide d'un bistouri et d'un miroir coincé entre les jambes. L'incision fait plus d'un centimètre longueur et un demi-centimètre de profondeur. Le pus jaillit et, dès le lendemain, la douleur commence à s'estomper. Sauveur et chirurgien : Goss sait tout faire. Chauve n'est pas au bout de ses peines, car Thiercelin le joint à son tour pour lui annoncer qu'il vient de perdre une dent.

Mercredi 5 février

Coïncidence céleste ? Sûrement. Car c'est de concert que les deux femmes du Globe laissent des points symboliques dans leur sillage. L'une, Isabelle Autissier, est hors course lorsqu'elle franchit l'équateur à 22h05, mais cela ne l'empêche pas de fêter dignement son retour dans l'Atlantique Nord avec un confit de canard et du sirop de menthe. L'autre est toujours classée, en cinquième position, lorsqu'elle se retrouve au pied du Horn, à 23h21, et sort l'une de ses deux dernières bouteilles de champagne. Catherine Chabaud vient de subir une monstrueuse tempête mais, déjà, elle oublie tout. « La lumière est belle, c'est un instant magique. Je suis fière de rentrer dans le cercle fermé des cap-Hornières », avoue celle qui peut encore rêver de devenir la première femme à boucler un tour du monde en solitaire sans escale en course.

Samedi 8 février

À chacun sa ligne, à chacun son plaisir. À 14h21, Marc Thiercelin rejoint à son tour l'hémisphère Nord, imité dès le lendemain par Hervé Laurent. Champagne à tous les étages. Jusqu'aux Sables-d'Olonne, les deux hommes vont continuer de se battre pour décrocher la deuxième place de ce tour du monde qu'ils marquent de leur habileté à déjouer les pièges les plus ignobles.

Mardi 11 février

Philippe Jeantot peut souffler. 100e jour de course, et le dernier petit canard du Vendée Globe quitte lui aussi le redoutable Pacifique pour rejoindre l'Atlantique Sud. Pete Goss vire le cap Horn avec un plaisir non dissimulé. 10 000 km plus loin, Auguin a largement entamé sa dernière semaine de course et mis le cap vers le golfe de Gascogne et un sacre depuis longtemps annoncé. Pourtant, qu'ils vont sembler longs ces derniers jours pour les terriens qui le guettent. Et même si le marin affirme avoir perdu en mer toute notion du temps, c'est bien une fin de course interminable qu'il résume avec cette belle réplique d'Audiard, rapportée par un ami : « L'éternité, c'est très long, surtout à la fin... »

Un marin vrai

Christophe Auguin a quelque chose d'un oiseau de mer. Non par ce nez « qui dépasse », selon le joli mot de l'un de ses amis granvillais, mais par cette aisance, ce calme, cette efficacité qu'il a de dominer les flots. Son *Geodis* a l'élégance voltigeuse d'un albatros lorsqu'il se glisse de vague en vague. À trente-sept ans [1], l'homme à la gouaille sympathique remporte son troisième tour du monde en solitaire. Jamais personne n'a fait mieux, pas même Philippe Jeantot, vainqueur du BOC à deux reprises, pas même Éric Tabarly, devenu légendaire en sillonnant principalement l'Atlantique. Mais la compa-

---

1. Christophe Auguin est né le 10 décembre 1959.

raison n'est pas d'actualité. Ajoutez à ces victoires au long cours un succès à l'issue de la solitaire du *Figaro* et d'innombrables autres dans le cadre des prestigieuses courses du RORC[1], voilà un palmarès unique... et qui jusque-là passait presque inaperçu. Car Auguin le marin a toujours préféré s'imposer dans des épreuves pour lesquelles la performance sportive compte plus que la médiatisation. Pas de Route du rhum ou de pis-aller transatlantique dans ce cursus, seulement de belles courses de marins, reconnues par le milieu à défaut de l'être par le grand public. Pas plus de compromissions dans des émissions télévisuelles n'ayant pas grand-chose à voir avec le sport; encore moins de ragots révélateurs sur les unes de la presse à scandale. « Je ne fuis pas les médias dans la mesure où je me sens concerné », explique le marin. Non, lui, il préfère son pré carré, ses amis, sa famille, sa Granville.

Comme il est souvent de coutume dans la vie d'un navigateur, c'est tout petit que Christophe Auguin a appareillé pour la première fois. Le bateau de l'apprentissage s'appelait *Bacchus*, et ses aussières tiraient dans le port de Granville. Un joli muscadet[2] bleu et blanc, propriété du « Père Auguin », comme on dit au yacht-club, professeur d'éducation physique au lycée de la ville. De leurs parents de la laïque, Michèle Auguin exerçant le joli métier d'institutrice de campagne au minuscule village de Saint-Aubin-des-Préhaux, Christophe et son indissociable frère Stéphane, surnommé Auguste, voire Gus, ont gardé cette foi dans les plus généreuses valeurs de la République. Encore minots, libres et indépendants, ils partaient des heures durant

---

[1]. Royal Ocean Racing Club, club britannique organisateur d'innombrables et prestigieuses épreuves, dont bon nombre en Manche, à l'image de Cowes-Dinard.
[2]. Monocoque de course-croisière en bois, très populaire dans les années 60 et 70.

battre la campagne, ne revenant que « lorsque sonnait l'angélus », précise Michèle Auguin.

Lorsque les champs n'étaient plus assez grands, c'est l'océan qui devenait le terrain de jeu, avec cette Manche à proximité qui s'étale le long du Cotentin, jusqu'aux délicieuses îles Chausey et anglo-normandes. « On avait pris l'habitude, se souvient Mme Auguin mère, de faire l'aller-retour Granville-Chausey dans la journée et d'y pique-niquer le midi. Ce n'est pas loin, 9 milles [1] je crois. Un jour, il n'y avait aucun vent. Et bien Christophe n'a jamais voulu que nous démarrions le moteur : il voulait encore et toujours régler les voiles. » Ce jour-là, « Guinguin » junior n'avait que huit ans, et son complice de frangin tout juste vingt-deux mois de plus. De régates du RORC en championnats de monotypes, de rafiots anonymes en voiliers prestigieux, des virées nocturnes avec ses potes-équipiers dans une Granville endormie les soirs de « troisième mi-temps » vélistique à son application sage des sciences de la régate, Christophe Auguin se crée peu à peu une jolie réputation.

Passionné par la technique, pédagogue né, il embrasse la carrière de professeur de technologie et enseigne quatre ans durant au collège d'Équeurdreville, non loin de Cherbourg. La solitaire du *Figaro* constitue un tournant. S'élançant de Granville en 1983, le plus doué des régatiers locaux trouve enfin le loisir de se réaliser. Au terme de deux jolies participations, il s'impose en 1986. C'est décidé, il devient dès lors professionnel de la voile. Et ce garçon sociable qui a besoin en permanence de s'entourer d'amis et de parents se lance paradoxalement dans la course en solitaire. Jusqu'à l'écœurement. Ce Vendée Globe est une épreuve sur lui-même. Les accidents survenus à ses amis dans son sillage le marquent profondément. Lui-même vit un parcours fait de chavi-

---

1. 16,5 km.

rages, de coups de chien, de peurs qu'il relativise aussitôt en employant – pour rassurer la terre ou lui-même? – détachement et second degré. Sa course semble simple. C'est faux. Elle est dure, âpre, tendue, menée par un skipper tenace et battant. Et la victoire se bâtit avant le départ dans une préparation minutieuse et raisonnée d'un bateau performant. « L'essentiel est l'homogénéité du projet, explique le skipper. Un succès en solitaire est le fruit d'un travail d'équipe. » Christian Britt, Yves Lebouvier ou Marc Lefèvre, ses trois préparateurs, avaient déjà contribué à des victoires autour du monde avant ce Globe. C'est à eux qu'Auguin délègue une majeure partie du travail, fixant les grands axes de travail et d'amélioration du bolide à voile. Lui se prépare, étudie la météo, recherche sans cesse le petit plus qui fera évoluer le voilier... Dans un seul but : « Être en harmonie avec le bateau ».

L'équilibre comme gage du succès. Sans doute le trouve-t-il dans la petite maison de Pleudihen, qui domine la Rance, où Erwan le fait fondre, auprès de Véronique sa jolie compagne, et dans ces tours de motocross dont il revient crotté. Sûrement aussi à Granville, au yacht-club, dans la bâtisse familiale de Saint-Martin-de-Bréhal, au bar du Hérel...

Christophe Auguin est vrai. Voilà sa force.

POSTFACE

Au large des côtes européennes, à quelques encablures de la ligne d'arrivée la plus infranchissable qui soit, les deux acolytes journalistes, arpenteurs de pontons depuis des années, me demandent d'écrire un petit mot pour leur bouquin. Inutile de préciser que ce n'est pas le vent contraire, la mer hachée, les manœuvres nocturnes qui vont me faire reculer face à la tâche. Mais ce serait peut-être la superstition à laquelle je me défends de croire.

La ligne d'arrivée est très proche. Je suis en passe de remporter peut-être la plus belle victoire de ma vie de solitaire « tour-du-mondiste », et me voilà en train de conjurer le sort avec ces quelques lignes.

Une chose est sûre : les deux auteurs connaissent leur affaire. Pour les avoir côtoyés sur de multiples lignes de départ à la recherche d'informations, capables de sacrifier des soirées entières dans les pires bouges à marins pour s'imprégner du milieu, équipiers efficaces à leurs heures sur les machines les plus sophistiquées, c'est avec leur plume qu'ils ont choisi de nous faire partager l'odyssée maritime la plus inhumaine qui soit.

Le Grand Sud m'a encore laissé passer cette fois, mais les naufrages dramatiques qui ont vaincu plusieurs de mes amis concurrents nous ont montré que l'adversaire le plus dangereux dans cette folle épopée est d'abord la mer. Mieux vaut, pour vivre la grande aventure, parcourir ce livre que de couper la ligne de départ...

Christophe Auguin sur *Geodis*.

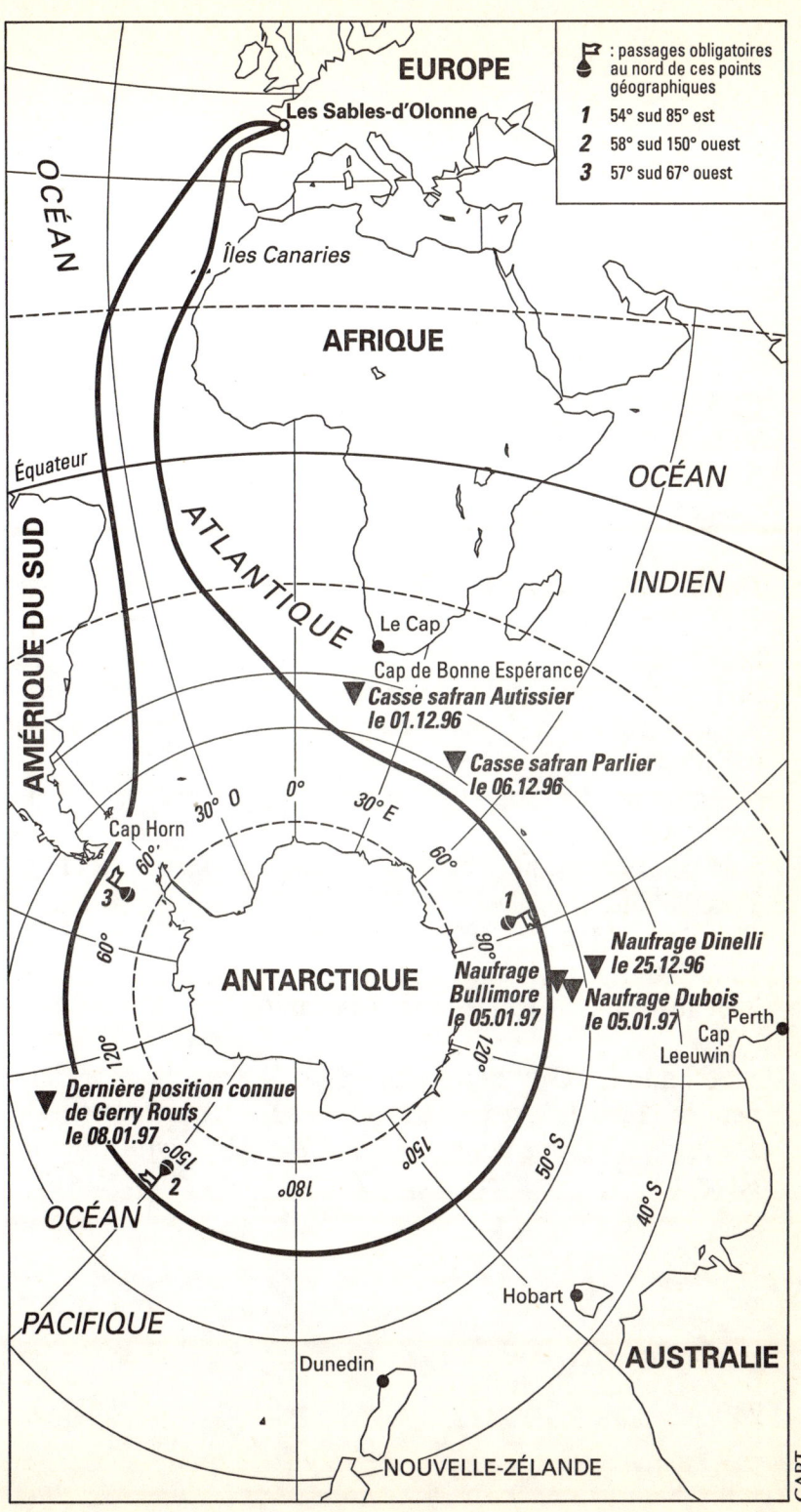

CLASSEMENTS DES PRÉCÉDENTS VENDÉE GLOBE

Vendée Globe Challenge 1989 / 90

Départ le 26 novembre 1989, à 15h16
1. Titouan Lamazou (Fra, *Ecureuil d'Aquitaine*), 109 j. 08h48'50".
2. Loïck Peyron (Fra, *Lada Poch*), 110 j. 01h18'06".
3. Jean-Luc Van Den Heede (Fra, *36.15 Met*), 112 j. 01h14'00".
4. Philippe Jeantot (Fra, *Crédit Agricole IV*), 113 j. 23h47'47".
5. Pierre Follenfant (Fra, *TBS / Charente Maritime*), 114 j. 21h09'06".
6. Alain Gautier (Fra, *Generali Concorde*), 132 j. 13h01'48".
7. Jean-François Coste (Fra, *Cacharel*), 163 j. 01h19'20".

Abandons : Guy Bernardin (E-U, *O-Kay*), Patrice Carpentier (Fra, *Le Nouvel Observateur*), Mike Plant (E-U, *Duracell*), Philippe Poupon (Fra, *Fleury-Michon X*), Bertie Reed (AFS, *Grinaker*), Jean-Yves Terlain (Fra, *UAP*).

Vendée Globe 1992/93

Départ le 22 novembre 1992, à 14h
1. Alain Gautier (Fra, *Bagages Superior*), 110 j. 02h22'35".
2. Jean-Luc Van Den Heede (Fra, *Groupe Sofap-Helvim*), 116 j. 15h01'11".
3. Philippe Poupon (Fra, *Fleury-Michon X*), 117 j. 03h34'24".
4. Yves Parlier (Fra, *Cacolac d'Aquitaine*), 125 j. 02h42'24".
5. Nandor Fa (Hon, *K & H Bank Matav*), 128 j. 16h05'04".
6. José de Ugarte (Esp, *Euskadi Europa 93 BBK*), 134 j. 05h04'00".
7. Jean-Yves Hasselin (Fra, *PRB / Solo Nantes*), 153 j. 05h14'00".

Abandons : Thierry Arnaud (Fra, *Maître Coq / Le Monde de l'Informatique*), Bertrand de Broc (Fra, *Groupe LG*), Bernard Gallay (C-H, *Vuarnet Watches*), Vittorio Malingri (Ita, *Everlast / Neil Pryde Sails*), Loïck Peyron (Fra, *Fujicolor III*), Alan Wynne-Thomas (G-B, *Cardiff Discovery*).
Nigel Burgess (G-B, *Nigel Burgess Yacht Brokers*), fut retrouvé noyé dans le golfe de Gascogne.

Vendée Globe 1996/97

Départ le 3 novembre 1996 à 13h02
Ordre de passage aux îles Canaries
1. Yves Parlier (*Aquitaine Innovations*), le 11 novembre à 20h02.
2. Isabelle Autissier (*PRB*), à 05h du leader
3. Hervé Laurent (*Groupe LG-Traitmat*), à 14h00
4. Christophe Auguin, (*Geodis*), à 16h30'

5. Éric Dumont (*Café Legal-Le Goût*), à 19h40'
6. Bertrand de Broc (*Votre nom autour du Monde / Pommes Rhône Alpes*), à 20h
7. Marc Thiercelin (*Crédit Immobilier de France*), à 20h20'
8. Gerry Roufs (*Groupe LG 2*), à 21h15'
9. Pete Goss (*Aqua Quorum*), à 22h
10. Catherine Chabaud (*Whirlpool-Europe 2*), à 01 j. 02h30'
11. Patrick de Radiguès (*Afibel*), à 01 j. 04h30'
12. Thierry Dubois (*Pour Amnesty International*), à 06 j. 13h13'
13. Tony Bullimore (*Exide Challenger*), à 07 j.

Hors Course : Raphaël Dinelli (*Algimouss*), à 01 j. 03h 30' de Parlier.
Abandons : Fa (*Budapest*), Munduteguy (*Club 60e Sud*).

Ordre de passage au Cap Horn
1. Christophe Auguin, (*Geodis*), le 9 janvier à 08h55
2. Hervé Laurent (*Groupe LG-Traitmat*), à 10 j. 05h35' du leader
3. Bertrand de Broc (*Votre nom autour du Monde / Pommes Rhône Alpes*), à 10 j. 11h50'
4. Marc Thiercelin (*Crédit Immobilier de France*), à 10 j. 13h50'
5. Éric Dumont (*Café Legal-Le Goût*), à 15 j. 19h05'
6. Catherine Chabaud (*Whirlpool-Europe 2*), à
7. Pete Goss (*Aqua Quorum*), à 32 j. 9 h 20'

Abandons : Isabelle Autissier (*PRB*), Tony Bullimore (*Exide Challenger*), Thierry Dubois (*Pour Amnesty International*), Nandor Fa (*Budapest*), Didier Munduteguy (*Club 60e Sud*), Yves Parlier (*Aquitaine Innovations*), Patrick de Radiguès (*Afibel*)
Non repéré : Gerry Roufs (*Groupe LG 2*)

Classement arrêté au jour d'arrivée du vainqueur
1. Christophe Auguin, (*Geodis*), arrivé aux Sables-d'Olonne le 17.02.97 à 9h33mn23". Temps de course : 105 j. 20h31mn23'
Encore en mer
2. Hervé Laurent (*Groupe LG-Traitmat*), à 1 854 milles.
3. Marc Thiercelin (*Crédit Immobilier de France*), à 1 890 milles des Sables-d'Olonne
4. Éric Dumont (*Café Legal-Le Goût*), à 2 428 milles
5. Catherine Chabaud (*Whirlpool-Europe 2*), à 5 303 milles
6. Pete Goss (*Aqua Quorum*), à 6 002 milles

Temps rendus : Goss, 318h ; Thiercelin, 34h ; Dumont, 7h ; Laurent 2h30'.
Tous ces temps seront défalqués du temps de ceux des concurrents qui se sont déroutés à la recherche de Gerry Roufs ou lors du sauvetage de Raphaël Dinelli. Une mesure effective dès l'arrivée de chacun.

Abandons : Isabelle Autissier (*PRB*), Tony Bullimore (*Exide Challenger*), Bertrand de Broc (*Votre nom autour du monde / Pommes Rhône Alpes*), Thierry Dubois (*Pour Amnesty International*), Nandor Fa (*Budapest*), Didier Munduteguy (*Club 60ᵉ Sud*), Yves Parlier (*Aquitaine Innovations*), Patrick de Radiguès (*Afibel*)
Non repéré : Gerry Roufs (*Groupe LG 2*)

LES RECORDS À LA VOILE

Record absolu de vitesse à la voile :
46,52 nœuds, soit 86,15 km/h (Simon McKeon-Tim Daddo, Aus, le 25/10/93 à bord de *Yellow Pages Endeavour*).

Record de vitesse sur une planche à voile :
45,34 nœuds, soit 83,96 km/h (Thierry Biélak, Fra, le 26/04/1993)

Record absolu de distance sur 24 heures :
540 milles, moyenne 22,50 nœuds, soit 1000,08 km à 41,67 km/h, les 28-29/06/94 par Laurent Bourgnon (Fra) à bord de *Primagaz*. (Il s'agit aussi de la meilleure performance absolue en multicoque. Même un bateau mené en équipage n'a pas encore fait mieux.)

Record de distance sur 24 heures en monocoque mené en équipage :
428,7 milles, moyenne 17,60 nœuds, soit 793,95 km à 32,59 km/h, lors de la Whitbread 1993-94 à bord d'*Intrum Justitia*, skipper Lawrie Smith (G-B).

Record autour du monde en équipage sans escale :
Enza-New Zealand (Blake/Knox Johnston, N-Z/G-B) en 74 j. 22h17'22", 1994.

Record autour du monde en solitaire sans escale :
Écureuil d'Aquitaine (Lamazou, Fra) en 109 j. 08h48'50", 1989-90, avant la performance attendue meilleure de Crhistophe Auguin.

Toutes ces performances ont été homologuées par le World Sailing Speed Record Council, organisme international d'enregistrement des records à la voile, dépendant de l'ISAF, Fédération Internationale de Voile.

À noter que Christophe Auguin détient deux records, non encore homologués par le WSSRC :

Record de distance sur 24 heures en monocoque menée en solitaire :
374 milles nautiques, moyenne 15,58 nœuds, soit 692,64 km à 28,85 km/h, les 13-14/12/96 à bord de *Geodis*.

Record de distance sur 24 heures en monocoque mené en équipage :
447,5 milles nautiques, moyenne 18,64 nœuds, soit 828,77 à 34,52 km/h, les 13-14/06/95 à bord de *Sceta-Calberson*.

LES TOURS DU MONDE

Golden Globe

Tour du monde en solitaire sans escale pour voiliers monocoques ou multicoques de 9,10 à 20,10 mètres. Cet ancêtre du Vendée Globe ne s'est déroulé qu'une fois. Un seul marin en vint à bout.
Vainqueur
1968-69 : Robin Knox-Johnston
(*Suhaili*, G-B, 313 jours)

BOC Challenge (aujourd'hui Around alone)

Tour du monde en solitaire avec quatre escales pour voiliers monocoques de 15,24 à 18,28 mètres. Prochain départ : septembre 1998.
Vainqueurs
1982-83 : Philippe Jeantot (*Crédit Agricole*, Fra, Cl. 1), Yuko Tada (*Koden Okera*, Jap, Cl. 2).
1986-87 : Philippe Jeantot (*Crédit Agricole III*, Fra, Cl. 1), Mike Plant (*Airco Distributor*, E-U, Cl. 2).
1990-91 : Christophe Auguin (*Groupe Sceta*, Fra, Cl. 1), Yves Dupasquier (*Servant IV*, Fra, Cl. 2).
1994-95 : Christophe Auguin (*Sceta Calberson*, Fra, Cl. 1), David Adams (*True Blue*, Fra, Cl. 2).

Whitbread

Tour du monde en équipage avec escales pour voiliers monocoques de jauge WOR 60, d'une longueur de 21 mètres environ. Prochain départ : septembre 1997.

Vainqueurs
1973-74 : *Sayula II* (Ramon Carlin, Mex)
1977-78 : *Flyer* (Van Rietschoten, P-B)
1981-82 : *Flyer* (Van Rietschoten, P-B)
1985-86 : *L'Esprit d'Équipe* (Péan, Fra)
1989-90 : *Steinlager II* (Blake, N-Z)
1993-94 : *New Zealand Endeavour* (Dalton, N-Z) et *Yamaha* (Field, N-Z/Jap).

Trophée Jules Verne

Record autour du monde en équipage sans escale pour tous types de voiliers.

Détenteurs
1993 : *Commodore Explorer* (Peyron, Fra) en 79 j. 6h15'56"
1994 : *Enza-New Zealand* (Blake/Knox Johnston, N-Z/G-B) en 74 j. 22h17'22"

B. T. Challenge

Tour du monde en équipage avec escales pour voiliers monocoques et monotypes, longs de 22 mètres, menés par des équipages amateurs et disputés dans le sens est-ouest à l'inverse de tous les autres. La deuxième édition se déroule actuellement.

En projet : The Race

Course autour du monde sans escale réservée aux dix voiliers les plus rapides de la planète, monocoques ou multicoques. Certains engins pourraient atteindre près de 40 mètres de long. Départ prévu le 31 janvier 2000.

À QUOI TIENT PARFOIS LA VIE...

Balises Argos et Sarsat-Cospas

Chaque concurrent du Vendée Globe était équipé au départ de la course de quatre balises, trois Argos, une Sarsat-Cospas.

— *Deux Argos* dites classiques, l'une activée dès le départ, l'autre éteinte en cas de défaillance de la première. Ces appareils ne servent qu'à la localisation du bateau grâce à des relevés effectués par satellite (toutes les trois heures environ, selon l'endroit où se trouve le mobile à repérer), transmis et décryptés par les ordinateurs de CLS Argos à Toulouse. Elle comporte toutefois en plus des fonctions dites « présence à bord » et « détresse ». Lorsque le navigateur actionne l'interrupteur sur la première, cela permet de signaler à la terre : « Je suis à bord, j'ai un problème mais je me débrouille tout seul. » Il rassure sans requérir d'assistance. La deuxième est une demande d'assistance claire. Néanmoins, la balise Argos n'est pas une balise de détresse et il vaut mieux que ce signal soit confirmé par le déclenchement de la balise Sarsat. Son autonomie est de trois mois.

— *Une Argos-GPS*. Il s'agit d'une balise Argos classique dotée en plus d'un GPS (positionneur par satellite). Le système Argos n'est plus dans ce cas chargé de la position mais de la transmission vers la terre des localisations calculées par le GPS, plus précises et plus nombreuses. Elle est aussi dotée des fonctions « présence à bord » et « détresse ». Son autonomie n'est que de deux mois. C'est pourquoi il a été recommandé aux concurrents de la déclencher uniquement aux passages aux points obligatoires (Canaries, Cap Horn). Toutes ces Argos pèse environ 1,6 kilo et font 70,5 cm de haut pour un diamètre de 15 cm.

– *La balise Sarsat-Cospas*. Ce type de balise, qui peut avoir plusieurs tailles et plusieurs modèles, n'est à actionner qu'en cas de détresse. C'est suite à sa détection par un des nombreux satellites du système Sarsat, sur les fréquences marines et aviations, que sont lancées les opérations de secours. Son message est acheminé jusqu'à la station de détection au sol la plus proche (Toulouse en France), qui ensuite avertit le centre chargé des sauvetages dans la zone d'émission. Sa durée d'émission est longue de 48 à 100 heures, compte tenu de la température ambiante.

Les combinaisons de survie

C'est aux combinaisons de survie que Bullimore, Dinelli et Dubois doivent d'être encore en vie après des journées entières dans le froid et l'humidité. Destinées au préalable à la marine marchande et à la pêche, elles sont devenues des éléments de sécurité indispensables même sur un voilier de plaisance.

Raphaël Dinelli et Thierry Dubois portaient lors des leurs naufrages des combinaisons T.P.S. fabriquées par la société bretonne Guy Cotten. Celles-ci sont confectionnées en tissu Néoprène de 3 mm d'épaisseur, pesant 3,6 kilos au total. La T.P.S. est une sorte de combinaison de plongée très améliorée. Totalement étanche, très chaude, isotherme, flottante, de couleur rouge, elle permet de conserver beaucoup de chaleur d'autant plus qu'il est recommandé de garder en dessous des vêtements, de fourrure polaire si possible. Elle est commercialisée à partir de 2 950 francs. A noter que celle de Thierry Dubois était un modèle plus ancien, de 5 mm d'épaisseur.

Tony Bullimore disposait lui d'une combinaison de type HPX, confectionnée par le Britannique Musto. Entièrement réalisée en tissu HPX Gore-Tex, jaune comme un ciré, elle est beaucoup plus légère et facile à enfiler que la Cotten. Elle prend aussi moins de place qu'une T.P.S. La flottabilité de cet ensemble étanche n'est assurée que par un gilet gonflable combiné avec un harnais formant un ensemble de grande qualité. Toutefois, elle n'est pas aussi chaude que la T.P.S. mais, comme elle, la HPX est remarquablement réalisée. Vendue à partir de 6 980 francs.

LE RÈGLEMENT EN BREF

Le Vendée Globe est un tour du monde en solitaire, sans escale et sans assistance, d'est en ouest, par les trois caps (Bonne-Espérance en Afrique du Sud, Leeuwin en Australie et Horn au Chili), avec marques de passage obligatoire (îles Canaries, 54° S, 85° E au milieu de l'océan Indien sud, 58° S 150° O, milieu du Pacifique sud et 57° S 67° O au sud du cap Horn).

Chaque skipper doit être obligatoirement âgé de 21 ans au minimum et avoir préalablement effectué un parcours de qualification, long de 2 000 milles, avant le 1er octobre 1996.

Les voiliers engagés ne peuvent être que des monocoques, d'une taille comprise entre 15,24 m et 18,28 m.

Aucune assistance extérieure n'est autorisée. Un navigateur peut relâcher, mais uniquement dans un mouillage (hors d'un port). Il ne doit y recevoir aucune aide, même médicale. Il peut débarquer à terre sans dépasser toutefois la limite de la montée des eaux lors des plus hautes marées. Toute assistance extérieure est sanctionnée par une mise hors course immédiate.

Il peut se faire assister ou débarquer à terre uniquement dans le port des Sables-d'Olonne.

Le routage météo est interdit.

COMMENT PARTICIPER AU PROCHAIN GLOBE ?

Lecture de ce livre aidant, vous voilà donc à votre tour contaminé. « J'y serai dans quatre ans. » Vous semblez décidé, et cela tombe bien. Car le parcours qui vous mènera sur les pontons du prochain globe, en l'an 2000, est semé d'embûches particulièrement coriaces. Sauf, évidemment, si votre fortune personnelle vous permet d'investir sans souci environ 3,5 MF. 2 MF pour acheter un bateau d'occasion et 1,5 MF minimum pour les frais de fonctionnement. Le grand large vous attend, pour mieux vous faire payer votre bonheur.

Car le Vendée Globe n'est pas une course comme les autres. Il se mérite et réclame quelques étapes de formation, surtout si vous n'avez pas envie comme Pete Goss de vendre votre charmante maison.

– *Premier rendez-vous à ne pas manquer :* La Mini-Transat, qui s'élancera le 28 septembre prochain du port du Moulin Blanc à Brest. À bord d'un « mini » de 6,50 mètres, vous pourrez apprendre les premières ficelles de la course au large, sur la route qui vous mènera sucessivement aux Canaries puis en Martinique. Budget moyen : 300 000 F. Et pour ce prix-là, vous aurez la chance de croiser Thierry Dubois sur les pontons. Il préside la classe « Mini [1] ».

---

1. Renseignements, tél : 01.44.05.37.26.

– *Deuxième rendez-vous d'importance :* la Solitaire du *Figaro* 1998. Celle de l'été 1997 ne manquera pas de charme, avec les débuts de Florence Arthaud, mais il est quasi impossible d'enchaîner « Figaro » et « Mini-Transat ». Et mieux vaut prendre les problèmes les uns après les autres. Sur un Figaro Bénéteau de 9,14 mètres, entre l'Irlande, l'Espagne et la France, vous développerez votre talent de régatier au contact des professionnels de cette série de très haut niveau. Hormis Dubois, le fidèle de la « Mini », les quinze Français au départ de ce Vendée Globe étaient passés par la Solitaire. Budget minimum : 300 000 F (là encore). Prévoir le double pour disputer les autres grands prix de la saison figariste, qui permettent notamment de se qualifier pour le grand rendez-vous de l'été [1].

Vous voilà donc à la fin du mois d'août 1998 et devant un choix crucial : « Dois-je ou non participer au tour du monde en solitaire avec escale qui s'élancera en septembre ? » Question grave. Car si vous vous êtes fixé comme objectif de succéder à Christophe Auguin, vous n'avez pas d'autres choix que de suivre son exemple. Mais pour cela, il vous faudra avoir séduit un partenaire aux reins solides, racheté un bateau d'occasion ou construit un voilier neuf de 18,28 mètres, prêts l'un ou l'autre à affronter les mers les plus terribles.

Si le temps et l'argent vous manquent, mieux vaut concentrer tous vos efforts sur la course de vos rêves. Affinez donc vos dossiers et vos arguments, avant de prendre d'assaut les tours de La Défense. Dernier passage obligé : le salon nautique, début décembre, à la porte de Versailles. Mais méfiez-vous, vous n'y serez pas le seul marin à la recherche du sponsor rare. Avant de gagner sur l'eau, il faut vaincre à terre. Et ce n'est pas le plus facile.

---

1. Tél : 01.40.87.42.14.

TABLE

Préface de Thierry Dubois.................... I

1. Le triomphe de Christophe Auguin......... 9
2. Seize solitaires autour du monde........... 21
3. En route vers l'Équateur.................. 45
4. Les malheurs de Parlier................... 70
5. Les flèches de l'océan Indien.............. 82
6. Tempêtes dans les 40°.................... 112
7. Dinelli-Goss, le sauvetage de l'extrême...... 131
8. Dubois-Bullimore, les naufragés des 50°..... 154
9. Gerry Roufs ne répond plus............... 189
10. Auguin, la délivrance du Horn............. 205
11. Un seul objectif : terminer !............... 217
12. Tout au bout l'arrivée.................... 229

Postface de Christophe Auguin................ 237

Annexes
    Carte....................................... 239
    Classements de précédents Vendée Globe.......... 240
    Les records à la voile....................... 244
    Les tours du monde......................... 246
    À quoi tient parfois la vie..................... 248
    Le règlement en bref........................ 251
    Comment participer au prochain Globe........... 252